マネジメントの歴史
―時代と社会に学ぶ―

角野信夫 著

文眞堂

はしがき

　本書『マネジメントの歴史 —時代と社会に学ぶ—』は，経営学の発展を「管理の科学」から「組織の科学」への発展と捉え，通史的に論じている。通史的に論じるといっても多数の学説を克明に述べたのではなく，主要な学説を選抜し，アメリカ企業社会の動きを背景に配置し，述べたものである。このような接近法を取ったのは，経営学が実践と理論の狭間で実践的要請に応えようとして発展してきたと考えられるからである。管理の科学が要請された時代から，組織・市場・経営者の動きを明らかにすることを要請され，組織の科学が展開されたと考えることが出来る。通常，マネジメントの理論を歴史的に述べる場合，「会社革命」の理論は取り上げられないのが一般的だが，巨大株式会社の大きな変革のもと，管理の科学は発展し，やがては組織・市場・経営者の動きが論じられていく，というのが本書の基本的考え方である。その大略については，終章を参照願えれば幸いである。
　経営学は，実践（アート）と理論の狭間で実践的な要請に応えようとして総合科学的な展開のもと，発展してきた。多様で複雑な経営現象を統合的な理論で説明するよりは，主要な学説から，その接近法および分析用具を学び，それらを多角的に駆使し経営現象を解明することが重要であると考え，本書を著した。その意味で主要な経営学の学説だけでなく，その社会と時代背景を合わせて論じたのである。このような著作を著す場合でも，先学・同輩の研究なくしては何もなしえないことを改めて痛感した。直接引用した研究のみならず，間接的に多くの先学・同輩の業績から学ばせてもらった。本書が契機となり，より多様に深く学びたい，と考える読者諸氏が得られれば，著者の幸いとするところである。本書の出版に当たっては，神戸学院大学経営学会の出版助成金を受けた。記して謝意を表します。最後になりまし

たが，今回も文眞堂前野隆氏および編集担当山崎勝徳氏にはお世話になりました。

2011 年，野分け

目　次

はしがき

序章　企業と管理 —経済学と経営学— ……………………………………… *1*

1　市場経済 ……………………………………………………………… *2*
2　経済学と企業 ………………………………………………………… *3*
3　経営学と管理 ………………………………………………………… *6*
4　経営学と経済学 —市場・管理・企業家— ………………………… *8*
5　経営学の学際性 —本書の射程— …………………………………… *9*

1章　経営実践の革新 —ビジネスの国アメリカ— ………………………… *12*

1　ビジネスの国アメリカ —ビジネスマンの論理— ………………… *12*
2　工場制工業と経営実践の革新 —管理会計の芽生え— …………… *14*
3　管理実践のパイオニア鉄道 ………………………………………… *16*
　(1)　マッカラムのシステム —管理と組織— ……………………… *17*
　(2)　鉄道会計の発達と管理問題 …………………………………… *19*
4　鉄鋼王カーネギーとアメリカン・ドリーム ……………………… *20*
　(1)　カーネギーとアメリカン・ドリーム ………………………… *21*
　(2)　カーネギー・スチールの管理実践 …………………………… *22*
　(3)　技術革新と工場労働 —大ストライキ— ……………………… *24*
5　流通とマーケティングの革新 ……………………………………… *25*
6　小括 …………………………………………………………………… *28*

2章　テイラーによる「科学的管理」―計画による統制― …………32

　1　科学的管理 ……………………………………………………………32
　　(1)　タウンの提案 ―ゲイン・シェアリング（分益制）― ………33
　　(2)　テイラーの提案 ―異率出来高払制― …………………………34
　　(3)　課業管理と計画部（室）…………………………………………35
　　(4)　計画部と職能職長制 ………………………………………………37
　　(5)　科学的管理の原則と実際 …………………………………………40
　2　もう一つの科学的管理 ―チャーチの管理職能論― ………………41
　3　小括 ……………………………………………………………………44

3章　ファヨールによる「管理一般の理論」
　　　　　―管理過程による統制― ……………………………………46

　1　ファヨールとコマンボール社 ………………………………………46
　2　ファヨールの管理職能論 ……………………………………………47
　　(1)　従業員に必要な能力と管理職能の相対的重要性 ………………48
　　(2)　管理の一般的原則 …………………………………………………49
　　(3)　管理の要素 …………………………………………………………53
　3　小括 ……………………………………………………………………56

4章　科学的管理から人事管理へ ………………………………………59

　1　科学的管理と労働 ―「精神革命」― ………………………………60
　　(1)　ホキシー報告書 ……………………………………………………61
　　(2)　福利厚生事業 ………………………………………………………63
　　(3)　従業員代表制 ………………………………………………………64
　　(4)　企業内労働市場の形成 ……………………………………………66

2　企業内労働市場と福利厚生事業 ……………………………… *66*
　　　(1)　企業内労働市場と従業員代表制 ……………………………… *67*
　　3　人事管理論の生成 ……………………………………………… *69*
　　　(1)　人事管理論と心理学の貢献 …………………………………… *69*
　　　(2)　ティードとメトカーフの人事管理論 ………………………… *70*
　　4　小括 ……………………………………………………………… *73*

5章　ビッグ・ビジネスの経営と管理の革新
　　　　　──フォードとGM── ……………………………………… *75*

　　1　自動車産業とフォード社 ……………………………………… *76*
　　　(1)　フォード生産システム ─移動組立法─ …………………… *77*
　　　(2)　フォード生産システムと労働の管理 ………………………… *80*
　　2　H. フォードの成功と挫折 …………………………………… *85*
　　　(1)　H. フォードの成功 …………………………………………… *85*
　　　(2)　モデルTの需要減退とH. フォードの経営 ………………… *86*
　　3　GM社の成立と経営の革新 …………………………………… *88*
　　　(1)　GM社と事業部制 ……………………………………………… *89*
　　　(2)　GM社の財務統制システム …………………………………… *93*
　　　(3)　マーケティングの革新 ………………………………………… *97*
　　4　事業部制と多角化戦略 ─組織は戦略に従う─ ……………… *99*
　　5　小括 …………………………………………………………… *101*

6章　「管理の科学」の発展と会社革命 …………………………… *105*

　　1　科学的管理の発展 …………………………………………… *106*
　　2　予算統制と組織 ……………………………………………… *108*
　　3　ムーニーとライリーの組織論 ─事業部制の組織論─ …… *111*
　　　(1)　組織と管理の基本原則 ……………………………………… *111*

(2) ムーニーとライリーの組織原則論 …………………………… 113
　4　巨大株式会社の生成・発展と「会社革命」………………………… 117
　　(1) 巨大株式会社の成立 ………………………………………… 118
　　(2) 所有分散と経済権力の集中 ………………………………… 119
　　(3) 所有分散と会社支配 ………………………………………… 120
　　(4) 「会社革命」の進行 …………………………………………… 122
　5　巨大株式会社のビジネス・リーダーシップ ………………………… 123
　　(1) 最高経営者の意思決定 ―ビジネス・リーダーシップ― …… 124
　　(2) 取締役会とビジネス・リーダーシップ ……………………… 125
　　(3) ビジネス・リーダーシップと利害集団 ……………………… 127
　　(4) 巨大株式会社のビジネス・リーダーシップ ………………… 128
　6　小括 ……………………………………………………………………… 129

7章　現代組織論の成立と展開 ……………………………………… 131

　1　メイヨーの心理学と人間関係論の生成 ……………………………… 131
　　(1) メイヨーの学問経歴 ………………………………………… 131
　　(2) 全体状況の心理学からホーソン実験へ …………………… 133
　　(3) 現代組織論の生成 ―パレート・サークル― ……………… 137
　2　バーナードの組織論 ―現代組織論の成立― ……………………… 140
　　(1) 個人・協働体系・組織 ……………………………………… 141
　　(2) 組織の3要素から組織均衡論へ …………………………… 143
　　(3) 伝達・意思決定・権限受容 ………………………………… 146
　　(4) 管理責任とリーダーシップ ―道徳的要因― ……………… 148
　3　労使関係と組織の科学 ………………………………………………… 152
　　(1) AT&Tの労使関係の理念とバーナード …………………… 153
　　(2) 労使関係の大転換 ―雇用官僚制― ………………………… 154
　　(3) 雇用官僚制と行動科学的組織論 …………………………… 156
　　(4) 行動科学的組織論と経営実践 ……………………………… 160

4　小括 ……………………………………………………………… *161*

8 章　組織と市場 ―意思決定・環境適応・環境認識― ……… *164*

　1　意思決定の組織論 ―情報処理体系としての組織― ……………… *164*
　　(1)　環境学習的人間行動と意思決定の合理性………………………… *165*
　　(2)　意思決定の計画化 ―意思決定の合理性を高める― …………… *167*
　　(3)　組織影響力……………………………………………………………… *169*
　2　市場から組織へ ……………………………………………………… *172*
　　(1)　市場と組織 ―企業の本質― ……………………………………… *172*
　　(2)　取引コスト・アプローチ ―組織失敗の枠組― ………………… *174*
　　(3)　企業規模の拡大と組織革新………………………………………… *177*
　　(4)　内部労働市場………………………………………………………… *179*
　　(5)　組織化の選択理論…………………………………………………… *182*
　3　組織から市場へ ……………………………………………………… *183*
　　(1)　組織と技術…………………………………………………………… *183*
　　(2)　組織と市場環境……………………………………………………… *184*
　　(3)　コンティンジェンシー理論
　　　　　―ワン・ベスト・ウェイはない― ……………………………… *190*
　4　環境適応と組織学習 ―環境認識の曖昧性― ……………………… *191*
　　(1)　意思決定の曖昧さ ―ゴミ箱モデル― …………………………… *192*
　　(2)　組織学習のモデル…………………………………………………… *195*
　5　環境適応の政治モデル ……………………………………………… *198*
　　(1)　環境効果の経営者選抜モデル……………………………………… *199*
　　(2)　環境効果の政治モデル……………………………………………… *201*
　6　小括 …………………………………………………………………… *202*

終章　「管理の科学」から「組織の科学」へ ……………………… *207*

- (1) 経営実践の革新……………………………………………… *207*
- (2) 「管理の科学」の創造……………………………………… *207*
- (3) 科学的管理から人事管理へ………………………………… *208*
- (4) ビッグ・ビジネスの経営と管理の革新…………………… *209*
- (5) 「管理の科学」の発展と会社革命………………………… *209*
- (6) 現代組織論の成立と展開…………………………………… *210*
- (7) 組織と市場 ―意思決定・環境適応・環境認識………… *211*
- (8) 市場・組織・経営者（企業家）…………………………… *212*

引用文献……………………………………………………………… *214*
人名索引……………………………………………………………… *220*
事項索引……………………………………………………………… *223*

序章

企業と管理 ―経済学と経営学―

　「管理の科学」の創造（革新）という観点からみるなら，経営学は約1世紀前の19世紀末から20世紀初頭にかけ，アメリカおよびフランスにおいて生み出された。その後，経営学は多様な考え方（学説）を基礎に，多様な分野に発展してきている。具体的には，初期のテイラーらの「科学的管理」，ファヨールの「管理一般の理論」を源流にし，その後，「人事労務管理」，「経営組織」，「所有と経営の分離（コーポレート・ガバナンス）」，「経営政策（経営計画・経営戦略）」等が生成・発展してきた。

　ところで，このような経営学の生成に先立ち，経済学は1776年のアダム・スミス（A. Smith）の『国富論』以来，市場を構成する重要な要素である「企業」についての研究があり，とりわけ，スミスの分業と協業（経営学的には分化と統合）の分析以来，バベイジ（C. Babbage），マルクス（K. Marx）らの史的な研究成果が見られる（中村瑞穂，1976）。さらに，シュンペーター（J. A. Schunperter）は，経済において企業家（ビジネスマン）が積極的に市場に働きかけ創造的破壊（反応）を引き起こす企業家精神の役割とその重要性について分析していた。だが，その後の経済学の発展は市場の理論を中心に発展してきた。ここでは，主流派経済学が，企業の動きと役割を，どのように分析しているかを見ることで，「管理の科学」の創造（革新），従って，出発点の経営学の役割・性格を明らかにすることから始める。

1 市場経済

　現代の経済は，基本的に市場経済を基礎にして動いている。市場経済は，人々の自由な経済活動が価格（P）に導かれ需要（D）と供給（S）が調整される。つまり市場に直面している消費者の意思決定（需要）と企業の意思決定（供給）が，見えざる手（価格）に導かれ，全体としての需要（消費）と供給（生産）が調整される（図序-1）。しかし市場経済は万能ではなく（市場の失敗の存在），市場を補完する意味で政府には次の役割が期待されている。市場の自由な経済活動では生み出されない国防・治安・道路・港湾のような公共財の供給（資源の効率的配分），社会的弱者への社会保障機能（所得再配分），政府支出による経済の安定化（規制や景気調整）。

　このように，現代の市場経済は，大きく分けると消費者（家計）・企業・政府という3つの経済主体により構成されている。この中で，企業は財（製品・サービス）を消費者（家計）に提供する生産の主体であると位置付けら

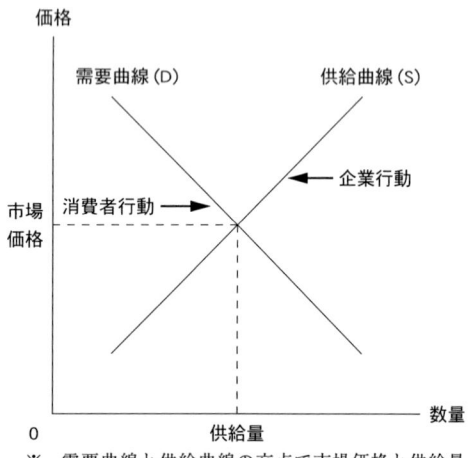

図序-1　需要曲線・供給曲線と価格の調整

※　需要曲線と供給曲線の交点で市場価格と供給量が決まる。

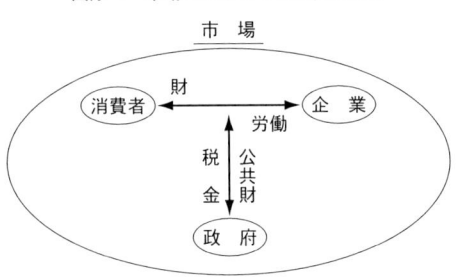

図序-2　市場における3つの経済主体

れている。同時に企業は，消費者（家計）から売上というかたちで収入を得ている。これに対し消費者（家計）は企業が生み出す財を消費する消費の主体である。同時に消費者（家計）は，企業に対し生産要素である資本（銀行・証券市場を通し）・労働を提供している。そして，政府（中央・地方政府）は，企業および消費者（家計）から税を徴収し，企業および消費者（家計）に公共財や政府サービスを提供している。現代の経済は，消費者（家計）・企業・政府という3つの経済主体の相互作用からなる市場経済である。経営学も，現代の市場経済の構図ともいえる3つの経済主体の相互作用の中で，企業が受け持っている基本的役割を理解しておく必要がある（図序-2）。

2　経済学と企業

　経営学よりも長い歴史を持つ経済学は企業を分析対象の一部に含めているが，その主たる分析対象は企業・消費者（家計）・政府の相互作用からなる市場（市場経済）であった。最初の体系的な経済学の書『国富論』（1776）を著したスミス（A. Smith, 1723-1790）は，工場内の分業が能率を増進し生産力（国富）の増大をもたらすと述べ，同時に，分業（生産・企業）の規模は，市場の大きさに依存するとも述べている。経済学は，企業を分析する場合にも市場との関連に注目し分析している。

生産関数としての企業

　市場経済の中で,経済学は企業をまず生産の主体であると考え,これを生産関数という概念で捉えている。具体的には,企業は労働・資本・原材料のような生産要素をインプット(投入)し,製品・サービスをアウトプット(産出)している。つまり,経済学では生産関数としての企業は,労働(L)・資本(K)等を投入し,製品・サービス(Y)を産出する変換器のようなものと考える。そして,この変換器としての企業の中身(変換プロセス)は一定の技術的関係にあり,その中身はブラック・ボックスと想定している。

図序-3　生産関数としての企業(経済学)

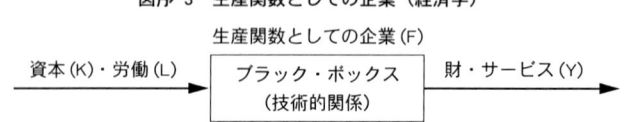

　経済学では,生産要素の投入量と産出量の間の技術的関係に関し,最も単純化すればY=F(K, L)のような関係を想定している。つまり,企業(F)は市場から労働(L)と資本(K)を購入(投入)し,市場に製品・サービス(Y)を供給(販売)している。このように経済学は,企業と市場の関係に注目し,企業を生産関数と捉えている。

利潤最大化行動

　企業を生産関数と考えた上で,経済学は,その企業の行動原理は利潤最大化にあると考える。「利潤最大化原理」と呼ばれているものである。企業は製品やサービスを市場で販売し,収益(売上)を得ている。したがって,企業の総収益(総売上高)は,総収益(TR)＝価格(P)×生産量(Q),と表すことが出来る。また,総収益(総売上高)から総費用(TC)を引いたものが利潤であるから,利潤(π)は総収益(TR)から総費用を引いたもの,$\pi = TR - TC$,と表すことが出来る。そして,企業の費用を通常のS字型の総費用曲線(TC)と想定すれば,利潤(π)は総収益(TR)から総費用(TC)を引いたものであるから,$\pi = TR - TC$,を最大化する生産

量Q1点が，企業行動を決定する点となる．つまり，Q1点が，完全競争市場での企業の利潤最大化行動を表す生産量（点）となる（図序-4）．

　経済学の想定する完全競争市場では，多数の企業と多数の消費者が存在し共に価格に影響を及ぼすほど大きな存在ではない．また，企業が市場に供給する財はすべて同質で，消費者と生産者は市場に関し等しい情報を有している（完全情報）．このような前提は必ずしも現実的なものではないが，経済学は消費者および企業行動に関して，複雑な経済現象をそのまま分析するのでなく，単純化あるいはモデル化し，市場経済のメカニズムを明らかにしようとしている．経済学が想定した企業を理解した上で，経営学が何を明らか

図序-4　利潤最大化の企業行動

にしようとしたのかを，次に見ていく。

3　経営学と管理

　経済学が企業を生産関数と捉えたのに対し，経営学はその発展の歴史からみるなら，生産関数（企業）の変換過程の中身，つまり企業の管理メカニズムに注目した。「管理の科学」として出発した経営学は，経済学がインプット要因とした労働・資本・原材料，といった企業の生産要素の効率的な利用に注目し，その管理実践のメカニズムを分析した。経営学のパイオニアたちは企業の管理メカニズムに注目し，その管理実践の分析から「管理の科学」を探求した（図序-5）。すなわち，「管理の科学」の創造という革新に挑戦したのである。

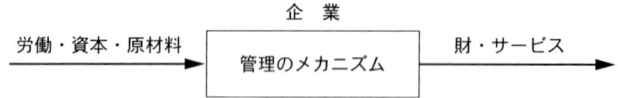

図序-5　管理のメカニズムとしての企業（経営学）

テイラーの貢献

　「管理の科学」を含め経営学の全体像は2章以降でみる。ここでは，若き日のテイラーの「科学的管理」の一端をみてみよう（F. W. Taylor, 1911, 邦訳, 2009, 2章・5）。テイラーは，19世紀末のミッドベール・スチールの工場での銑鉄運搬に関する「シャベルすくい作業の研究」について，「科学的管理」の手法を次のように示した。

　①作業に適した8-10種のシャベルを用意する（工具の標準化），②労働者の作業をストップウォッチで測定し能率的作業方法を発見する（作業方法・手順の標準化），③各労働者にあった作業方法を教え1日の作業量を設定する（課業の設定），④設定された作業量を達成した労働者には割増給を支払う（異率出来高制），⑤工場事務所は労働者が日々になすべき作業に関するメモ（指導票）を作成し渡す。これら「科学的管理」導入後の実績が

表序-1 「科学的管理法」導入後の実績

	旧来の手法	科学的管理法
作業者数	400〜600人	140人
1人当たり作業量	16トン／日	59トン／日
平均賃金	1.15ドル	1.88ドル
1トン当たりの平均コスト	0.072ドル	0.033ドル

出所）F. W. Taylor, 有賀裕子訳『新訳　科学的管理法』ダイヤモンド社，2009年，83頁。

示されている（表序-1）。当初「作業の科学」と呼ばれたテイラーらの試みは，やがて「科学的管理」を生み出していく。

ファヨールの貢献

19世紀末，機械技師テイラーが工場現場の中から「管理の科学」を探求したのに対し，フランスの炭鉱・製鉄会社の再建に成功した経営者ファヨールは，鉱山技師および炭鉱・製鉄会社の経営者としての経営実践の中から「管理の科学」の存在とその普遍性を主張し，「管理の科学」の普及に努めた。ファヨールは，1900年「鉱山ならびに冶金の国際会議」および1908年「鉱山協会50周年大会」での講演をもとに『産業ならびに一般の管理』（H. Fayol, 1916, 邦訳）を著した。

この書の冒頭でファヨールは，次のように述べている。管理は事業の経営において大規模あるいは小規模，また工業，商業，政治，宗教その他にかかわらず極めて重要な役割を演じている。それ故，すべての組織における管理職能はきわめて重要で，管理とは「予測し・組織し・命令し・調整し・統制する」ことであると述べた。「管理の科学」の創造を目指し出発した経営学は，テイラーにあっては生産現場の管理実践から，他方ファヨールにあっては経営者としての経営実践から，企業の管理メカニズムあるいは管理職能に注目し分析した。彼らは，管理実践を体系化・原則化し「管理の科学」を創造し，その普及に努め経営学のパイオニアとなった。したがって，経営学は企業そのものよりも，企業内部の管理メカニズムおよび管理職能に注目し

「管理の科学」の創造という革新を目指したのである（2章以降参照）。

4 経営学と経済学 —市場・管理・企業家—

　経済学は市場を分析する中で企業を生産の主体と捉えた。すなわち，市場は財を生産（供給）する企業および財を消費（需要）する消費者（家計）の相互作用からなり，政府は，これら企業と消費者の市場活動を支える公共財あるいはインフラを供給している。そして，経済学は，企業を財の生産を担う生産関数（生産要素の技術的関係）として捉え，その生産過程をブラック・ボックスであると想定し，企業は利潤最大化行動を目指し行動すると考えた。

　他方，経営学は企業の管理活動，つまり企業の管理メカニズムおよび管理職能に注目した。当初，テイラーらが追求した科学的管理は生産活動の合理化に関する管理技法や原則であったが，やがて「作業の科学」から「管理の科学」へと発展し，他方，鉱山技師および炭鉱・製鉄会社の経営者の経営実践からファヨールは「管理の科学」の存在を主張し，管理職能の基本的要素を「予測し・組織し・命令し・調整し・統制する」とし，その要素について具体的に明らかにした。テイラーおよびファヨールらの経営学のパイオニアは，企業の経営および管理実践の中から「管理の科学」を打ち建てようとした。

　ところで，経済学者シュンペーター（1883-1945）は，市場経済の中で企業家（ビジネスマン）が市場に積極的に働きかける創造的反応が経済発展の起爆剤となり，経済活動を活性化することを強調している（J. A. Schumpeter, 1928, 邦訳，1章・3章）。企業家が市場経済の中で新しい可能性を認識しリスクを取り，市場経済に積極的に働きかける，具体的には，①新製品開発，②新しい生産方法，③工業の新しい組織（トラスト化等）④販売市場の開拓，⑤新しい購買先，である。つまり，イノベーション（革新）あるいは新結合である。その後，経営学の分野においては，管理や組織の革新に関する研究が展開され，それらは，経営史研究の中で開花して

いる（A. Chandler, 1962, 邦訳, 6章）。経営学は, 経済学者シュンペーターが提起した革新的活動を行なう企業家さらには経営者（ビジネスマン）の革新的経営実践に注目せねばならない。それ故, 以下にみるように, ファヨール・カーネギー・フォード・スローンらの経営実践の革新に注目し分析したのである。

5 経営学の学際性 ―本書の射程―

　以上, 主に初期の経営学の歴史的発展から, 経済学, つまり正統派経済学との関連で経営学を位置づけてきた。しかし, 本書の後半部分にみられるように, 経営学は他の隣接科学, とりわけ, 制度派経済学, 心理学・社会心理学・社会学・行動科学, 等の学問分野と関連しながら発展してきている。これら発展の様相は, 経営学が企業の多様な経営実践を原則化・体系化しようとした点にも関連しているが, アメリカにおける戦後の大学のビジネス教育に大きな影響を与えた2つの報告書「R. A. ゴードンとJ. E. ハウエル報告」「F. C. ピアソン報告」（1959年）にも大きく関係している（D. A. Wren, 1994, 邦訳, 19章）。これら報告書は, ビジネス教育に対し人文科学や数学に関連する科目の増設および社会科学や行動科学に関連した研究を求めた。その結果, 経営実践に関連する研究だけでなく, ビジネス経験を持たない数学や行動科学に関連する研究者がビジネス・スクールに多数流入した。
　カルフォルニア大学のクーンツ（H. Koontz, 1908-1984）は, このような研究状況の多様化を「マネジメント・セオリー・ジャングル」と呼んだ（H. Koontz, 1964, 邦訳, 1章）。そして, クーンツは, 1964年, この「ジャングル」を6つの学派に分けた。① 自らを含め, ファヨールを始祖とする管理過程学派, ② 事例研究的な経験学派, ③ 心理学・社会学的な接近による人間関係論や行動科学的研究, ④ バーナード（C. I. Barnard）の組織論に代表される社会システム学派, ⑤ 経済学的選択理論にみられる意思決定学派, ⑥ OR等の経営科学にみられる数理学派, （図序-6参照）。そして, 1980年, クーンツがジャングルを再訪したとき, 学派の「ジャングル」は, 11に増

殖していた(斉藤毅憲, 1983, 4章)。このように，クーンツは経営学の発展を「マネジメント・セオリー・ジャングル」に例えたのであるが，これは経営学が他の隣接科学を動員し発展してきたことを示している。つまり，経営学が総合科学的な接近法を持って発展してきており，経営学の学際性を示している。

戦後，日本の経営者に最も影響を与えた学者ドラッカー(P. F. Drucker, 1909-2005)の表現を借りれば，経営学は「産業社会」，「組織社会」，「知識社会」，そして「非営利組織社会」へ，といった先進国社会の発展動向を背景に，経営学は語られてきた。このような視点から見れば，本書は「産業社会」から「組織社会」へ，そして「知識社会」の入り口に至る時代までを対象に，経営学や経済学が提供してきた多様な接近法，分析概念，分析手法

図序-6 クーンツらの学派分類

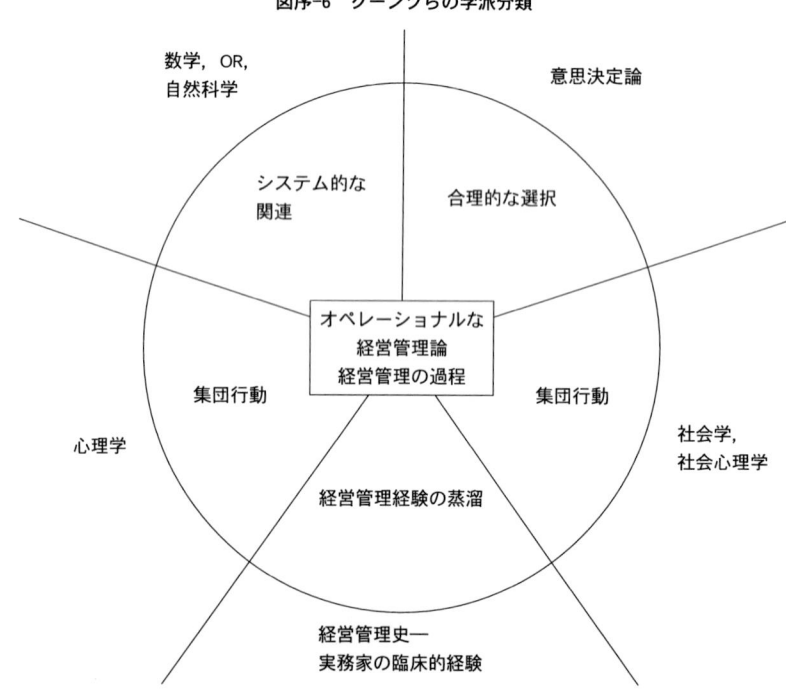

出所) 斉藤毅憲『経営管理論の基礎』同文館, 1983年, 215頁。

を，主としてアメリカ社会の時代背景の中で描いている。具体的には，1970年代になると，組織論の分野でも，組織の意思決定の「曖昧性」「流動性」を強調する「ごみ箱」モデル，経済学の分野でも，企業を組織のないブラックボックス（生産関数）として扱うのでなく，大規模組織を前提とし，企業組織を市場理論（ミクロ経済学）との関連付で説明する「組織の経済学」が生まれてくる。この意味で，本書は，「組織社会」から「知識社会」の入り口にいたる時代までを射程に置き論じている。

参考文献
・J. A. Schumpeter.（清成忠雄編訳『企業家とは何か』東洋経済新報社，1998年。）
・D. A. Wren *The Evolution of Management Thought*, 1994.（佐々木恒男監訳『マネジメント思想の進化』文眞堂，2003年。）
・伊藤元重『ミクロ経済学』日本評論社，2003年。
・河野大機『P. F. Drucker のマネジメント・プラクティス論』文眞堂，2006年。
・中村瑞穂『管理組織論の生成』東京教学社，1976年。

*1*章
経営実践の革新 —ビジネスの国アメリカ—

　序章で見たように経済学とは異なり，経営学は企業の「管理メカニズム」に注目した。経営学のパイオニアたちは，企業の管理実践を分析し，20世紀の初頭「管理の科学」を主張した。この章では，「管理の科学」が主張される以前のアメリカ企業の経営実践の革新に注目している。もっとも，アメリカの企業経営および管理実践といっても，企業活動にまつわる経営および管理実践は，人間活動の営為と深く関わっており，したがって，その国の歴史や文化と離れて考えることは出来ない。ここではまず，アメリカの誕生（英国植民地からの独立）以後，ビジネスの国アメリカ社会がどのように発展してきたかを振り返る。すなわち，アメリカ独立宣言や合衆国憲法に淵源を持つ「アメリカ的精神」は，企業経営を担うビジネスマン（企業家）の行動様式に大きな影響をあたえ，企業経営および管理実践に反映されている。「管理の科学」の生成に先立つアメリカの誕生から見ていくことにする。

1　ビジネスの国アメリカ —ビジネスマンの論理—

　アメリカ企業の経営実践の原点には，ビジネスの国アメリカの誕生がある。経営史家コクラン（T. C. Cochran）は，アメリカは，もともと経済的機会と自由を求めてヨーロッパから移住してきた人々により作り上げられた国であり，それ故，アメリカは「ビジネスの国」として誕生したと述べている（T. C. Cochran, 1977, 邦訳，1章，T. C. Cochran & W. Miller, 1961）。「ビジネスの国」アメリカが自立の道を歩むには，イギリス植民地からの独立革

命，すなわち独立戦争（1775）と独立宣言（1776）を経ねばならなかった。とりわけ，ジェファソン（T. Jefferson）の起草による独立宣言は，経済思想的に見れば英国のアダム・スミスの『国富論』(1776) と同様に，自由な経済活動を重視していた。

独立宣言や合衆国憲法が主張するように，人々は神や王も犯すことが出来ない自然権を有しており，何人も人々の自由・生命・財産を奪うことは出来ない。スミスが主張した個人の利益を追求する自由な経済活動は，価格という「見えざる手」に導かれ市場経済に調和をもたらす。経済活動の自由はスミスの経済思想の根幹をなすもので，自由な経済活動を主張するビジネスマンの論理の拠り所となった。ビジネスマンの論理を支えた自由放任（Laissez-Fair）の経済思想は，ヨーロッパ社会以上にアメリカ社会で受け入れられた。アメリカは「ビジネスの国」として誕生した。

アメリカ独立宣言や合衆国憲法は，自立した個人と経済活動の自由を最大限に保障する私有財産制を強調する経済思想に基づいていた。したがって，19世紀後半，自由な経済活動と個人の努力と成果をたたえる「アメリカン・ドリーム」や「アメリカ的精神」は，アメリカ独立宣言に源を発するアメリカ個人主義への賛辞でもあった。社会思想史家ファイン（S. Fine）は，アメリカ個人主義について次のように述べている（S. Fine, 1956, pp. 3-9）。社会は個人から構成されており，究極的な社会の実在は個人である。すべての問題を解決するのは国家や政府でなく，個人の活動である。個人の自由な活動あるいは自立性という考え方が，アメリカ個人主義を特徴づけている。自由放任の経済思想とアメリカ個人主義は，アメリカ人の心を捉え，ビジネスマンの論理を支えた。「ビジネスの国アメリカ」は，典型的にはビジネスマンの活動の自由を指し，アメリカ個人主義と結びついていた。個人の努力と自由な経済活動（競争）は，アメリカの経営実践に反映されており，テイラーらの科学的管理にも大きな影響を与えた。

2 工場制工業と経営実践の革新 —管理会計の芽生え—

　企業経営や管理の問題を考える場合，現代企業のルーツともいえる工場制工業の生成（産業革命）が一つの契機となる。工場制工場における企業の管理メカニズムに注目するなら，企業が直面する経営課題を解決しようとする管理実践の中に「管理の科学」の芽生えが見られる。すなわち，企業が直面している経営課題の解決へ向けてのパイオニア的管理実践の中に「管理の科学」，この場合は管理会計の萌芽が見られる。アメリカの例で言えば，1810年代以降の繊維工業の生成と発展である。今日から見ても，これら繊維工業（綿工業）の管理実践の中に，パイオニア的な管理実践が見られたのである（上総康之, 1989, 1章）。

管理のための工場会計

　1810年代以降，綿工業においてボストン郊外に水力を求め最新鋭の設備を備えた紡織一貫工場が，ボストン商人たちの資本を集め設立された。一般に「ウォルサム」型工場と呼ばれたこの種の繊維工場は，株式会社形態をとり設立された。会社の命令系統は，形式的には取締役会 → トレジャラー（取締役）→ 工場長 → 職長 → 女子工員，といった簡単なライン組織のもとで運営されていた。しかし，取締役会の代表としてのトレジャラーはいつも山間部の工場にいるのでなく，ボストンにいて毎日工場会計による管理資料を手紙で受取っていた（図1-1）。日常的にはトレジャラーは，会計情報に基づき間接的に工場を管理していた。

　トレジャラーは，定期的に山間部の工場を訪れたが，日常的には工場会計の資料を用い工場の状況を把握し管理した。工場の日常的かつ直接的な管理は，工場長 → 職長 → 女子工員といった簡単なライン的命令系統のもと，工場長や職長が工場の現場を掌握し管理していた。初期の工場では統一的な管理主体は見られなかった。

図1-1 ライマン・ミルズ会社の工業会計システム

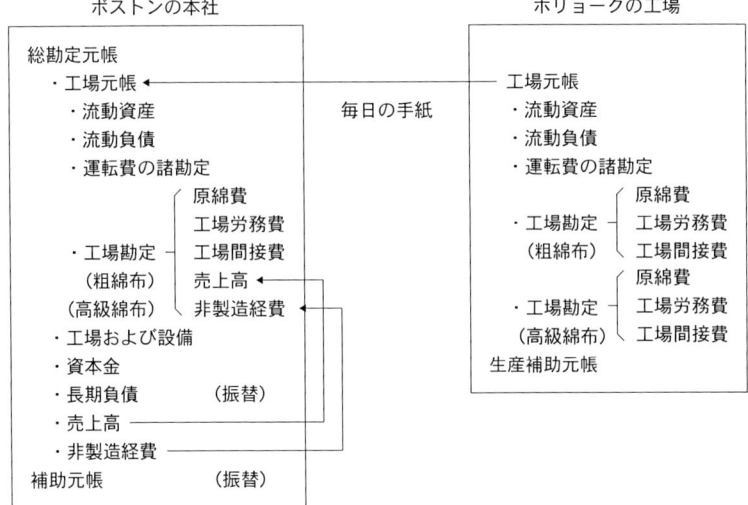

出所）上総康行『アメリカ管理会計史，上巻』同文舘，1990年，53頁。

業績評価会計と資本利益率

今日から見て，これらの会社は本格的な株式会社とはいえなかったが，株式会社形態を採用し，半期（半年）ごとに配当計算のため利益計算書が作成され「トレジャラー・レポート」として取締役会に提出された。そして，1840年代にもなると，一部企業では，配当可能利益だけでなく，資本の投資効率を表す資本利益率（この場合は資本金利益率，利益／資本金）を継続的に計算する会社も見られた。投資（資本）の効率性を明らかにする投資利益率（資本金利益率）のような業績評価の指標（基準）を継続的に計算する企業がみられたのである（高浦忠彦，1992，1章）。

ニューイングランドの綿業企業（紡織一貫工場）においては，利益を資本金に関連させる資本金利益率計算を試みる管理実践がかなり一般的にみられ，配当金計算目的とは別の業績評価基準を意識する，今日の管理会計の技法がみられた。もっとも，この管理技法は特定の会社およびトレジャラー個人に帰属する管理技法の段階で，現代のように企業経営の実践の開示・交

表 1-1　Lawrence Manufacturing Co. の資本金利益率計算

(Baker Manuscripts MSS : 442 D-9/10)

	Capital Stock	Profit	%	$\frac{\text{Profit}}{\text{Capital Stock}}$
June 11, 1872	$1,500,000	$400,000	$26\frac{67}{100}$%	26.67%
June 10, 1873	1,500,000	360,000	24	24.00
June 9, 1874	1,500,000	247,000	about 16	16.47
June 12, 1877	1,500,000	233,371	$15\frac{1}{2}$	15.56
June 11, 1878	1,500,000	221,366	about $14\frac{1}{2}$	14.76

注）$\frac{\text{Profit}}{\text{Capital Stock}}$ の数値は筆者の計算。
出所）高浦忠彦『資本利益率のアメリカ経営史』中央経済社，1992 年，17 頁。

流，あるいは経営教育を通じ企業内外に蓄積・継承されたものではなかった。

　以上は初期のパイオニア的な管理実践であった。経営管理のための会計情報に基づく工業会計（意思決定会計），そして業績評価のための会計（業績評価会計）の端緒がみられ，ここに「管理会計」の萌芽が見出されるのであった（上総康之，1993，2 章）。

3　管理実践のパイオニア鉄道

　チャンドラー（A. Chandler, 1918-2007）は，本格的な管理実践のパイオニアはアメリカの鉄道であった，と述べている（A. Chandler, 1977, 邦訳，2 部，3 章）。19 世紀後半は多くのアメリカの産業企業が発展し大規模化する時代であった。アメリカはその国土の広大さ故に，アメリカの鉄道は，すでに 1850 年代には大規模組織を伴った管理実践のパイオニアになっていた。
　1850 年代も半ばになると，ニューヨーク・エリー鉄道，ボルチモア・オハイオ鉄道といった東部の主要大鉄道は，従業員 4,000 人以上，500 マイルを超す遠隔地に及ぶ広範な路線網を持ち営業していた。大規模鉄道は，広範な路線網のもと，多数の機関士・駅務職員や列車に関する鉄道業務を電信と

いう伝達手段で調整していた。鉄道は遠隔地にある列車の運行や駅務を管理するだけでなく，路線の保守・点検，車両の整備・修繕といった多様で専門的な業務も効率的に管理しなければならなかった。すなわち，大規模鉄道は，安全かつ規則性を持って列車の運行を確保する管理システムを作り上げねばならなかった。なぜなら，鉄道事故は経営に致命的な打撃を与えたので，鉄道は時刻表に従い正確かつ安全に列車を運行する管理と組織の体系を創り上げねばならなかった。

(1) マッカラムのシステム ─管理と組織─

1850年代，ニューヨーク・エリー鉄道は，500マイルを超す路線，約200台の機関車，約3,000台の貨車・客車，4,000人以上の従業員を擁する大鉄道であった。鉄道を時刻表に従い運行し，駅務・車両・電信・保守等の業務を遂行し，さらには鉄道建設の資金調達（株式・社債），日々の運賃収入の流れを管理し同時に年間収支を管理するには専門的管理者と管理組織が必要であった。このように大規模鉄道は，直接的な日々の業務を行なう多数の従業員のみならず専門的管理者と管理組織を擁する近代企業の草分けであった。すなわち，遠隔地におよぶ多数の従業員と巨額の資産を擁する大規模鉄道は，それにふさわしい組織と管理のシステムを創り上げねばならなかった。ニューヨーク・エリー鉄道の総管区長マッカラム（D. McCallum）が創り上げた組織と管理のシステムはその代表例であった。

マッカラムは，50マイルの鉄道を管理する場合は有能な管区長の個人的能力に依存し管理できるが，500マイルの鉄道を管理する場合は事情がまったく異なり，規模と複雑性に応じた組織と管理のシステムが必要であると述べている。また，マッカラムは管理には一般原則があると考えた。すなわち，① 責任を分割し，権限を委譲する（分業に伴う権限の委譲）。② 権限と責任は一致すべきで，そのため，③ 権限と責任の結果（業務成績）を点検する制度を確立する必要がある（日報・月報の作成と報告）。

またマッカラムは，管理の基礎には「命令一元性」の原則があると考えていた。すなわち，命令は職務階層上の流れに沿い1人の上役からその部下

に，報告（日報）は逆に部下から1人の上役に，つまり「命令一元性」の原則に従って，命令と報告の伝達がなされる必要がある。具体的には，鉄道の路線に従い管区に分割し，各管区に管区長を置く。各管区は総管区長の下におかれ総管区長は管区長を監督するが，管区を運営する権限は管区長に委譲する（分権化）。管区長は従業員を採用し解雇する権限を持つ。管区長は時刻表に従い列車を運行し管理するが，動力・車両保守・電信と言った部門は管区長でなく総管区長の下に置かれた（ラインとスタッフの分離）。また日々の運賃収入や資金の収支計画は社長の下に置かれた財務部（経理部）の権限の下にあり，総管区長の権限からは分離された（ラインとスタッフの分離）。マッカラムが作成した組織図は，今日，職能別ライン・アンド・スタッフ組織と呼ばれるもので，1枚1ドルで売り出され，この業界では大いに注目されたのである。

　また，マッカラムは列車を運行し業務を遂行する際の電信の果す役割の重要性を認識していた。マッカラムは時間ごとに列車の位置を電信で報告させ，列車の遅れやその原因を明らかにし，総管区長に報告させた。駅長は列車数・列車ナンバー・機関士名・到着・出発時刻等を日報にまとめ管区長

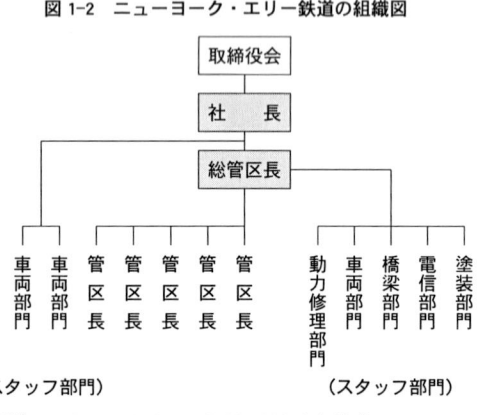

図 1-2　ニューヨーク・エリー鉄道の組織図

出所）*Business Week*, April, 30, 1966. より作成。
　　　角野信夫『アメリカ企業・経営学説史』文眞堂，1996年，66頁。

に提出した。列車の走行距離当り動員された技師数，火夫数，駅間の列車速度，列車ごとの平均積荷，走行距離あたりの燃費，等の業務情報が表形式にまとめられ総管区長に提出された（命令と報告）。マッカラムの業務統計情報（原価表等）による管理は，どの部門が，どの路線が，どの列車が，どの機関士が，最も能率的に業務を遂行しているかを明らかにした。マッカラムのシステムは管理システムの創造という観点からは成功であったが，彼の厳格な管理システムは機関士らの反発を招きストライキを引き起こした。これらが原因で，1857年マッカラムは社長と共にニューヨーク・エリー鉄道を去らねばならなかった（D. A. Wren, 1994, 邦訳, 2部, 5章）。

　管理および組織の人間的側面から生ずる問題は，当時の大規模企業である鉄道の管理システムの創造においても，当初からみられたのであった。

(2) 鉄道会計の発達と管理問題

　アメリカの大規模鉄道は組織と管理実践の革新者であると同時に，近代的会計の構造と技術を生み出した会計のパイオニアでもあった（A. Chandler, 1977, 邦訳, 2部, 3章）。以上みたマッカラムらのシステムを受け継ぎ完成させたのはペンシルベニア鉄道のような巨大鉄道であった。地方鉄道を合併・買収し（M&A）大陸横断鉄道を完成させたペンシルベニア鉄道は，1865年の時点で3,500マイルの鉄道網と約3万人の従業員を擁する当時世界最大規模の私企業であり，巨大組織を持った鉄道であった。

　ペンシルベニア鉄道の会計は，1850年代には旅客部門33，貨物部門25，動力26，車両保守9，路線保守22，一般営業費8，建設・設備21，計144もの勘定科目を持ち，コントローラー部（経理部）はこれら勘定を月次ごとに集計・要約し取締役会に提出した。これら資料から貸借対照表だけでなく，営業比率（営業収入を回収するに必要な営業費用の比率）が作成され鉄道の業績を評価する基準として使用された（財務会計）。

　また鉄道はその運行に当り路線・駅舎・整備工場等の膨大な資産を有していたので，これら資産の適正な費用化（減価償却）の問題を解決しなければならなかった。鉄道は修繕費やレール・機関車の取替え費用を計上する取替

会計を採用することで，複雑な減価償却費と資産評価の問題を回避し，資産維持と評価の問題に対処していた（資産会計）。

　さらに原価会計に関しては，マッカラムの提案を発展させたのは，ルイビル・ナシュビル鉄道の総管区長フィンク（A. Fink）であった。フィンクはトン・マイル当りの運行費，駅務費，路線維持費，利子費用等を出来るだけ正確に測定しようとした。これら費用を測定するために 68 組の費用に関する勘定項目を分類し，変動費，準変動費，固定費のような費用の性質に基づき分類を行ない，様々な単位当り原価の計算式を考案した（原価会計）。

　これら原価資料は，マッカラムのシステム以上に，どの部門が，どの路線が，どの列車が，どの機関士が，最も能率的に業務を遂行しているかを表す会計資料となり，業務統制（管理）の手段として用いられた。

　さらに鉄道は設立・建設や運賃設定に関し州政府の規制下にあったので，投資した資本がどの程度の利益を生み出すか，つまり投資利益率（ROI：return on investment）に基づき運賃設定がなされ予算が作成された（髙梠真一，2004，2章）。すなわち，予測される見積り投資利益率に従い運賃や路線ルートが設定され，予算編成の過程においては，収益と費用が勘定科目別・部門別・ルート別に見積もられた。これら収益および費用の見積りの差額や原価表が業績評価の手段として用いられた。このように投資利益率（利益／投下資本）を用いる管理のための「意思決定会計」，さらには原価情報を用いた業績評価のための「業績評価会計」，といったパイオニア的管理実践が見られた。ここに鉄道において経営管理のための会計，つまり「管理会計」の萌芽が見られたのである。以上は 19 世紀後半におけるアメリカ鉄道企業の革新的管理実践の一例であったが，これら鉄道の管理実践は，やがてカーネギー・スチールのような産業企業の管理実践に影響を与えていく。

4　鉄鋼王カーネギーとアメリカン・ドリーム

　19 世紀後半，とりわけ南北戦争（1861-65）後のアメリカは，「産業の総帥」が率いる大規模産業企業が勃興し「アメリカン・ドリーム」が人々の心

を捉えた。19世紀前半，イギリスに約半世紀遅れ産業革命を開始したアメリカは，19世紀末にはイギリスを追い抜き「世界の工場」になっていた。社会的思潮の面から見るなら，19世紀後半のアメリカはソーシャル・ダーウィニズムを正当化する時代的雰囲気の中にあった。ソーシャル・ダーウィニズムは，19世紀前半のイギリスにおいて，スペンサー（H. Spencer）が主張した社会思想で，個人の努力と自由な競争を称え，社会的競争による淘汰が社会に富と進歩をもたらすと主張した。極端に述べるなら，不成功は無知と無能の結果で，個人の努力と競争のみが成功と富をもたらす。個人の努力と競争を強調するソーシャル・ダーウィニズムは，アメリカ個人主義と結びつき，19世紀後半のアメリカで大いに受け入れられた。

19世紀後半のアメリカで，とりわけビジネスマンの世界で，ソーシャル・ダーウィニズムは歓迎された（S. Fine, 1964, Chap. 4）。アメリカ個人主義の教義に基づき，19世紀後半のアメリカでは，自らの才能と努力で未来を切り開くたたき上げの個人（self made man）が賞賛され，その結果としての「富の福音」が熱狂的に支持された。ソーシャル・ダーウィニズムの思想に基づき，多くの経済学者や法律家は，賃金・鉄道の独占運賃・企業の独占的活動も自由な経済活動と競争の結果であるとし，現状を擁護した。

(1) カーネギーとアメリカン・ドリーム

ソーシャル・ダーウィニズムの時代に，強烈な個人主義的信念と企業家精神から一大鉄鋼企業を創り上げたカーネギーは「アメリカン・ドリーム」の象徴と見られた。1847年，カーネギー一家は英国スコットランドから成功を求めアメリカ・ピッバーグにやって来た。当時12歳の少年であったカーネギー（A. Carnegie, 1835-1919）は紡績工場で糸巻き工の職を，次に蒸気機関のかまたき工の職を得，そこで簿記の重要性を知り夜間の簿記学校に通い，より大きなチャンスを待っていた。やがて彼は，電信会社の給仕の職を得て，さらに独学で電信技士の訓練を積み，1851年には一流の電信技士になっていた。

カーネギーは，電信が産業国家アメリカの神経になることを見抜いてい

た．1852年，彼はペンシルベニア鉄道の総管区長スコット（T. A. Scott）に誘われ彼の秘書兼電信技士としてペンシルベニア鉄道に入った．ペンシルベニア鉄道は現代的企業管理のパイオニアであり，彼はスコットとともに大規模鉄道の組織と管理システムの創造に携わり，さらには，鉄道は巨額の建設資金を要したので株や社債による資金調達のため，しばしばロンドンの金融街を訪れていた．1872年，カーネギーは，イギリスの最新鋭設備を備えた鉄鋼業を視察し，鉄鋼業は若き産業国家アメリカの将来を担う産業になると直感した．ペンシルベニア鉄道での経験と鉄鋼業に賭けたカーネギーの企業家精神が，わずか10数年の間にアメリカでもっとも能率的な鉄鋼企業，カーネギー・スチールを創り上げる経営革新を成し遂げた（H. Liversay, 1975）．「鉄鋼王カーネギー」は，ソーシャル・ダーウィニズムの信奉者になるとともに「アメリカン・ドリーム」の体現者ともなった．

(2) カーネギー・スチールの管理実践

19世紀後半は多くの産業において大量生産工場が出現する時代であった．1850-60年代にかけ石油精製・醸造・精糖といった蒸留産業，その後，タバコ，製粉，食品，機械産業においても大量生産の技術が確立されていった．このような大量生産企業の出現の中でも，鉄鋼業は真の大量生産企業として近代的工場管理の原型を創り上げた（H. Liversay, 1975, Chandler, 1977, 邦訳，2部，8章）．

現代の鉄鋼業は，大量のコークス・鉄鉱石・石灰石に熱風を送り溶鉱炉（高炉）で溶銑を出銑する［製銑工程］，この銑鉄を転炉あるいは平炉に入れ炭素分を抜き強靭な鋼（はがね）にする［製鋼工程］，溶けた鋼を鋳型に流しこむ［鋳造工程］，熱い鉄鋼板を圧延機にかけ最終製品（鋼板・形鋼・鋼管）を作る［圧延工程］，からなる．これら鉄鋼一貫工場の原型が現われたのが1870年代であり，カーネギーは，ペンシルベニア鉄道時代の社長の名を冠した「エドガー・トムソン工場」（1873年建設）はその代表例であった．

1870年代にベッセンマー炉およびオープンハース炉といった炉の技術革新が鉄鋼業に大きな変革をもたらした．鉄鋼業は真の大量生産工場になり，

大量生産工場が直面する管理問題を解決せねばならなかった。鋼の大量生産工場で［製銑工程］，［製鋼工程］，［鋳造工程］，［圧延工程］，に至る各工程を能率的に管理する問題は大きく分けて二つあった。一つは，各生産工程間の水平的流れを統合する管理問題。もう一つは工場長から生産現場の労働者にいたる階層的に分化した生産活動を垂直的に統合する管理問題であった。

　水平的な各生産工程を統合する管理問題は，最も効率的な生産の流れを可能にする鉄鋼一貫工場の設計に大きく依存していた。当時，アメリカで最高の鉄鋼技術者の1人であったアレキサンダー・ホリー（A. L. Hollely）が，河川および鉄道輸送の要衝の地に理想的な鉄鋼一貫工場を設計した。そして，70年代の炉の革新と電動エネルギーの導入，すなわちベッセンマー炉，電動ベルト・電動クレーン・電動昇降機の導入は，工場内の生産工程（製銑，製鋼，鋳造，圧延）と高熱を伴った鋼の生産活動の流れを機械化するのに大いに貢献した。炉の革新と電動エネルギーの導入により大規模化した鉄鋼工場は，製銑工程・製綱工程・鋳造工程，そして最終的には圧延工程も機械化され，やがて大規模な装置産業の様相を呈していくのであった。

　もう一つの管理問題は，大規模化した鉄鋼工場において工場長から生産現場にいたる階層的な生産活動を調整・統合する管理問題であった（ラインの管理）。かつて，ペンシルベニア鉄道で管理者であったカーネギーは，鉄道会計の専門家であったシン（W. P. Shinn）を起用し鉄道会計を導入しこの管理問題を解決しようとした（H. Liversay, 1975, Chap. 6・8, D. Brody, 1969, Chap. 1）。毎週，時には毎日，トン当たり原料費，操業費等の詳細な原価表が一定様式に従って作成された。それら情報は，さらに整理されて月別比較，部門別比較を含む月報が工場長や本社に提出された。このような原価情報は，どの部門が，誰が最も能率的に活動しているかを明らかにした。これら情報は，例えば鉱炉部門だけで8,000項目にも及ぶ詳細なもので，この部門だけでも年間400万ドルの操業費が節約された。1890年代までに，彼の工場は，1870年代にトン当たり100ドルであった鋼の価格を1890年代初頭には12ドルに引き下げ，アメリカで最も能率的な工場になっていた。

(3) 技術革新と工場労働 —大ストライキ—

　生産工程が機械化される以前の鉄鋼工場は，手工業的な高度の熟練に大きく依存していた（J. Fitch, 1910, Chap. 1・12. D. Brody, 1960, Chap. 2・4）。熟練工である親方（職長）が，彼らの熟練により各生産工程を支配していた。各生産工程では熟練工である親方が自ら労働者を雇い，訓練し，解雇していた。工場は，19世紀前半の銃器工場で見られたように多くの生産工程を熟練工が支配する内部請負制のような分散的管理状況にあり，いまだ統合的な管理主体が確立していなかった。

　しかし，鉄の大量生産の技術（炉の革新）とそれに伴う機械化がこれら熟練工の生産工程への支配を掘り崩していった。各生産工程の機械化は，工学的知識を身につけた新型熟練工（会社職長）を生み出し，この産業も定型的で機械的な職務に従事する多数の不熟練工・半熟練工で生産しうる大量生産工場に変化していった。炉の革新と機械化が親方と呼ばれた熟練工（旧型熟練工）の優位な立場を掘り崩し，この産業でも会社が養成した会社職長（新型熟練工）と大量の半熟練工と未熟練工主体の大量生産工場に変わっていった。機械化された生産工程ではかつて大きな役割を果した手工業的な鉄の熟練工（親方）の役割は大いに減じた。炉の革新を伴った機械化は，工場管理の能率化という面からも各生産工程における機械の速度が作業の速さと能率を決定し生産性を向上させた。かつて生産の手順と速度を決定し生産工程を管理していた熟練工（旧型熟練工）は，いまや機械を監視する番人にすぎなくなっていた。

　会社は生産性の向上は炉の革新と機械化によるものであるとし，熟練工の賃金を徹底的に切り下げた。極端な場合には熟練工の賃金は15年間の間に1/5に切り下げられた。80年代に生じた鉄鋼業での大ストライキは，熟練工の組合である合同鉄鋼組合と会社側の対決の場であった。大ストライキは州兵が動員されるほどのものであったが，炉の革新と機械化は組合の基盤を掘り崩した。20世紀に入りこの産業では組合は消え去っていた。炉の革新と機械化を推し進める鉄鋼工場は，伝統的な旧型熟練工が支配する工場から新型熟練工が支配する現代的工場への移行の典型例であった。多くの鉄鋼工場

は，熟練工よりも不熟練工・半熟練工主体で運営される工場へ移行していった（S. M. Jacoby, 1985, 邦訳, 129頁）。

鉄鋼労働者たちは，自己の生活基盤は手工業的熟練を習得することでなく，会社の定めた昇進の経路に沿い新しい職務構造に適応した職務を習得することであると気付かされた。会社は新しい生産の職務構造に適応した労働者を作り出すべく，自ら労働者を採用し教育・訓練し，定められた昇進経路を持つ内部労働市場の原型を生み出していった。かつて分散的な管理状況の下にあった鉄鋼工場の生産と労働の管理は，会社が主体的かつ統一的に管理する会社主導の工場管理への一歩を踏み出したのである（平尾武久, 1995, 5章）。

19世紀が終わる時点でアメリカ鉄鋼業はイギリスを追い抜き世界で最も能率的な産業になっていた。1901年，アメリカ鉄鋼業を視察したイギリスの鉄鋼業者は，30年前イギリスの1/5の銑鉄を生産するにすぎず，非能率で後進的であったアメリカ鉄鋼業の変貌に目を見張った。彼らはアメリカ鉄鋼業発展の要因をアメリカ鉄鋼業の飽くなき能率の追求にあると考えた。能率的な企業のみが生き残れた（D. Brody, 1969, Chap. 1）。最も能率的な鉄鋼企業を創り上げたカーネギー・スチールの生産と管理はその代表的事例で，カーネギーは経営および管理実践の革新者でもあった。

5　流通とマーケティングの革新

アメリカの流通およびマーケティングの発展を3つの段階に分けるなら，第一の段階は交通手段（水運と幌馬車の時代）の制約から，全国的な国内市場はいまだ形成されず，多くの地方市場が分断された状態で存在した（R. S. Tedlow, 1990, 邦訳, 1章, Chandler, 1977, 邦訳, 1部, 1章）。企業は小規模で，商業および流通は未分化な段階にあった。具体的に見るなら，アメリカにおいて工場制工業が開始される1810年代以前の商業および流通の中心はボストン商人のような東部沿岸地帯の商人たちが輸入商，輸出商，卸商，金融・保険を扱うよろずや的商人（all purpose merchants）となり商業機能

を担っていた。しかし，工場制工業による量産と 1840 年代以降の鉄道網の拡大が商業の専門化を促進した。彼らは，輸入商，輸出商，金融業者，保険業者に専門化したが，多くの商人が卸売商（問屋商人・ブローカー・ジョバー）へと専門化し，卸売り機能を担う中間商人となった。そして，鉄道網の全国的な敷設，つまり交通革命の進行は商業の専門化のみならず大量生産の前提となる全国市場，都市市場を生み出し，製造業と流通業者の間に新しい関係を生み出していった（C. Porter & H. Liversay, 1971, 邦訳, 1 章）。

マーケティングの革新と中間商人

19 世紀末に向かうと，流通およびマーケティングの革新は第 2 の段階を迎える。鉄道と電信ネットワークが，全国的な市場とマスマーティングをもたらした。全国的市場が形成されると，少数のリーダー的大企業が積極的に市場に働きかけ，流通とマーケティングの革新を試みた。具体的に述べるなら，大陸横断鉄道に象徴される全国的鉄道網が形成される 19 世紀後半は，全国的な国内市場の形成が進行し，それに対応し多くの産業企業が大量生産化を目指す時代に入る。19 世紀前半に専門化した伝統的な流通過程は，製造業 → 卸売業（中間商人）→ 小売業 → 消費者，であったが，鉄道網による全国的市場の形成のみならず，1870 年代以降は，大都市および都市郊外に集中的な大市場（都市への人口集中）が生ずると，これに対応し，製造業者によるマーケティングの革新が始まる。製造業による流通過程の中間商人（卸売商）の排除，つまり，前方（川下）および後方（川下）統合の試みが見られるようになる（C. Porter & H. Liversay, 1971, 邦訳, 8 章）。その代表的試みは，以下のようであった。

鉄鋼業におけるマーケティングの革新

1870 年代になると，鉄鋼業はそれまでの鉄道用レール・棒鋼に代わり，都市部でのビル建設に伴う建築用鋼材や石油精製産業用のパイプ需要が急増し始めた。この市場変化にいち早く反応しマーケティングの革新を実行したのがカーネギーであった（C. Porter & H. Liversay, 1971, 邦訳, 8 章）。カー

ネギーは，鉄鋼の卸売商（中間商人）に代わり，ボストン・シカゴのような大都市部に自社の販売代理店網を組織化した。自社の販売代理店は定期的に地域的市場動向，販売品目の構成や販売量を本社に知らせた。カーネギーは，鉄の卸商に代わり自社の販売代理店網からもたらされる市場情報を鉄鋼製品の生産に反映させ，鉄の卸売商に代わり自社の販売代理点網を通し販売するマーケティングの革新を実行した。すなわち，卸売商（中間商人）を排除する川下（前方的）統合の試みであった。

またカーネギーは，大量生産企業になった鉄鋼業の販売面に関する川下（前方的）統合のみならず，鋼の安定的な生産を確保するため，購買面でも鉄鉱石・コークスといった原材料の確保に関し，卸売商に代わり自社の購買網を形成した。つまり，川上（後方的）統合を試みる安定的な原材料の確保を行なったのである。このように，大量生産企業となった鉄鋼業の川上（後方的）統合および川下（前方的）統合は，垂直的統合の先駆的試みであった。

電気・機械産業におけるマーケティングの革新

19世紀後半，新たな技術革新を伴った新産業，具体的には，電機・機械，産業でもマーケティングの革新がみられた（C. Porter & H. Liversay, 1971, 邦訳，11章）。これら新産業の製品は，旧来の卸売商では扱いえない製品の新規性・特異性を有していたので，流通上の新たな問題を生み出していた。ウェスチングハウス社等の電機産業は，安定的な動力源である電力を生み出す水力タービン，工場用動力としてのモーターは，その販売に際して据付・使用法の教育・修繕・部品交換，等の保守・点検機能が欠かせない新製品であった。このような製品の販売に欠かせない技術と知識を持たない旧来の卸売商は，これら産業の新製品には対応出来なかった。電気産業は，旧来の卸売商に頼ることなく，専門的技術と知識を持つ電気技術者を配した販売店網を自ら形成し，本社がこれら販売店網を統括・管理したのである。

農業機械の販売に際してマコーミック社が直面したのも同様の問題であった。バインダーの販売には機械の使用法を教え，修繕・保守・点検を行なう

機能は欠かせなかった。マコーミック社は，これら機能を提供するため地域販売店に技術者を置き，その下に販売店網をフランチャイズ化した。タイプライター，キャッシュレジスターの産業でも同様な試みが見られたが，ミシン産業のシンガー社は，これら販売店網の形成に加え，割賦販売の革新者になった。電気・機械産業でみられた自ら販売店網を創造する川下（前方）統合の試みは，大量生産と大量流通の統合を目指したマーケティング革新の先駆的試みであった。

大型小売商の登場

19世紀後半は大量生産企業が多くの産業で一般化する時代でもあったが，同時にこの時期は都市の成長の時代でもあった。鉄道網の発展は，交通の要衝に大都市を生み出していった。主要都市には百貨店が，そして都市郊外にはチェーンストアーが立地し始めた。伝統的な流通経路である，製造業 → 卸売業 → 小売業 → 消費者，の中で，1980年代には卸売業 → 小売業の関係に大きな変化が見え始めた（A. Chandler, 1977, 邦訳, 3部, 7章）。

近代的な大型小売商である百貨店・チェーンストアー・通信販売店が卸売商の機能を侵食し始めた。これら近代的な大量販売業者は自社の中に購買部門を設け，卸商を経ず直接製造業から商品を仕入れ始めた。大量販売業者は中間商人である卸商を排除し，製造業者から仕入れた商品を都市および都市郊外市場で大量販売した（表5-1参照）。つまり，百貨店・チェーンストアー等の大型小売商は，自らの管理組織を創造し流通の流れを調整し大量販売し始めたのである。これら管理組織の創造は組織革新と呼べるものであり，大量生産企業の管理と同様に，組織と管理の運営のため多数の専門的な管理者が必要とされたのであった。

6　小括

以下の章で述べるように，経営学のパイオニアたちは企業の管理実践を分析し，20世紀の初頭「管理の科学」を主張しその普及に努めた。しかし，

「管理の科学」が主張され始める以前にも企業の管理実践は行なわれていたのであり，初期のアメリカでの企業経営および管理実践の革新的試みは，1810年代以降の棉工業の工場会計を用いた管理実践の中にもみられた。すなわち，管理会計の萌芽が見られたのである。そして，19世紀半ばにもなると，ニューヨーク・エリー鉄道のような鉄道は，500マイルを超す路線，約200台の機関車，約3,000台の貨車・客車，4,000人以上の従業員を擁する大規模鉄道となり，この種の鉄道では管理実践の革新的試みが見られた。

　ニューヨーク・エリー鉄道の総管区長マッカラムは，大規模組織の管理には「管理の一般原則」があると考え，①権限の委譲，②権限と責任の一致，③命令一元性の原則，④ラインとスタッフの分離，といった原則に基づき大規模鉄道の組織を編成した。マッカラムが作成した組織図は，今日，職能別ライン・アンド・スタッフ組織と呼ばれるもので，1枚1ドルで売り出され大いに注目された。また，マッカラムは，日々，駅長に列車数・列車ナンバー・機関士名・到着・出発時刻等を日報にまとめ管区長に提出させた。列車の走行距離当り動員された技師数，火夫数，駅間の列車速度，列車ごとの平均積荷，走行距離あたりの燃費，等の原価が表形式にまとめられ総管区長に提出された。マッカラムの原価会計による管理は，どの部門が，どの路線が，どの列車が，どの機関士が，最も能率的に業務を遂行しているかを明らかにした。このように，19世紀後半の鉄道は，近代的管理実践および鉄道会計のパイオニアであった。

　英国スコットランドから成功を求めアメリカにやって来たカーネギーは，当時アメリカ最大の鉄道であったペンシルベニア鉄道での管理実践をへて，鉄鋼業を起こした。彼は，ベッセンマー炉や電動エネルギーの導入により各生産工程が機械化された最新鋭の鉄鋼一貫工場「エドガー・トムソン工場」を建設した。カーネギーは，鉄鋼工場を能率的に管理するため鉄道会計を導入し，毎週，時には毎日，トン当たり原料費，操業費等の詳細な原価表を一定様式に従って作成させた。これら情報は，鉱炉部門だけで年間400万ドルの操業費を低下させた。1890年代までに，彼の工場は，アメリカで最も能率的な工場になっていた。しかし，炉の革新と生産工程の機械化は，従来の

熟練工の賃金を徹底的に切り下げることになり，80年代に鉄鋼業での大ストライキが生じた。技術革新の導入に伴う労働の管理問題が大きな問題であることを気づかせた。

　カーネギーは，鉄鋼業におけるマーケティングの革新者でもあった。カーネギーは，大量生産企業になった鉄鋼業の販売面に関する川下（前方的）統合および，鋼の安定的な生産を確保するための自社購買網を形成する川上（後方），つまり垂直的統合の先駆的試みを行ないマーケティングの革新者ともなった。カーネギーは，大いなる企業家精神を発揮し，アメリカでもっとも能率的なカーネギー・スチールを創り上げ，自らも「アメリカン・ドリーム」の体現者となった。

　「管理の科学」は20世紀初頭，テイラーらに代表される技師（能率技師）により，あるいはフランスにおいては，成功した経営者ファヨールにより主張されたが，それに先立つ19世紀初頭以降の工場制工業の発展および19世紀中葉のアメリカ巨大鉄道，等にも経営および管理実践の革新は見られた。だが，これら経営および管理実践の革新は，個々の企業内の経験に止まることが多かった。もっとも，アメリカの巨大鉄道のような場合は，鉄道管理者の間で会報・雑誌のような形で「管理の科学」へ向けての動きが見られた。その意味で，この章で取り上げた若干の管理実践の先駆的試みは，次章，20世紀初頭以降の「管理の科学」の成立と発展を理解する上でも重要な意味を持っている。

参考文献

- A. D. Chandler, Jr, *The Visible Hand : The Managerial Revolution in American Business*, 1977.（鳥羽欽一郎・小林袈裟治訳『経営者の時代　上下』東洋経済新報社，1979年。）
- T. C. Cochran, *200 years of American Business*, 1977.（正木久司監訳『アメリカ企業200年』文眞堂，1989年。）
- H. E. Kroose & C. Gilbert, *American Business History*, 1972.（鳥羽欣一郎・山口一臣・厚東偉介・川辺信夫訳『アメリカ経営史』東洋経済新報社，1977年。）
- C. Porter & H. Liversay, *Merchants and Manufactures*, 1971.（山中豊国・中野安・光澤滋朗訳『経営革新と流通支配』ミネルヴァ書房，1983年。）
- D. A. Wren, The *Evolution of Management Thought*, 1994.（佐々木恒男監訳『マネジメント思想の進化』文眞堂，2003年。）
- D. A. Wren & R. D. Greenwood, *Management Innovaters*, 1998.（井上昭一・伊藤健市・広瀬幹好

監訳『現代ビジネスの革新者たち』ミネルヴァ書房，2000年。）
・上総康之『管理会計論』新世社，1993年。
・高梠真一『アメリカ管理会計生成史』創成社，2004年。

2章

テイラーによる「科学的管理」
―計画による統制―

　アメリカは19世紀後半から20世紀初頭にかけ，イギリスを追い抜き「世界の工場」になった。しかし，工場管理という観点から見るなら，1880年から20世紀初頭にかけては，「科学的管理」に代表される体系的管理運動により，それまで熟練工である職長が支配する作業場の寄集めともいうべき分散的な工場管理から，工場が工場長のもと統一的に管理される新工場制 (New Factory System)，つまり現代的工場へ向けての移行期でもあった。具体的には，1870年にはほんの一握りの大工場があっただけだが，1900年までに500-1,000人規模の工場数は1,063を数え，1,000人以上の規模を持つ工場は443になっていた。同時にこの時期は工場を統一的に管理する「管理の科学」の誕生および形成期であり，とりわけテイラー (F. W. Taylor, 1856-1915) らの「科学的管理」(Scientific Management) を生み出す機械工場は，その典型的な工場および職場であった (D. Nelson, 1975, 邦訳, 1章)。

1　科学的管理

　標準化された工場設計に従い大量生産を行なう鉄鋼工場・電気機械工場・農機工場等と違い，個々の受注に応じた製図に基づき多数の粗形部品を生産し切削・研磨し加工部品を組み立てる母なる機械工業の工場管理は困難なものであった。各生産工程は熟練工である職長（親方）が支配し，しかも受

注（製図）に応じ硬くて精確性が要求される多数の部品を加工し組み立てる機械工場を能率的かつ統一的に管理する「管理の科学」の創造には解決すべき課題が多かった。テイラーが「科学的管理」を追求したのはこの種の機械工場であった。19世紀末から20世紀初頭にかけ，機械技師テイラー，ガント（H. L. Gantt），ギルブレイス（F. Gilbreth），バース（C. G. Barth）のみならず，テイラーらとは一線を画していた科学的管理論者エマーソン（H. D. Emerson），チャーチ（A. H. Church）らの科学的管理論者を含め科学的管理の主張は，19世紀末の機械工場の中から産声を上げた。「科学的管理」を創造する試みは，工場における「計画による統制」を目指す機械技師らによる運動となり推進された。

(1) タウンの提案 ―ゲイン・シェアリング（分益制）

1880年，アメリカ機械技師協会（ASME）は，工場現場の中心人物であった約80名の機械技師たちにより工学的技術に関する情報交換の場として設立された。1885年，ASMEの副会長であったタウン（H. R. Towne, 1844-1924）は，ASMEで「エコノミストとしての技術者」（The Engineer as an Economist）と題する講演を行ない，これは翌年ASME会報に論文として掲載された。この小論に続き1889年，タウンは「分益制」（Gain-Sharing）と題する管理技法を提案した（H. R. Towne, 1886, 邦訳, 1章・2章）。

「エコノミストとしての技術者」の中でタウンは，工場管理において機械工学はすでに技術と文献に基づき科学としての地位を確立しているが，機械工学と同等の重要性を持ち，すでに膨大な経験的蓄積がある管理技法（賃金・原価・利益，等に関する実践）は，文献のようなかたちで残されておらず，また工場管理者たちがこれらに関し発表・討論する場も持っていない。ASMEの場での討論および情報交換を通し，現に工場管理に携わっている技術者こそが「管理の科学」を打ち建てるに最もふさわしい人々である，とタウンは述べた（この小論は工学的内容を含まないASMEでの最初の論文であった）。

タウンが経営するエール・タウン製造会社（300人規模の工場）で実践されていた「分益制」は、彼の「管理の科学」へ向けての実践であった。「分益制」の出発点は、製造原価の知識、一般には製造原価は労務費・原材料費・燃料費・修繕費・一般管理費、等からなり、これら原価の決定には過去の平均原価（経験的原価）が用いられた。そして、一定期間に製造原価が低減された場合、平均製造原価と低減原価との差額がゲイン（gain）となる。したがってゲインは損益計算の利益ではない。ゲインは管理者および労働者による製造現場の能率向上のための改善努力の結果生み出される原価低減分であり、その努力を促進した人々に報いるためゲインの半分は経営者に残り半分を労働者に配分する。これが「分益制」と呼ばれたタウンの提案であった。原価低減を促進する生産現場の改善および能率向上の努力が賃金制度に結び付けられ、管理手段として用いられた（図2-1参照）。

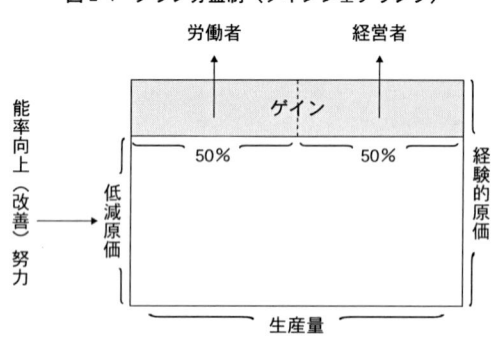

図2-1　タウン分益制（ゲインシェアリング）

出所）筆者作成。

(2)　テイラーの提案 ―異率出来高払制―

　テイラーは1895年ASMEで「出来高払制私案」（A Piece Rate System）を発表している。これは、テイラーが技師として働いていたミッドヴェール製鋼所の機械工場でここ10年間用いられ成果を上げてきた賃金支払法、つまり「異率出来高払制」（Differential Rate System）の提案であった（F. W. Taylor, 1895, 邦訳，I編，）。この賃金支払法は、① まず作業を分析し要素に分解、要素となる作業時間を測定し、作業全体の時間を確定する（標準作

業時間の確定）。② 標準作業時間よりも短い作業時間で作業を完了した労働者と長い時間で作業を完了した労働者では，賃率に差を設けて支払う，つまり「異率出来高払制」の提案であった。

　テイラーは，作業が標準作業時間よりも早く完了出来たかどうかを基準に，速く完了出来た労働者には高い賃率，そうでない労働者には低い賃率を適用する提案を行なった。すなわち，賃金は労働者個々人の熟練と努力が生み出す成果に対し支払うべきもので，個人を対象にした成果給的支払法の提案であった。テイラーは，タウンの「分益制」はたんなる出来高給制よりも優れているが，① ゲインを測定する基準となる製造原価が過去の経験的原価（平均原価）を使用しており科学的な原価でない。② ゲインの分配対象が全体としての労働者で，ゲインが労働者に一律に分配され，個々の労働者の努力と成果が反映されていない。テイラーはこの2点が問題であるとした。

　「異率出来高払制」は，① 時間研究によって標準作業時間を設定（科学的な標準作業量の設定），② 標準作業時間内に作業量が完了したかどうかにより労働者に異なった賃率を適用する。科学的基準に基づき個々の労働者の努力が賃金に反映されることが最も重要で，「異率出来高制」は，福祉的労働政策よりもはるかに勝る制度である，とテイラーは述べた。「異率出来高制」のもとでは，労働者が作業の改善努力により標準作業量を達成しようとし，同時に経営者の側から見れば原価の低減が期待される賃金支払制度である。したがって，「異率出来高制」は，労働者と経営者の間にある問題を解決する可能性を持つ賃金支払制度である，とテイラーは主張した。

(3)　課業管理と計画部（室）

　「異率出来高制」は，経験的な基準でなく科学的な時間研究による基準（作業の科学）を必要とし，個人の努力が報酬として反映される賃金支払法であった。テイラーは当時の機械工場では，管理者（職長）は工具が1日になすべき標準的作業時間（量）を知っておらず，それが原因で，意識的にゆっくり作業をする「怠業」が生じていると考えていた。つまり，労使の1

日の仕事時間（量）を巡る争いを解決するには時間研究による科学的な標準作業時間の測定が必要で，科学的な標準作業時間の設定が刺激的な賃金制度「異率出来高制」と結びつけられ，「作業の科学」は「管理の科学」へと転化する。管理問題は，生産や仕事の合理化・能率向上（作業の科学）をその根底に持つが，同時にそこでの人間労働の管理問題（賃金支払法等）と分かちがたく結びついていた。

　テイラーは1903年，『工場管理』（Shop Management）を著し，まず管理者は，正確な時間研究により一流の労働者が一日になしうる仕事量「課業（task）」を決定すべきで，それを知っておく事が重要であると述べ，その上で，管理の第一の目的は，高い賃金と低い労務費を実現することで，① 高い一日の課業の設定，② 標準的な作業条件（工具・設備）の整備，③ 課業を達成した人には高い支払，④ 課業を達成出来ない人には損失負担，これが「課業管理の原則」であった（F. W. Taylor, 1903, 邦訳, II編, 2章）。テイラーが主張した「課業管理（task management）」とは，管理者主導のもとで科学的に課業を決定し，労働者には能率的に作業が出来る標準的作業条件を整え，その上で労働者個々の努力が賃金に反映する「異率出来高制」を適用する，というものであった（図2-2参照）。

　そして，これらを実行するには現在は一般には用いられていない特別の

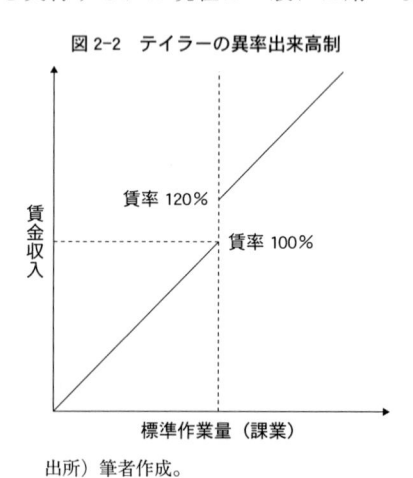

図2-2 テイラーの異率出来高制

出所）筆者作成。

組織「計画部」が必要である，とテイラーは述べている。計画部（室）（planning department, planning room）は，前日までに作業手順を決定し指導票（作業内容・作業時間・図面番号・工具・冶具等を記したもの）を労働者に渡し，労働者は指導票（instruction card）に基づき作業を行ない，日々の仕事の成果を計画部に報告する。このように，計画部は，「課業管理」を行なう上で工場の事務的な仕事を伴いつつも工場管理の頭脳としての中心的役割を担っている。テイラーにとり工場は計画部によって管理されるべきで，それが実現すれば，将来，経営者は工場の日常的管理業務から開放され政策的業務に専念出来る。これがテイラーの「課業管理」と計画部に関する構想であり，科学的管理は「計画による統制」を目指していたのである（図2-3 参照）。

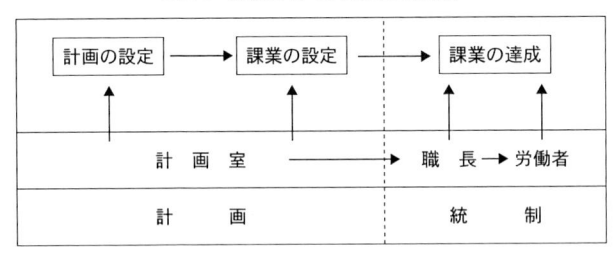

図 2-3　課業管理（計画による統制）

```
┌─────────┐    ┌─────────┐ ┊ ┌─────────┐
│ 計画の設定 │───▶│ 課業の設定 │ ┊ │ 課業の達成 │
└─────────┘    └─────────┘ ┊ └─────────┘
      ▲              ▲     ┊       ▲
┌─────────────────────────┊─────────────────┐
│      計  画  室     ─────▶ 職  長 ─▶ 労働者 │
├─────────────────────────┊─────────────────┤
│         計    画         ┊      統    制    │
└─────────────────────────┊─────────────────┘
```

出所）筆者作成。

(4)　計画部と職能職長制

　計画部（室）の設置は工場における計画と執行の分離，現代的に述べれば，ラインとスタッフの分離を意味していた。計画部による課業管理が実現すると，それまで現場職長が持っていた生産管理職能の多くが解体され計画部に移行する（F. W. Taylor, 1903, 邦訳，Ⅱ編，3章）。計画部のもとでは，例えば，作業内容・作業時間・図面番号・工具・冶具等の多様な生産管理を担っていた万能職長（旧来の職長）の生産管理職能は計画部のもとに移り，万能職長の仕事は職能別職長に分解（分業化）される。つまり，万能職長のもとで「命令一元化の原則」に従う従来の軍隊組織（ライン組織）は，計画

部のもとで「職能職長制」という新しい命令系統を持つ組織に移行する。新しい命令系統である「職能職長制」は，職長が職能別に専門化（分業化）され，各職能別職長が現場労働者に多元的に命令を下す。逆に述べれば，現場の各労働者は各職能別職長から職能別の命令を多元的に受ける。テイラーの「職能職長制」の構想は以上のようなものであった（図2-4参照）。

職長（管理者）の資質

テイラーは，職能職長制に関連して職長（管理者）の資質について，次のように述べている。現在，ほとんどの工場は軍隊組織（ライン組織）のもとで運営されている。命令は，経営者 → 工場長 → 職長 → 副職長 → 組長 → 工具，への命令系統を持つ。しかし，軍隊組織のもとでの職長（万能職長）に求められる資質は多様で，① 知性，② 教育，③ 技術的知識と技能，④ 気転，⑤ 精神力，⑥ 勇気，⑦ 誠実性，⑧ 常識，⑨ 健康，に関する資質が求められる。これら資質をすべて備えた職長はいないが，5つの資質を備えた職長を見出すのも困難である。したがって，軍隊組織のもとでの職長の役割は過重である。すなわち職長は，① 工場全体の仕事を割り振り，② 各機械のもとでどのような仕事をどのようになすべきかを決め工具を教育する，③ 1月先を見越し労働者の過不足を見通しながら仕事の計画をたてる，④ 出来高の単価を決定し賃金を調整する，⑤ 時間係を監督する，等である。このような条件のもと課業管理を適切に行なう能力を持つ万能職長を得ることも養成することも困難である。そこでテイラーは，万能職長の職能を計画部のもとに職能別の職長制に分解し置き換える，次のような提案を行なった。

職能職長制

計画部のもとに，工場管理の職能を4つの計画職能と4つの執行職能に分割する。計画と執行の分離（ラインとスタッフの分離）である。具体的には工場の計画職能を，① 順序および手順係，② 指導票係，③ 時間および原価係，④ 人事統制係（監督部），の4つ計画職能に分割し，現場業務の執行

職能を，⑤着手係，⑥指導係，⑦検査係，⑧修繕係（整備係），に分割する。そして，分業化された8つの職能別職長の下に8つの次元の命令が多元的に各工員に下される（図2-4参照）。このように，軍隊組織（ライン組織）がもつ「命令一元性」を廃し，多次元的な命令系統を持つ「職能職長制」へ移行する。つまり，軍隊組織のもとで万能職長が担う工場管理の困難性を「職能職長制」という新しい管理組織で解決しようとする，一種の「マトリックス組織」がテイラーの構想であり主張であった。

「職能職長制」の下では，万能職長に要求された多様な資質が職能別の職長に分業化される。そのため，比較的短期間に職長が養成されることが期待され，当時，大規模化しつつあった工場の管理問題に対処出来る。これがテイラーの主張であり，「職能職長制」は計画部の調査・標準化等の計画機能を前提とし提案されたのである。このように，計画部が工場管理における頭脳となり，計画の拠点となる。したがって，「職能職長制」の下で計画部およびそこにいる技師たちが，工場管理の中核を担うであろうというのがテイラー構想であり「テイラー戦略」であった（中川誠士，1992，6章）。技師こ

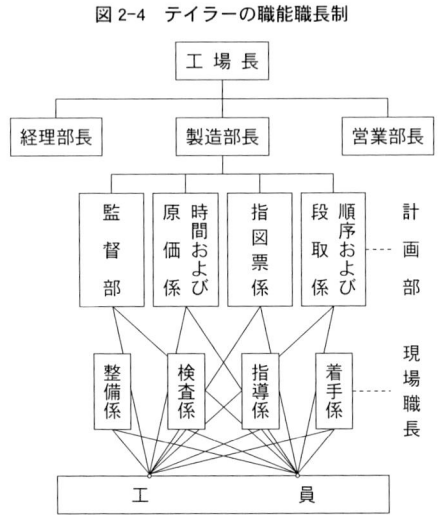

図2-4　テイラーの職能職長制

出所）山本純一郎『科学的管理の体系と本質』森山書店，1964年，203頁（一部変更）。

そが管理問題を解決し「管理の科学」を創造する中心的役割を担う，とするのがテイラーの構想であった．それ故，テイラーの科学的管理は，計画室のもと「計画による統制」を目指していた．

(5) 科学的管理の原則と実際

テイラーは 1911 年，『科学的管理の原則』（*The Principles of Scientific Management*）を著し，この書の冒頭で，今や科学的管理は工場のみならず家庭・農場・商業・教会・大学，そして「国家の能率」として政府にも適用できると述べ，自己の「科学的管理」を社会にアピールした．そしてテイラーは，上述のような「課業管理」「計画部」のもとでは，つまり「科学的管理」が現実のものとなれば，能率向上により高い賃金と低い製造原価が可能となり，「怠業問題」も解決し労使の繁栄がもたらされるであろうと主張した（F. W. Taylor, 1911, 邦訳, Ⅲ編, 1章・8章）．

この書の中で，テイラーは「科学的管理の4原則」を示し，次のように述べた．科学的管理は，時間研究・職能職長制・計画部・異率出来高制・原価計算制度，等の要素や手法を含むが，科学的管理の本質はその根底にある哲学ないし一連の基本的な考え方である．それは，① 経験に代え管理の科学を発展させる，② 科学的な基準に従い労働者を採用・教育する，③ 労使の友好（テイラーは福利厚生の意義を認めるようになっていた，F. W. Taylor, 1911, 邦訳, 206頁），④ 仕事と責任は管理者と工員に適切に分割する（管理と執行の分離），であった．これが「科学的管理の4原則」で，科学的管理の基本的考え方であった．

以上の②③，労働者の教育や労使の協調を含むテイラーの「科学的管理の原則」は，彼の信奉する個人の努力と責任，つまり自主独立のアメリカ個人主義を反映しつつも，同時に 19 世紀末から 20 世紀初頭のアメリカ社会の時代的思潮の変化，進歩主義の時代（競争から協調の時代へ）に敏感に反応し主張された（S. Haber, 1983, 邦訳, 1章）．とは言え，彼の「科学的管理」は，それまでの経験による管理，「成り行き管理」ではなく，工学に比すべき「管理の科学」を創造し，「管理の科学」のもとで工場は管理されるべき

であるとの主張と同時に,「競争から協調へ」という進歩主義(革新主義)の時代的思潮の中で, ②③を含め「科学的管理」が主張された。

ところで, このような主張あるいは構想としての「科学的管理」は, テイラーの信奉者あるいは協力者であるガントやバースらによって工場に適用された (D. Nelson, 1975, 邦訳, 4章)。1901年から1917年の間, ガントやバースらの指導のもと, 46の企業と2つの政府の製造工場にテイラーの科学的管理は適用された。そのうち19社は情報不足で確認できなかったが, 29の企業については科学的管理適用の実態がネルソンによって明らかにされている。ネルソンによるこの調査は, ①原価計算・購買・倉庫・工具室等の改善, ②計画部, ③職能職長制, ④時間研究, ⑤刺激的賃金支払制度(異率出来高制), について調べている。ガントやバースらはテイラーの科学的管理を出来るだけ忠実に適用しようとしたが, ③職能職長制は非実践的で適用が困難であり, ⑤刺激的賃金支払制度も職能職長制ほどではなかったが, 適用が困難であった。

また別の著書でネルソンは, 次のようにも述べている (D. Nelson, 1980, 邦訳, 6章)。テイラーの晩年, ガントやバースらは150の工場にテイラーの科学的管理を適用しようとした。しかし, その全面的適用は困難であった。テイラーの科学的管理が大きな影響を与えたのは機械工場での機械や工具の操作といった側面で, しばしば, 経営者自体が科学的管理の導入に反対した。とりわけ職場での権限を縮小される職長は強く反対した。テイラーの「科学的管理」の主張あるいは構想の全面的な適用は, 必ずしも一般的化しなかったのである。むしろ, テイラーが『工場管理』に示したように適用されたのでなく, 適用される工場の実情を反映し, 科学的管理は適用され普及して行ったのである。

2 もう一つの科学的管理 —チャーチの管理職能論—

工場の飛躍的な拡大期であった19世紀末から20世紀初頭にかけ, テイラーに関係する人々以外にも工場生産の合理化あるいは能率向上に関わ

る「管理の科学」を主張する人々がいた。その多くがテイラーと同様に技術者で，原価計算のパイオニアでもあった。具体的には，チャーチ（A. H. Church），メトカーフ（H. C. Metcalf），ルイス（S. Leiws）らで，「技術者の会計」と呼ばれる分野への貢献者であった（辻厚生，1971，6章）。当時，原価計算のパイオニアといわれた人々は原価計算の問題に関連し，工場の管理問題に関心を持っていた。彼らは，『アメリカ機械技師協会会報』（*Transactions of American Society of Mechanical Engineers*），『アメリカンマシニスト』（*American Machinist*），『エンジニアリング・マガジン』（*Engineering Magazine*）といった工学系雑誌の中で原価計算の問題について論じた。とりわけ，チャーチは「間接費の配賦問題」に関連し，工場の管理問題に強い関心を持っていた。チャーチの関心は，19世紀末の急速な工場規模の拡大に伴い生じた間接費（経費等）を適正に測定し配賦することにあったが，それは工場組織の調整および統制問題と深く関連していた。チャーチは，テイラーらとは違った「管理の科学」を主張した。

チャーチの管理職能論

　チャーチは，テイラーの時間研究・賃金支払法・指導票・計画室等の「科学的管理」は管理に関する「分析的」アプローチであり，もう1つ重要なのは管理に関する「統合的」アプローチであると主張した。管理に関する「統合的」アプローチとは，工場規模の拡大とともに分業化した生産活動を再編・調整する統合に関わる科学であった。チャーチの「管理の科学」は，彼独自の職能論のもと管理原則論として体系的に展開されている（今井斉，2004，3章）。ここでは，彼の管理職能論のみを概観し，その強調点を明らかにする。(A. Church, 1914, Chap. 2-4)。

　産業革命の帰結である工場制工業は，工場への機械設備の導入により特徴付けられる。工場制工業においても，本源的なのは機械・工具を用い行なう作業および管理の職能，すなわち①作業職能（作業の管理職能）である。やがて工場規模の拡大とともに工場は，機械・設備等を維持する②設備職能（保全職能）を分化させ，そして，③製図・設計に関する設計職能（製

品企画職能）を分化させる。これら②③は作業職能に直接関連する職能分化であるが，工場規模のますますの拡大は，さらなる職能の分化を促進する。すなわち，作業および手順を標準化し，作業時間・原価等を比較し生産状況を把握する ④ 比較職能（標準化職能），そして，①②③④ を調整し工場の生産活動全般を調整・統合する ⑤ 統制職能（全般的管理職能）である（カッコ内は理解を容易にするため表記を変えた）。

管理職能論の基本的視角

以上のようにチャーチの管理職能論は，① 作業職能（作業の管理職能），② 設備職能（保全職能），③ 設計職能（製品企画職能），④ 比較職能（標準化職能），⑤ 統制職能（全般的管理職能），として展開された。これをテイラーの科学的管理論との比較でいえば，チャーチのそれは，⑤ 統制職能（全般的管理職能）をより強調する管理論であった。チャーチが間接費の適正な測定と配賦問題が，工場組織の調整と関連していると述べたのは，この統制職能（全般的管理職能）のことであった。チャーチは電気技師として原価計算の間接費の配賦問題を論じたのであるが，1914 年には，『管理の科学と実践』（*The Science and Practice of Management*）を著したのである。

彼の管理論はテイラー以上に工場固有の問題に関連させ抽象的に論じられたため，テイラーらのように大きな注目を受けなかった。しかし，彼の管理職能論は，工場規模の拡大とともに分業化（分化）が進行する生産現場の統

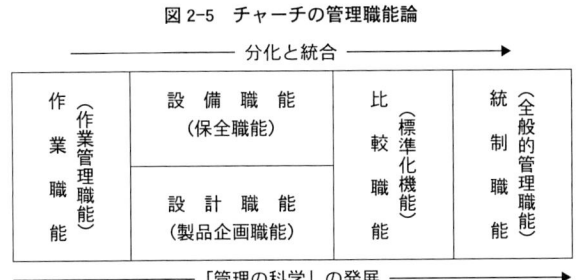

図 2-5　チャーチの管理職能論

←―――――― 分化と統合 ――――――→

作業職能（作業管理職能）	設備職能（保全職能）	比較職能（標準化機能）	統制職能（全般的管理職能）
	設計職能（製品企画職能）		

←―――――― 「管理の科学」の発展 ――――――→

出所）筆者作成。

合問題（統合）に光を当て，⑤統制職能（全般的管理職能）の重要性を明らかにした（図2-5参照）。すなわち，チャーチの管理職能論は，その後の「管理の科学」発展の方向性，つまり「分化」に対する「統合」に関わる管理問題の重要性を示していたのである。

3 小括

　工場規模が拡大する19世紀末から20世紀初頭，テイラーらの科学的管理は機械工場の技術者たちによって主張された。とりわけテイラーの主張は大きな反響を呼んだ。テイラーは，当時の機械工場が直面した管理問題を経験や勘による「成行き管理」でなく，「工学」に比すべき「管理の科学」として展開しようとした。実際，19世紀末から20世紀初頭にかけ，テイラーらの技師が直面していたのは，工場が工場長のもと統一的に管理されるために必要な「管理の科学」の創造であった。それは，それまで職長や労働者の中にあった生産に関する知識（熟練）を「管理の科学」で置き換え「計画による統制」を行なうことであった。それは，科学的管理のような「管理の科学」を創造し，新工場制（現代的工場）への移行を目指すことであった。この移行過程で「科学的管理」は大いなる貢献をした。実際，テイラーらの「科学的管理」は，現代の工場管理に欠くべからざるIE（インダストリアル・エンジニアリング）の生みの親でもあった（廣瀬幹好，2005，6章）。

　さらに，テイラーらの「科学的管理」の根底にある個人主義と合理的思考様式の強調は，今日のアメリカ的経営実践の中に「計画による統制」や「計数重視の管理」（5章GMの経営参照）あるいは契約関係重視の労使関係（雇用官僚制）として大いに影響を与えている（7章3参照）。また，1910年代以降，アメリカの大規模大学はビジネス教育において科学的管理をマネジメント・コースの中心科目として取り入れていった（D. Nelson, 1992, 邦訳，4章，斉藤毅憲，1983, 2章, 4）。この意味でもアメリカのビジネス・スクールの教育も科学的管理の流れを汲むものといえる（J. C. Spender & H. Ijne, 1997, 邦訳，序論）。

ところで，テイラーは，工学に比すべき科学としての「科学的管理」(「管理の科学」の創造）を目指したのであるが，上述「科学的管理の原則と実際」でみたように，科学的管理の実践は多様な情況を示していた。すなわち，職能職長制は非実践的で適用が困難であり，「異率出来高制」も職能職長制ほどではなかったが，適用が困難であった。テイラーの「異率出来高制」は労働者の努力が賃金に反映され，同時に経営者の側から見れば原価の低減が期待されるとする賃金支払制度であったが，彼の主張のように，労働者と経営者の間にある問題を解決するものではなかった。それ故，1911年彼の『科学的管理の原則』の中で，「異率出来高制」は「労使の友好」を前提とし，労働者には高い賃金，経営者には低い製造原価，が主張されたのである。しかし，「管理の科学の発展」および「労使友好の原則」だけでは，賃金支払法を含め異なった管理問題の次元（労働における人的要因・労使関係・労働法の発展）に十分対処しえなかった。

　テイラーが目指した工学に比すべき科学的管理は，とりわけ20世紀に入り「進歩主義」の時代的思潮のもと，熟練労働者の組合である職種別労働組合の進出や労使の団体交渉の問題に直面していたし，労働災害法，労働時間規制，労働者福祉に関する法制が整備され始め新しい情況が生み出されつつあった。もともと，テイラーらの「科学的管理」は，当時の機械工場と技師たちの合理的思考方法を反映したメカニカルな管理であり，労働における人的要因・労使関係・労働法の変化に対応しうるものでなかった。

参考文献
- D. Nelson, *Managers and Workers : Origins of the New Factory System in the United States*, 1880-1920, 1975.（小林康助・塩見治人監訳『20世紀新工場制度の成立』広文社，1978年。）
- J. C. Spender & H. Kijne, *Scientific Management*, 1997.（三戸公・小林康助監訳『科学的管理』文眞堂，2000年。）＊この書には戦前を含めわが国の「科学的管理」研究に関する文献目録が収載されている。
- F. W. Taylor, *The Principles of Scientific Management*（上野陽一訳編『科学的管理法』産業能率短期大学出版，1969年。）
- D. A. Wren, *The Evolution of Management Thought*, 1994.（佐々木恒男監訳『マネジメント思想の進化』文眞堂，2003年。）
- 中川誠士『テイラー主義生成史論』森山書店，1992年。
- 中村瑞穂『管理組織論の生成』東京教学社，1976年。

3章

ファヨールによる「管理一般の理論」
―管理過程による統制―

　テイラーとほぼ同時代に，フランスにおいて「管理の科学」の存在を主張しその普及に努めたのはファヨールであった。ファヨール（H. Fayol, 1841-1925）は1860年コマントリ炭鉱に技師として入社，1866年主任技師，1878-1884年コマントリ社とモンヴィック社の経営者，1888年コマントリ・フルシャボー・ドゥカズヴィル社（通称コマンボール社）の社長となり，30年間の長きにわたり社長を務め，1918年に退任した（佐々木恒男，1984, 3章）。

　「管理の科学」の創造という観点からみるなら，1900年ファヨールはコマンボール社の社長であった当時，鉱山ならびに冶金学の国際会議，そして1908年の鉱業協会50周年大会において，管理職能の重要性と管理教育の可能性について講演をしている。この講演をもとに，ファヨールは1916年『産業ならびに一般の管理』を著した。そして，1918年，30年の長きにわたるコマンボール社の社長の職を辞したファヨールは，「管理研究所」（CEA）を設立した。ファヨールは1925年の死に至るまで，「管理の科学」および管理教育の普及に努めたのである。

1　ファヨールとコマンボール社

　ファヨールが社長に就任した当時，鉄道用鋼材の急激な需要減に加え中部の鉄鉱石と石炭資源の枯渇問題が重なり，フランス中部に位置する製鉄業

は危機的状況にあった。1882年にトン当たり85フランの銑鉄価格が1886年には51フランに暴落していた。コマンボール社の状況も同様であった。1882年4万2,000トンあった高炉生産は，1888年には6,000トンに落ち込み壊滅的状況にあった。同社は，散在する工場の何処を拠点とし何を生産するのか，鉄の消費地から離れ枯渇する石炭採掘と製鉄工場をどのように再生・再編するのか。中部製鉄業に共通する対応の一つは製鉄部門を原料・燃料条件の良いところに移転するか，そうした企業を買収するか，あるいは製銑そのものを放棄するかであった。倒産の危機に瀕したコマンボール社を引き受けたファヨールは，製銑と普通鋼生産から撤退し高級鋼・特殊鋼へ特化し，それを用いた工作機械を製造する道を選んだ（大森弘喜，1996, 1章）。

具体的にみるなら，1901年コマンボール社は，業績不振のフルシャンボー製鋼所を閉鎖しドゥカズヴィル製鋼所に生産拠点を移したが，その後ドゥカズヴィル製鋼所も閉鎖した。コマンボール社は鉄鋼生産から撤退し石炭業へ，その石炭業から化学工業へ，鋼生産では成長が見込まれる特殊鋼および機械工業部門へ，多角化していった。これらを可能にしたのは，ファヨールが，いち早く研究開発戦略を手がけていたからであった。ファヨールは鉱山技師として入社以来，現場の管理者そして経営者として倒産の危機に瀕していたコマンボール社を，激変する炭鉱・製鉄会社の経営環境の中で再建した。ファヨールの経営戦略は，①思い切ったスクラップ・アンド・ビルド戦略，②合併戦略，③研究開発戦略，④経営多角化戦略，であった（佐々木恒男，1984, 3章）。

2　ファヨールの管理職能論

以上のようにコマンボール社の再建に成功したファヨールは，鉱山技師および経営者としての経営実践の中から，1916年に『産業ならびに一般の管理』を著した。この書でファヨールは，管理は経営の大規模あるいは小規模，また工業，商業，政治，宗教その他を問わず，極めて重要な役割を演じているとし，次のように述べた。企業活動にとり欠くべからざる6つの本質

的な職能がある。一般に，以下の1-5の職能はよく知られている。しかし，その重要性に関わらず，6つ目の管理職能はあまり知られておらず，しかも，管理の活動は1-5とは区別された独自の職能を持っている。その管理とは，「予測し・組織し・命令し・調整し・統制する」ことで，管理職能は経営の指導者において極めて大きな位置を占めている。他方，経営とは企業の資産を用い最大の利益を生み出すべく企業を導くことである。したがって，管理・技術・商業・財務・保全・会計の各職能は経営のもとにあり，経営に導かれる。

　管理職能をより詳細に見るなら，① 予測とは将来の活動計画を作成すること，② 組織とは物的および社会的組織を構成すること，③ 命令とは従業員を機能せしめること，④ 調整とは活動を一元化し調和させること，⑤ 統制とは命令通り行なわれているかを注視すること，であった。このようにファヨールは，管理職能は ①-⑤ の要素からなるプロセス，つまり「管理過程による統制」と捉えたのである（H. Fayol, 1916, 邦訳, 1部, 1章）。

　1　技術的活動（生産，製造，加工）
　2　商業的活動（購買，販売，交換）
　3　財務的活動（資本の調達と管理）
　4　保全的活動（財産と従業員の保護）
　5　会計的活動（財産目録，貸借対照表，原価，統計，等）
　6　管理的活動（予測，組織，命令，調整，統制）

(1)　従業員に必要な能力と管理職能の相対的重要性

　ファヨールは，従業員に必要とされる諸能力を管理およびその他職能の相対的重要性に関連させ述べている（H. Fayol, 1916, 邦訳, 1部, 2章）。まず，管理・技術・商業・財務・保全・会計の各職能に関しては，それぞれ，管理的・技術的・商業的・財務的・保全的・会計的，の専門能力に対応し，これら能力は，次の3つの資質と3つの知識の全一体に基づいている。

　1　肉体的な資質（健康・たくましさ・器用さ）
　2　知的な資質（理解力・学習力・判断力・知的たくましさと柔軟性）

3　道徳的資質（気力・堅実さ・責任をとる勇気・決断力・犠牲的精神・機転・威厳）
4　一般教養（経験に富んだ職能領域のみに属さない知識）
5　専門的な知識（技術・商業・財務・管理，等々の職能に関係する知識）
6　経験（事業の実務に由来する知識で，体得したさまざまな教訓の記憶）

　そして，この能力を構成する諸要素の重要性は，規模および職務階層上の地位に関連している。すなわち，すべての職能がただ一人の人間によって遂行される原基的企業の場合に必要とされる能力は明らかに縮小されるが，大企業の場合，職能が多数の担当者の間で分担されるので，全体としての能力のうち，各担当者はその一部分を持つに過ぎない。ファヨールは，大規模産業企業の職務階層に対応した職務能力の相対的重要性を産業企業の例をあげ，したがって技術的職能を重視し，各職能の相対的重要性を図示している（図3-1参照）。
　一般化して述べれば，職務階層が上になるほど管理職能の相対的重要性が増し，その資質と知識が要求される。他方，職務階層が下になるほど，技術・商業・財務，等々の職能が重視され，その専門的資質と知識が求められる。つまり，職務階層が上に行くほど，管理的能力の重要性が増し，職務階層が下がるほど，技術的・商業的・財務的・保全的・会計的な各専門職能に関してはその重要性が増し，それに対応する専門的資質と知識が求められる。そして，ファヨールは同様に，産業企業の規模の大きさに関連付け，各職能の相対的重要性も示している（図3-1参照）。つまり，管理は，他の技術的・商業的・財務的・保全的・会計的な職能にも関りを持ち，職務階層が上に行くほど，また組織の規模が大きくなるほど，その相対的重要性は増していく。

(2) 管理の一般的原則

　ファヨールは，経営実践の中で多くの場合適用しなければならなかった14の管理原則をあげている。ただし，これら原則は厳密なものでもないし

図3-1 産業企業の従業員に必要な諸能力の相対的重要性

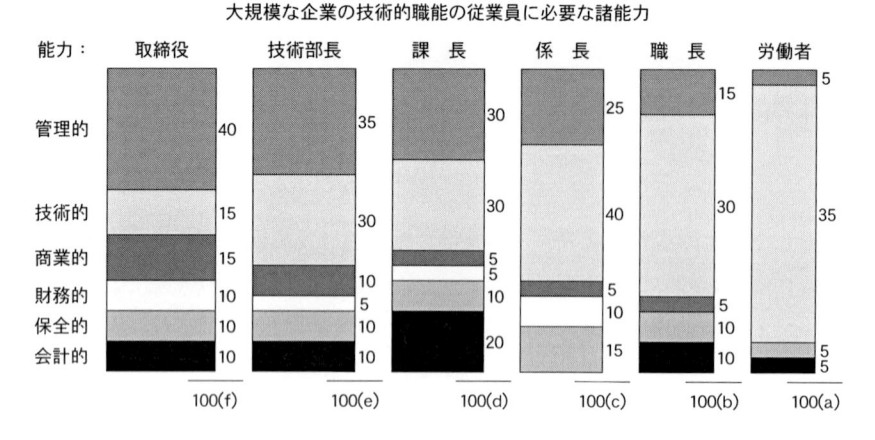

大規模な企業の技術的職能の従業員に必要な諸能力

能力：	取締役	技術部長	課長	係長	職長	労働者
管理的	40	35	30	25	15	5
技術的	15	30	30	40	30	35
商業的	15		5			
財務的	10	10	5	5	5	
		5	10	10		
保全的	10	10			10	5
会計的	10	10	20	15	10	5
	100(f)	100(e)	100(d)	100(c)	100(b)	100(a)

あらゆる規模の産業企業の責任者に必要な諸能力

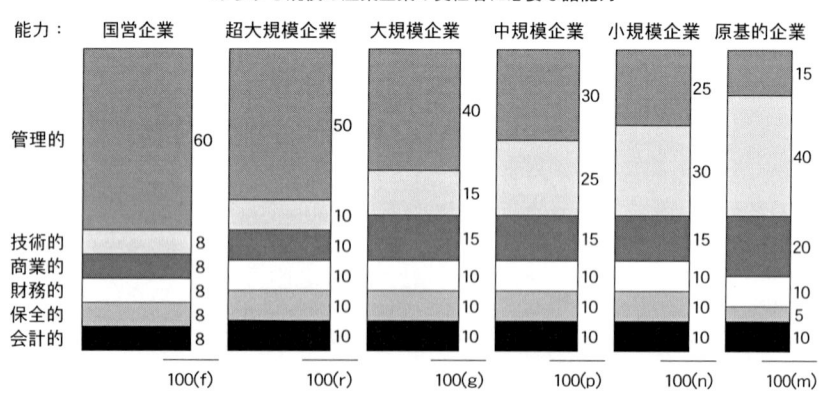

能力：	国営企業	超大規模企業	大規模企業	中規模企業	小規模企業	原基的企業
管理的	60	50	40	30	25	15
			15	25	30	40
技術的	8	10	15	15	15	20
商業的	8	10	10	10	10	10
財務的	8	10	10	10	10	
保全的	8	10	10	10	10	5
会計的	8	10	10	10	10	10
	100(f)	100(r)	100(g)	100(p)	100(n)	100(m)

出所）H. Fayol, 佐々木恒男訳『産業ならびに一般の管理』未来社，1972年，31頁より作成。

絶対的なものでもなく，相対的で柔軟性に富み，いわば管理実践の指針として方向付けを与える灯台の役割にあたる（H. Fayol, 1916, 邦訳, 2部, 1章)。

1 分業

分業は絶えず同じ仕事や問題を扱うことで正確さ・熟練を獲得させる。分業の利益は広く認められており，分業は職能の専門化と権限の分化を促進する。

2 権限と責任

権限は命令する権利で，服従させる力である。職能に関わる規約上の権限と知識・経験・道徳・才能に基づく個人的な権威とは区別される。責任のない権限はなく，責任は権限の帰結である。すぐれた管理者は責任を取る勇気を持ち，したがって責任者の個人的価値は道徳的価値である。

3 規律

規律は服従・勤勉・活力・態度であり，企業と従業員の間の約定に対する敬意の念の外的表現である。規律は事業の優れた運営に必要で，規律なしに事業の繁栄はない。

4 命令の一元性

担当者はただ1人の責任者からしか命令を受取ってはならない。もしこれが侵されるなら，権限は害され規律は危険にさらされ，命令は混乱し安定は脅かされる。命令の二元性は往々にして重大な紛争の源泉である。

5 指揮の一元性

同一の目的を目指す活動の全一体は，ただ1人の責任者とただ1つの計画を持つべきである。この原則は，活動の一元性・諸力の調整・努力の集中に必要な条件である。

6 個人的利益の全体的利益への従属

個人あるいはその集団の利益が企業の利益に優先してはならない。このような規則は当然と思われるが，無知・野心・利己心・怠惰・人間の弱さが，個人的利益のため全体的利益を見失わせる。

7 従業員の報酬

報酬は勤労の対価で公正であるべきで，出来るだけ従業員にも企業にも満足を与えねばならない。賃金形態は事業の運営に大きな影響を与え，賃金形態の選択は重要な問題である。

8 権限の集中

権限の集中は分業と同じく自然の秩序である。変化する価値（状況）のもと，権限の集中（集権化）あるいは分権化は程度の問題であり，全体として最良の成果をもたらす限界の発見が権限の集中と分権化の問題であ

る。

9 階層組織

　階層組織は，上位権限者から下位担当者に至る責任者の系列である。階層組織の経路は命令一元性の原則から生ずるが，超大企業や国家では不都合なほど長くなる。この場合，G-A-Q の階層の段階の間に，架橋 F-P を架け迅速化できる（図3-2参照）。責任者 E と O がそれぞれの部下 F と P に権限を委譲し，その結果に対し E と O に報告すれば問題はなく，しばしば用いられている（テイラーの「例外の原則」もこの種の考え方である。F. W. Taylor, 1903, 邦訳, Ⅱ編, 3章）。

図3-2　ファヨールの渡り板

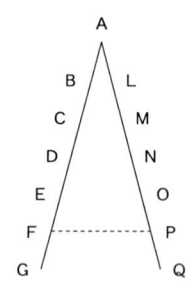

```
            A
         B     L
        C       M
       D         N
      E           O
     F ----------- P
      G           Q
```

出所）H. Fayol, 佐々木恒男訳『産業ならびに一般の管理』未来社, 1972年, 64頁。

10 秩序

　「適所に適材」「適材に適所」は社会の秩序であるが，活動範囲の狭い小規模な企業では比較的容易だが，大規模企業では容易でない。個人的な利害が全体の利害を犠牲にし，野心・身びいき・無知から部署が増殖し無能者が部署につく。これを正し，社会的秩序を取り戻すには耐え難いほどの辛抱強さを必要とする。

11 公正

　従業員の献身には従業員が好意をもって取り扱われることが必要で，公正は好意と正義の結びつきから生じる。公正の適用には大いなる良識・経験・寛大さを必要とする。

12　従業員の安定

　新しい職務に精通するには時間を要する。従業員の教育に時間を要する大規模な企業では，しばしばの配置転換は職務をよく遂行できなくなる。しかし，この安定性も程度の問題である。

13　創意

　計画を創り実行する可能性が創意で，創意は人間が経験する最高の満足のひとつである。したがって，創意が従業員の熱意と活動を促進する。創意を与えることを知っている経営者は，知らない経営者よりはるかに優れている。

14　団結

　従業員間の調和・団結は企業にとり大きな力である。分裂の種を蒔くには才能を必要としないが，諸努力を調整し全員の能力を利用し各人の功績に報いるには才能がいる。それ故，文書での連絡は乱用すべきでない。なぜなら，会話することにより連絡は明瞭となり誤解を避け，調和が得られる。

　以上はファヨールが長い経営実践の中で，多くの場合依拠してきた原則である。原則がなければ，暗中模索の状態になり混乱する。優れた原則があっても，経験がなく節度がなければ活動は妨げられる。管理原則は方向付けを可能ならしめ進路を決定させる灯台である。このようにファヨールは，管理原則を状況的かつ相対的なものと考え，管理上の有益な指針になると述べている。ファヨールは，事業の運営が本質的には人間活動の営みからなるので，人間の組織においては，規律・公正・創意・団結・道徳の果たす役割が大きいことを十分認識していたのである。

(3) 管理の要素

　上述のように，ファヨールは，管理とは「予測し・組織し・命令し・調整し・統制する」管理の過程であると考えた。そして，その管理の要素である「予測・組織・命令・調整・統制」のそれぞれについて，次のように説明している (H. Fayol, 1916, 邦訳, 2部, 2章)。

1 予測

「経営とは予測することである」と言われる。したがって，予測は経営の本質的一部である。予測は将来に備える活動計画となり表れる。活動計画の策定には，技術的・商業的・財務的・保全・会計およびその他能力に加え，管理的能力が重要となる。ファヨールは，自らの経営実践の場であった鉱山冶金会社での予測，すなわち活動計画の例を用いて説明している。具体的には，1年間（予算）および10年間の予測の計画で，それは概略次のようであった。

・年度別生産予測（炭鉱・鉱山・工場）
・年度別損益計算（炭鉱・鉱山・工場・子会社・本社）
・年度別新規事業支出（炭鉱・鉱山・工場）
・年度別利益処分（利益・配当金・株主配分・残額）
・年度別可処分資金（年度当初可処分資金・利益・短期資金の増減・不動産処分＝総計）

（総計＋分野別資金増－分野別資金減）

以上のように，炭鉱・鉱山・工場・子会社を含め約1万人の従業員を擁する鉱山冶金会社コマンボール社は，短期計画（予算）および長期計画に相当する管理手法の下で経営されていた。管理要素の本質的部分をなす活動計画とは，今日の予算管理および長期経営計画に相当するもので，活動計画は企業の資源の活用を容易にし，目的達成のための最善の方法の選択を容易にする。そして，ファヨールは，次のように述べている。活動計画は経営の貴重な手段ではあるが，計画の策定には一定の資質を備えた職員と有能な指導者を必要とする。

2 組織

企業は，企業活動のため物的組織および社会的組織を備えている。ここで問題としているのは社会的組織である。企業規模が拡大するにつれ，1人の上役が管理出来る部下の数が限られているため（管理範囲の原則），組織はピラミッド状の階層をなし組織化される。社会的組織は，職能に適した人を採用し仕事を割り当て，管理的努力を伴って発展する。企業の社

会的組織は職能の機関として表される。ファヨールはコマンボール社の例を用い説明している。すなわち，株主集団 → 取締役会 → 全般的管理者と参謀 → 地域ならびに地区の管理者 → 技師長 → 部課長 → 工場長 → 職長 → 労働者，といった階層組織である。

　この説明の中でファヨールは，命令一元性に反するテイラーの職能職長制は組織を危うくすると批判している。同時に，企業規模の拡大と共に全般的管理者を補佐する参謀（ゼネラル・スタッフ）の役割とその重要性は増す。全般的管理者にとり重要なのは，すべての部署で「予測し・組織し・命令し・調整し・統制する」の過程を有効的に確保する管理能力である。

3　命令

　命令は企業の責任者の間で分担されているが，社会的組織を機能させる使命を持つ。命令は従業員にその職務を遂行させることであるが，同時に責任を伴っている。ファヨールは，命令を容易にさせる教訓をあげている。① 従業員について深い知識を持つ，② 能力のないものを排除する，③ 企業と従業員を結びつけている協約をよく知る，④ 自ら良い手本を示す，⑤ 社会体（組織体）を定期的に検査する，⑥ 指揮の一元性と努力の集中に関わる会議に主要な部下を参加させる，⑦ 末梢的なことにこだわらない，⑧ 従業員の間に活動性・創意・献身の気風をみなぎらせることに注意を払う。

4　調整

　調整は活動間に調和をもたらすことであり，手段を目的に適応させることである。ファヨールは，そのための方法として，① 部門責任者との定例会議を持ち，企業の方針に関する情報を与え共通の利益に関わる諸問題の解決の場とする。② 連絡担当者を置き，会議が可能でない場合は社長を補佐する連絡担当者により会議を補う。これらは，いずれも調整の手段である。

5　統制

　統制は，計画，命令，承認された原則に従い運営されているかを確かめ

る（検証する）ことである．それは，商業・技術・財務・保全と言った見地から行なわれるが，統制活動があまりに複雑あるいは専門的な場合は専門の統制係や監察係に頼らねばならない．この中でファヨールは，特に内部統制の役割に注目している．

3　小括

　1888年，社長に就任したファヨールは，倒産の危機に瀕していた同社を，同社の鉄鉱石と石炭資源に適応したトーマス製鋼法を採用し特殊鋼分野への進出で見事に再建した．彼は成功した経営者として経営実践の中から，経営における管理職能の普遍性と重要性を主張した．テイラーは生産現場の中から「管理の科学」を追求したが，ファヨールは経営者として企業経営全般の立場から「管理の科学」を追求した．ファヨールが管理要素の本質的部分であるとした「活動計画」は，今日の短期経営計画（予算）および長期経営計画の原型に相当し，それ故，彼は管理における予測あるいは計画の重要性を明らかにした（計画・予測の重要性については5章GMの経営を参照）．大企業が勃興し始める20世紀の初頭のこの時点で，管理に関するこのような先見性，独創性と普遍性を持つ管理論が展開されたことは，ファヨールの大きな貢献であった（H. Fayol, 山本訳，訳者解説）．

　ファヨールの著書が1916年にフランス語で著されたこともあり，アメリカでの彼の管理論の普及は遅れた．しかし，この書の先見性，独創性は，やがて英国のアーウィック（L. F. Urwick）やアメリカの研究者が注目することになる．クーンツとオドンネル（H. Koontz & C. O'Donnel）は，『管理の原則』（1955）の中で，次のように述べている．ファヨールは，管理および管理原則の普遍性に関し明快なアプローチを示し，今日の企業が抱える問題に卓越した洞察力を示した．彼の観察力は，驚くほどその後の管理論の発展に符合している．多分，ファヨールは，管理論の領域で最も重要な貢献をした経営者で，管理者は，その職務の困難さとその成否が深刻な問題を生み出すことを知るが故に，管理原則を探求した．ファヨールは「管理論の父」

と呼べるのである。(H. Koontz, & C.O'Donnel, 1955, p. 37)。戦後，ニューマン (W. H. Newman)『経営管理』(1951)，デービス (R. C. Davis)『管理者のリーダーシップ』(1951)，等もファヨール理論の重要性を認め，彼らはファヨールを「管理過程学派」の始祖とし，自らも「管理過程学派」と称した。ファヨールは，戦後のアメリカ経営学に大きな影響を与えたのである。

アメリカの「管理過程学派」は，1960年代後半になり影響力を失っていくが，管理活動がプロセス（過程）であるとする考え方は，今日，管理は，計画 (plan) → 実行 (do) → 統制 (see)，あるいは，計画 (plan) → 実行 (do) → 統制 (check) → 改善行動 (action)，のプロセスであるとの主張に受け継がれている。「管理の科学」の創造という観点からみれば，経営学のパイオニアであったテイラーやファヨールらは，「管理組織論」を打ち立てる上で大いなる貢献をしたのである（中村瑞穂，1976）。

1970年代初め，ミンツバーグ (H. Mintzberg) が，「マネジャーの仕事」に注目しマネジャーの行動を観察したとき，ファヨールの管理職能は「伝承」とされた (H. Mintzberg, 1973, 邦訳，2章)。1970年代以降，アメリカ経営学は，現実の経営はどのように動き，管理者はどのように行動しているのか，といった観点から経営現象を捉えるようになる。つまり 1970年代になると，組織を職務や職能の体系と捉え分析するテイラーやファヨールの流れを汲む経営学でなく，組織を人間行動（意思決定）の体系と捉えるバーナード (C. I. Barnard) やサイモン (H. A. Simon) らの流れを汲む研究が，アメリカの経営学者に大きな影響を与えることになる。管理や組織は人間行動（意思決定）の視点から分析すべきであるとする考え方は，大きな流れとなり，それまでの管理論的接近法から組織論的接近法により経営現象を分析する実証的研究が，主流となるのであった。

参考文献
- D. A. Wren, *The Evolution of Management Thought*, 1994. (佐々木恒男監訳『マネジメント思想の進化』文眞堂，2003年。)
- H., Fayol, *Administration Industrielle et Générale*, 1916. (佐々木恒男訳『産業ならびに一般の管理』未来社，1972年。)
- H., Fayol, *Administration Industrielle et Générale*, 1916. (山本安次郎訳『産業ならびに一般の管

理』ダイヤモンド社，1985年。)
・佐々木恒男『アンリ・ファヨール』文眞堂，1984年。
・中村瑞穂『管理組織論の生成』東京教学社，1976年。

4章
科学的管理から人事管理へ

　機械技師テイラーが科学的管理を追求した19世紀後半はカーネギーに代表される個人の努力が成功をもたらすとする「アメリカン・ドリーム」が大いに賞賛された時代であった。すなわち，19世紀後半のアメリカは，競争と個人主義が過度に強調され，成功は個人の才能と努力の結果であるとする適者生存の「社会的ダーウィニズム」が大いに受け入れられた。「鉄鋼王カーネギー」や「石油王ロックフェラー」は「アメリカン・ドリーム」の象徴であった。テイラーは，カーネギーやロックフェラーのような意味での「アメリカン・ドリーム」の体現者でなかったが，テイラーは高速度工具の発明で特許と富を得，1905年にはASME（アメリカ機械技師協会）会長になったという意味では，テイラーもまた「アメリカン・ドリーム」の体現者なのであった。

　「アメリカン・ドリーム」が主張された19世紀後半は，労使の闘争と言うべき激烈な労働争議や全国的な労働組合運動の開始というもう1つの顔を持っていた。1870年代末の鉄道および鉄鋼工場の大ストライキは軍隊が出動するほどのもので，社会に不安をもたらした。そして，戦闘的組合「労働騎士団」に代わり，タバコ・印刷・製鉄・製鋼・鋳造を中心にする職種別組合の全国組織AFL（アメリカ労働総同盟）が1886年に結成され，AFLは徐々に工場に浸透し始めた。とりわけ，AFLの組合員数は1900年の50万人から1904年には200万人に，1920年には400万人を超す組織になっていた（Bulletin No. 1000, 1957, 邦訳, 2章）。科学的管理は労働の管理問題に直面せざるを得なかった。

1 科学的管理と労働 ―「精神革命」―

　1902年，大統領になったセオルド・ローズベルト（T. Roosevelt）は，労働・資本・民衆を公正に扱う「スクェア・ディール」や「国家的能率」を表明し大衆に「進歩主義の時代」を印象付けた。彼は商務・労働省を新設し，大統領に再選されると強力な鉄道規制法および反トラスト法を制定し，スタンダード石油やアメリカンタバコ社を解散に追い込んだ。進歩主義あるいは革新主義の時代の到来を印象付ける時代的思潮のもと，社会改良家であり「人民の弁護士」と呼ばれたブランダイス（L. D. Brandeis）は，鉄道規制のための州際商業委員会で，能率向上のため「科学的管理」を導入すれば，鉄道運賃の引き上げは必要ないと主張した。これにより「科学的管理」は，テイラーら能率技師の世界を離れアメリカ社会に「能率ブーム」をもたらし，広く知られることになった（S. Haber, 1983, 邦訳, 4章, Nadoworny, M. J., 1955, 邦訳, 3章）。

　20世紀に入ると進歩主義あるいは革新主義の時代の中で熟練工の職種別組合であるAFLは科学的管理に反対する運動を繰り広げ始めた。そして，政府のウォータータウン兵器廠への科学的管理導入を契機にストライキが生じ，労働組合の指導者は下院議員たちに科学的管理に関する調査を要求した。1911-1912年，下院特別調査委員会は，科学的管理の導入をめぐる「科学的管理と労働の問題」を取り上げ，テイラーに公聴会での証言を求めた。

　すでに，テイラーは1911年『科学的管理の原則』の中で，科学的管理は，時間研究・職能職長制・計画部・異率出来高制・原価計算制度，等の要素や手法を含むが，科学的管理の本質はその根底にある一連の基本的な考え方にある，と述べていた。議会証言の中でも，テイラーは次のように述べている（Taylor, F. W., 邦訳, 4編）。時間研究・原価計算・異率出来高制等は科学的管理にとり重要な能率向上の手法ではあるが，科学的管理の本質でない。科学的管理の本質は，個人的経験や判断でなく研究（科学）に基づく知識であり，科学的管理の必然性（法則性）を労使が心から認める精神的態度

の変革，つまり「精神革命」にある。労使が科学的管理の必然性を義務として精神的態度の根本的変革を受け入れることが科学的管理の本質である。労使が敵対でなく協働を受け入れることで剰余金が生み出され，労働者の賃金と使用者の利益がともに増す。敵対でなく友好，これが精神革命の第一歩であり，この見方の変化が精神革命を呼び起こす。

テイラーの1895年の「出来高払制私案（異率出来高払制）」，1903年の『工場管理』での「課業管理」，1911年の『科学的管理の原則』では，基本的には，科学あるいは原則としての科学的管理が強調されていた。そしてテイラーは，議会証言の中で「科学」としての科学的管理および労使の「友好（協調）」を強調し，最終的には科学的管理の根底にあるのは労使の「精神革命」であると主張した。このように，議会証言の中でのテイラーの科学的管理は「精神革命」に集約されていった。精神革命としての科学的管理は，最終的にはその「科学性」と労使の「協調」から構成され，議会証言では科学的管理の「科学性」と労使の「協調」，この二つの同時達成がテイラーの「科学的管理」実施の前提条件として強調された（中川誠士，1992，6章）。

(1) ホキシー報告書

「人民の弁護士」ブランダイスの科学的管理への賞賛を契機に，科学的管理は社会の脚光を浴びると同時に，労働組合は科学的管理への反対運動を強めて行った。1914年，合衆国労使関係委員会は，労使関係における科学的管理の重要性に鑑み科学的管理の調査に乗り出した。この調査は，労働問題の専門家であるシカゴ大学教授ホキシー（R. F. Hoxie）を中心に，1915年1月から5月にかけ，科学的管理を実践していると言われた35の工場を調査し科学的管理の実態を明らかにしようとした。この通称「ホキシー報告書」は，テイラーらによる科学的管理の原則や主張を「理念としての科学的管理」，他方，調査対象となった科学的管理を実践している工場の科学的管理を「現実の科学的管理」と区別し捉え，それぞれを検討した（R. F. Hoxie, 1915）。

この「ホキシー報告書」は，科学的管理を適用している工場を，① 制度

の導入過程，②職能職長制，③採用，④訓練，⑤時間研究・課業設定，⑥賃率設定・支払法・賃率の維持，⑦過度の労働，⑧解雇，等から検討し，どのような工場もテイラーの『工場管理』(1903)に示されているような工場はなく，テイラーが指導した工場でもそうであった，と述べている。そして，科学的管理については，単純で反復的な仕事以外では科学的管理は法則性や普遍性持つものでなく，とりわけ労働の問題には限界があった。また，経営者は科学的管理を単なる能率向上の手段であると考え，十分な準備なく導入していた。2章「(5)科学的管理の原則と実際」で見たように，科学的管理を適用している工場の実態は，まさに多種多様であった。

そして，「ホキシー報告書」は科学的管理と労働の問題に関し，次のように指摘している（R. F. Hoxie, 1915, Part Ⅱ, C）。科学的管理の実態からみて，科学的管理は，生産における労働者の視野と熟練の果す役割を狭め，科学の名において労働者を不利な立場に追いやる。科学的管理は，経営者の前に労働者の持つ職の秘密（熟練）を明らかにし，熟練の知識を経営者に移転する。このように，科学的管理は，個々の労働者の立場を弱めるだけなく，集団としての労働者の団結を妨げ，労使の交渉を前提とする産業民主主義とも相容れない。しかし，同時にホキシーは，科学的管理の産業への適用について，科学的管理の導入は産業革命期の機械の導入と同じく避けがたいものである，と考えた。

ホキシーは，科学的管理が持つ能率向上の技法（作業の科学）の側面，さらには科学的管理が産業全般に適用され産業合理化を推進する役割を認め，つまり「管理の科学」が産業に導入される普遍性を認め，産業に科学的管理が導入されることは避け難いと考えた。ホキシーは，「管理の科学」から見た科学的管理の普遍性を認識し，それ故，熟練を基盤にする職種別労働組合の労使交渉の将来性，言い換えれば産業民主主義の未来に対し，ホキシーは暗い予感を表明したのであった。「ホキシー報告書」は，本来は合衆国労使関係委員会の調査報告書として公刊される予定であった。しかし，労使関係委員会委員9人の委員のうち労働者側委員4人以外の委員の賛成が得られず，調査報告書は，通称「ホキシー報告書」として公刊された（Nadoworny,

M. J., 1955, 邦訳, 6 章)。

(2) 福利厚生事業

19世紀末から20世紀にかけて科学的管理と労働問題への関心の高まりは、テイラーの議会証言や「ホキシー報告書」となって表れたが、他方、一部の経営者は、労働組合運動の拡大に対し福祉資本主義(Welfare Capitalism) を標榜し、労働組合の工場への進出を防ぐオープン・ショップ政策（反組合主義の政策）の観点から、工場における福利厚生事業に目を向けていた。すなわち、19世紀末から20世紀初頭にかけての工場における科学的管理運動とほぼ並行して、科学的管理とは違った考え方で労働問題に対処しようとする動きが見られた (C. C. Ling, 1965, Chap. 3, 伊藤健市, 1990, 3章)。

一部の先駆的事例を除けば、経営者が福利厚生事業に注目し始めたのは工場規模が急速に拡大しはじめる19世紀末であり、この種の福利厚生事業は1890-1910年にかけ、次第にはっきりとしたものになった (S. D. Brandes, 1970, 邦訳, 2章)。工場における福利厚生事業の推進者は「進歩的経営者」といわれた人々で、彼らは、労働における人的要因に注目し福利厚生事業により労働問題に対処しようとした。労働問題に対する彼らの考え方は、経営者が恩恵として労働者に福利厚生を与える温情主義 (paternalism) と言われたもので、工場に食堂・洗面所・医療施設・図書室等を整備し、さらには貯蓄・保険・貸付制度、利潤分配制度・社宅等の整備にも及ぶものもあり、工場への労働組合の進出に対処しようとした。

実際、福利厚生事業は、大規模化した工場において労働者と経営者の間に生じた溝を埋めようとする試行錯誤的試みであり、同時に組合運動に対する防波堤でもあった (D. Nelson., 1975, 邦訳, 6章)。ネルソンによれば、1905年から1915年にかけ、広汎な福祉活動を導入した40社がみられ、多くが大企業で繊維・機械、そして一部の鉄鋼業でも見られた。これら企業の工場は500人以上の従業員を抱え、多くが多数の女性従業員を雇用していた。多数の男子工員を抱えるUSスチールのような場合は、より積極的に組合化阻止

の手段として福利厚生事業を利用していた。そして福利厚生事業は，第一次大戦およびその後の本格的な労働の管理を試みる人事管理部門の実践の中に吸収されていったのである。

以上のような福利厚生事業は，工場規模の拡大や生産の機械化に伴う工場労働の非人格化，そして労働組合の進出に対処するため生じたが，他方，職業指導は，より幅広い社会的関心と職業教育の必要性という観点から生じた（S. M. Jacoby, 1985, 邦訳, 3 章）。すなわち，すでに 1880 年代の鉄鋼業で見られたのであるが（1 章，4-(3)），19 世紀末から 20 世紀初頭にかけ生産工程の機械化と工場規模の拡大に伴い，多くの大規模工場は新たな熟練を要する労働力養成の問題に直面していた。多くの大企業は公立学校や職種別組合の徒弟的な熟練形成に頼ることなく，会社自らが大規模化・機械化された工場に適応した労働力を養成する目的を持って会社学校（corporation school）を設立し職業教育を行なった。そして，1913 年，これら職業教育を行なう 140 以上の企業が加盟する全国会社学校協会（NACS）が創設された。その中心は鉄道・機械・金属加工企業であったが，サービスおよび事務労働者の職業教育を行なう百貨店・銀行等の企業も含まれていた。これら企業は，当然，会社が養成した従業員を職長に昇進させ，会社に対する忠誠を要求し，労働組合に対する対抗手段とした。職業指導は，科学的管理や福利厚生事業とは違った経路をたどって人事管理に向かっていくのであった。

(3) 従業員代表制

福祉資本主義を標榜した大企業は，1920 年代には，以上のような福利厚生事業とともに従業員代表制（employee representation）の制度化により労働の管理問題に対処しようとした。1910 年代から 1920 年代の生成および発展期の従業員代表制は，労働者の支持と忠誠心を得るため，経営者あるいは管理者が従業員と直接会い労働現場で生じている問題や労働条件について話し合うことは重要で有意義であると考える経営者の意向を反映し導入された。つまり，従業員代表制は労働と資本の相互依存関係の重要性を認識しその関係を強化する施策であった（平尾・伊藤・関口・森川編著, 1998, 序章,

1章)。したがって，従業員代表制は一工場内あるいは一企業内での話合いの場である労使の「合同協議会」の形式をとった。それ故，従業員代表制は労働組合を前提とした団体交渉を容認したものではなかった。

　一般に生成・発展期の従業員代表制は，第一次大戦期の労使対立を契機に導入され発展した（奥林康司，1973, 3章）。この制度が導入された産業は，鉄道・鉄鋼・金属加工・機械工業・電気器具のような近代的設備を擁する大規模企業で，これら企業の従業員代表制の下にあった労働者数は，1919年には約40万であったが，1928年には約155万人へと大幅に増加していた。従業員代表制は，急進的な労働組合運動や社会不安に対処するための経営者の対応であったが，半面，従業員代表制は，労働者が労働条件や雇用条件について発言する機会あるいは労使間の苦情処理機関ともなった。他方，経営者にとっては，この種の労使関係の協議会，つまり従業員代表制の下での工場現場の協議会は生産能率を増進する手段ともなったのである。このように従業員代表制は，福利厚生事業とともに労使協調と能率向上を促進する側面を持ち，それ故，1920年代に従業員代表制が急速に普及したのである（奥林康司，1973, 3章）。そして，従業員代表制の普及は，逆にAFLの労働組合員数を大幅に減らすことになった。従業員代表制が急速に普及した1922年には，組合員数は約75万減じその多くはAFLの労働組合員であった。逆に，AFLの労働組合員数は，1920年に約408万人あったものが，1926年には約280万人にまで減じていた。

　ところで，生産現場の職長の持つ採用・配置・訓練・解雇に関する職長の専制的管理に対し，半熟練・不熟練労働者の不満は大きく，それ故，彼らの作業能率も低かった。このような状況の下で従業員代表制は，彼らの不満あるいは苦情処理の場ともなり，急速に普及・拡大して行った。テイラーらの科学的管理が目指した職長の採用・訓練・配置・昇進といった権限を計画室に移し職能職長制の下で「計画による統制」を目指す管理は容易に普及しなかったが，従業員代表制は職長の独占的かつ専制的な労働の管理を抑制する側面を一定程度も持っていたのである。それ故，科学的管理に代わり，従業員代表制は，労使協調と生産現場の能率向上を促進する新たな接近法（労働

の管理）を示したのである。

　しかし，1929年の大恐慌は労使関係にも劇的な変化をもたらし，「合同協議会」形式のこの種の従業員代表制は廃止されていく。すなわち，ニューディール型の労働政策である1933年の全国産業復興法（NIRA）が労働組合の結成と団体交渉を保障したのを受け，一時的に従業員代表制は会社組合（company union）に衣替えされ生き残ったが，最終的に1935年のワグナー法（全国労働関係調整法）が会社組合を組合として認めず，従業員代表制はその使命を終えたのであった。

(4) 企業内労働市場の形成

　19世紀末の激烈な競争を経て鉄鋼業界は，1901年，金融資本家モルガンの主導のもと鉄鋼業界の約6割を再編・合併する純粋持株会社（pure holding company）USスチールが誕生する。この産業において金融資本家が主導権を握ると，従来の鉄鋼業者の能率至上主義的な人事政策は緩和され始め，福利厚生事業を背景に熟練労働者を安定的に確保しようとする人事政策が見られた（D. Brody, 1969, Chap. 8）。大規模鉄鋼企業での企業内労働市場の形成は，今日，内部労働市場（internal labor market）と呼ばれているものの原型であった（8章2-(4)参照）。

2　企業内労働市場と福利厚生事業

　すでにみたように（1章，4-(3)参照），鉄鋼業は，1880年代の技術革新（ベッセンマー炉・オープンハース炉の導入と生産工程の機械化）により，それまでの手工業的熟練に代わる技術革新に対応した会社が養成・管理する職務の体系（職務構造）に移行し始めていた。炉の革新と生産工程の機械化により，鉄鋼労働者たちは会社の定めた職務構造の中で昇進の経路に沿い新しい熟練を習得せざるを得ないことに気付き始めた。他方，会社は新しい生産の職務構造に適応した労働者を採用し教育・訓練し熟練を形成し，定められた職務構造の中で昇進経路を示す必要があった。会社は，自らが主導し企

業内労働市場を維持管理しなければならなかった。すなわち，会社は，職務と労働の適切な関係を示し，労働者の適正な配置のためにも，採用・教育・訓練・昇進・解雇の体系的管理を作り上げる必要に迫られていたのである。それは，同時に福利厚生事業により熟練工・半熟練工を企業内に維持しようとする政策でもあった（泉卓二，1978, 4章）。

すなわち，熟練工・半熟練工，とりわけ熟練工を企業内労働市場に止め置くために福利厚生事業は利用されたのである（D. Brody, 1969, Chap. 4）。1900年から，1910年代にかけ多くの大規模鉄鋼企業は，図書館・音楽ホール・クラブハウスだけでなく，年金・社宅・持家・融資・持株・利潤分配，といった制度を取り入れていった。会社の福利厚生事業の主な目的は，安定的に熟練工を確保することにあった。したがって，福利厚生事業の対象になったのは，企業内労働市場の最下層に位置する不熟練労働者でなく，一定の在職期間を持つ熟練労働者に対してであった。例えば，災害給付金は5年以上の労働者であったし，年金制度は継続的雇用を前提としていた。実際，USスチールは，その成立の直後から工場から組合員を締め出すオープン・ショップ政策とともに，福利厚生事業を展開していた。具体的には，福利厚生・衛生・事故防止・従業員持株制・年金基金へ，1923年時点で148億ドルといった巨額の資金が投入されていたのである（黒川博，1993, 4章）。

(1) 企業内労働市場と従業員代表制

1920年代の大企業における労務管理は，福利厚生事業および従業員代表制の導入との関連で展開された。鉄鋼業界のベスレヘム・スチールの労務管理の事例が明らかにされている（平尾・伊藤・関口・森川編著，1998, 序章, 4章）。ベスレヘム・スチールは，当時の鉄鋼業界の巨大大企業であったUSスチールに次ぐ会社で，1918年のストライキを契機に，経営者主導で従業員代表制が導入された。1920年代，ベスレヘム・スチールの従業員代表制のもと労使間の協議で扱った苦情処理および調停事項の比率（全調停を100とした比率）は，次のようであった。雇用・労働条件，賃金・出来高仕事が20％以上，安全・事故防止が14％，作業・作業方法・節約が8.5％，健康・

労働衛生，従業員輸送，年金・共済が約7％であった。

　福利厚生事業との関連では従業員貯蓄・持株制度が1924年に導入され，持株制度は1928年に3万人以上の従業員が利用していた。1923年，年金・共済制度が全社的に会社全額負担の無拠出年金制度として導入されたが，その対象者は，スト参加経験やレイオフ（一時解雇）経験のない65歳以上で勤続25年以上の従業員に限られていた。従業員代表制は，会社の労務政策の下，労務管理の中核的制度として運営されていたのである。

　このように従業員代表制は，雇用・賃金・職場の安全・衛生といった日常的労働条件から従業員貯蓄・持株制度・年金・共済制度といった福利厚生事業に関しても労使で話合いの場を持ち，従業員の苦情・不平不満・提案の処理に当った。会社側は，従業員代表制の日常的活動に対し，会場の提供，会議費用の負担，就業時間内での会議開催等，物的および財政的援助を与えていた。従業員代表制は，ベスレヘム・スチール社の労使関係・労務管理の基軸をなす中心的制度として定着し，それ故，同社の企業内労働市場を維持・管理するための重要な役割を果していた。

　1920年代，従業員代表制を伴い福祉資本主義を標榜したアメリカ大企業に普及して行った労務政策は，企業が労働組合に代わって公正な賃金・妥当な労働時間・安全・衛生・不当な差別からの保護を与えるという，温情主義的労務政策であった（平尾・伊藤・関口・森川編著，1998, 終章）。かつて組合が既得権益として持っていた雇用慣行（ワーク・ルール）を企業の立場から保障し，会社の労務政策の下に企業内労働市場は維持・管理された。すなわち，福祉資本主義という考え方が労働者の意識と行動に影響を与え，会社が労働者の職務と地位を体系的に管理する労務政策を労働者は受け入れていったのである。同時に，従業員代表制の労使の「合同協議会」方式が，現場職長の専制的管理に対抗し，従業員の参加的な動機を満たし生産能率向上の要因となる側面を持っていたことも事実であった。

3 人事管理論の生成

　19世紀末以降，アメリカ社会は移民を規制し労働力流入の規制を強めていたが，1914年の第一次大戦の勃発は，急速な労働力不足を招くことになった。ウィルソン大統領は当初中立を守っていたが，1917年，英・仏側につきドイツに対し参戦を表明し，400万人の若者を徴兵し200万人をヨーロッパ戦線に派兵した。参戦による総動員体制のもとアメリカ経済は生産の拡大を目指し，生産現場は一層の労働力不足に直面した。大戦により政府および経営者は，労働政策を大きく変更せざるを得なくなった。それまでの職長の下にあった粗野で専制的な労働の管理でなく，人事部（雇用部）を創設し人事専門スタッフによる労働の管理を経営者は考え始めた。政府もこの人事機能を担う雇用部の創設を支援するため，人事専門家を養成する短期コースを大学やYMCAに設け，企業はこのコースに従業員を派遣したのである（C. C. Ling, 1965, Chap. 11）。

(1) 人事管理論と心理学の貢献

　第一次大戦は，心理学者に活躍の場を与えた。軍隊での徴兵と派兵に際しての選抜・配置問題に対し心理学者は，スコット評価法，ソーンダイク・スケールといった様々な適性テスト，知能テストを開発した。これら心理テストは一種の流行となり，大戦後は企業にも採用され，乱用と誤用を招くことにもなったが，心理学は人事管理論の生成に大きな影響を与えた。

　すでに20世紀に入り，科学的管理運動・福利厚生事業とともに心理学者は労働の管理に関心を示していた。科学的管理だけでは持続的な生産性の向上は望めないとする考え方を背景に，心理学（産業心理学）者は経営者の要望に応えようとした（C. C. Ling, 1965, Chap. 8）。

　心理学者は，労働における人的要因の側面を強調し，心理学を労働の管理問題に適用した。ドイツで実験心理学を学びハーバード大学に招かれたミュンスターバーグ（H. Munsterberg）は，1913年，『心理学と産業の能率』

(*Psychology and Industrial Efficiency*）を著し，仕事に適した人の選抜（採用），訓練，高い業績への心理的条件を明らかにしようとした。この書はその後の産業心理学の発展を方向づける書ともなった。同じくドイツで実験心理学を学びノースウェスタン大学で心理学を教える傍ら，自ら心理学を産業に適用するスコット・カンパニーを設立したスコット（W. D. Scott）も 1923 年に，クロジャー（R. C. Clothier）と共著で『人事管理論』（*Personnel Management*）を著した。この書は，心理学的にみた個人差の認識と労働者の産業現場での適応問題が産業能率向上の起爆剤になると主張した。その後，この著作は版を改定しながら，1960 年代まで大学の人事管理論の標準的テキストの 1 つとして使用された。また，心理学者の研究に影響を受けたのが，科学的管理論者のギルブレイス（L. M. Gilbreth）婦人であった。ギルブレイス夫人は科学的管理の立場から科学的管理に心理学を導入し，1918 年，『経営心理学』（*The Psychology of Management*）を著した。

(2) ティードとメトカーフの人事管理論

ティード（O. Tead）とメトカーフ（H. C. Metcalf）も，1920 年，『人事管理論』（*Personnel Administration*）を著した。彼らの考え方は，20 世紀の進歩主義（革新主義）の時代をより反映したものであった。ティードやメトカーフは，福利厚生事業や職業指導に関わる実践活動にも従事していた（S. M. Jacoby, 1985, 邦訳, 4 章）。メトカーフは全国会社学校協会（NACS）の職業指導委員会の委員長を務め，ティードは，アメリカ労働立法協会（AALL）で失業保険立法の制定に関わっていた。ティードは，テイラーの科学的管理に対し，科学的管理は労働者から労働に関わる企画や参加の機能を奪い，労働を単純で機械的な職務に変えていった，と非難している。ティードは，科学的管理に対する「ホキシー報告書」と同様の見解を示していたのである。

ティードの人事管理に対する考え方は，心理学的なパーソナリティー概念に基づくものであった（O. Tead & H. C. Metcalf, 1920, Chap. 2）。人間は産業の場において機械や原材料と違い，人間固有のパーソナリティーと創造の

欲求を持っている。それ故，人事管理は，単なる生産性向上でなく，人間の本質と価値に対する専門的知識を有する人々により，生産・財務・販売部門と同じく専門的部門として扱われるべきである，と彼らは主張した。彼らは，スタッフ部門としての人事部は採用・教育・訓練・昇進・解雇，賃率設定に伴う職務分析・職務記述書の作成，等を扱うと考えた（図4-1参照）。

図4-1　人事管理の主要領域と機能

人事部					

人事諮問委員会
人事管理者・職長代表
生産管理者・労働者代表

雇　用	安全・衛星	訓　練	調　査	従業員サービス	共同管理
雇用に関する知識	職務と身体適正	管理者・職長訓練	職務分析	余暇活動	苦情処理
選　　抜	身体検査	新入訓練	時間・動作研究	福利・厚生計画	工場規則
教　　育	診療所	職務訓練のコース	疲労研究	保　　険	工場委員会
配転・昇進	防災・安全	社内出版	生計費調査	休憩室	労働組合
記録の整備	災害保障	従業員クラブ	賃率調査		雇用条件
	作業場の点検	指導制度	労務監査		
	健康相談	英語教育			

出所）O. Tead & H. C. Metcalf, 1920, p. 43. より作成。
　　　角野信夫『アメリカ企業・経営学説史』文眞堂，1996年，145頁。

ティードとメトカーフは，それまで職長の手中にあった賃率設定について次のように述べている（O. Tead & H. C. Metcalf, 1920, Chap. 12）。人事部は賃率を決定する様々のデータの収集をし，職務分析により職務記述書を作成し，職務評価も人事部が行なう。そして，人事部は，財務および関係各部，対象となっている職務の代表者，従業員一般の代表からなる「賃率設定委員会」を設置する。賃率決定の原則は，生計費，科学的に測定された仕事の量と質，労働に伴う可変費等に加え，具体的には職務分析 → 職務記述書 → 職務評価 → 同一産業・同一地域での賃金調査 → 賃率決定であった。

このような賃率設定および人事管理の手法（図4-1参照）は，現代的工場への移行に伴う企業内労働市場の育成・維持・管理，つまり今日主張されている内部労働市場（internal labor market）の管理的ルールの原型と考えられるのであった（P. B. Doeringer & M. J. Piore, 1971, Chap. 4）。

ところで，ティードとメトカーフの『人事管理論』は，従業員代表制を産業における労使関係の一つの発展段階として，基本的には評価している。すなわち，従業員代表制（工場委員会）は労使間の人的コミュニケーションの扉を開き，人的な接触の場を確立し，労使間のグッドウィルと真の能率を確保する雰囲気，そして企業内での参加意識の感覚を実現している。それ故，従業員代表制は分権化した現場責任への貴重な訓練の場となり，工場組織の健全な資産ともなりうるのである（O. Tead & H. C. Metcalf, 1920, Chap. 18）。

しかしながら，ティードとメトカーフの『人事管理論』は，人事部と人事専門スタッフが人事・労務管理の主役となると主張していたが，彼らの主張は過度に職業専門主義的な（専門スタッフ重視の）人事管理論と批判された。つまり，当時としてはティードとメトカーフの『人事管理論』は，理論偏重で実践性を欠く人事管理論であると批判されていたのである。第一次大戦に伴う労働力不足が解消し始める1920年代になると，人事管理ブームは後退していった。工場現場では，伝統的な職長が持つ採用・訓練・解雇

表 4-1　工場規模別の人事政策（1929年）

	小（従業員250人以下）	大（従業員250人以上）
人事部	2.5%	34.0%
解雇の集権化	4.4%	24.0%
内部昇進・配転制	4.0%	24.0%
従業員代表制	2.5%	9.0%
団体年金プラン	0.2%	2.0%
共済組合	4.5%	30.0%

出所）S. M. Jacoby, 1985. 荒又・木下・平尾・森訳『雇用官僚制』北海道大学図書刊行会，1989年，230頁。

等の人事管理職能は，すんなり人事部に移行したわけではなかった（S. M. Jacoby, 1985, 邦訳, 6章）。（表4-1）は，1920年代末の工場規模別人事政策の状況を示している。人事管理が次に大きな転機を迎えるのは，1929年の大恐慌後のニューディール型労働政策への大転換が現実のものとなる1930年代以降で，この時期に人事管理は再び注目されるのであった。

4 小括

「管理の科学」の創造と言う観点からみて，テイラーは1911年，『科学的管理の原則』を著し，科学的管理は ① 経験に代わる管理の科学の発展，② 科学的基準に従う労働者の採用・教育，③ 労使の友好（協調），④ 管理と執行（作業）の分離，をあげた。そして，テイラーは労働組合の科学的管理反対運動に直面し議会証言を求められると，科学的管理の根底にあるのは，科学的管理の「科学性」と労使の「協調」を労使が真に認識する，つまり「精神革命」であると述べた。「精神革命」が，生産のみならず労働の管理問題も解決するであろうと，テイラーは主張したのである。

だが，20世紀に入ると，福祉資本主義を標榜した一部大企業は，福利厚生事業および従業員代表制の下で生産現場の労働問題を解決しようとした。進歩的経営者は，生産現場で生じている生産の問題や労働条件について労使が話し合うことは意義あることと考え，労使の相互依存関係を強化する労務政策を採用した。そして，労使の「合同協議会」は，労働者の側からみて労働・雇用問題について発言する機会ともなり，労働者の参加意識を生み出し，生産能率増進の手段ともなった。機械化と大規模化が進み，非人格化した労働現場の中で，経営者は，テイラーらの科学的管理とは違った接近法と次元から，労働の管理問題に対処したのである。

他方，心理学者は労働の管理に関し，科学的管理のみでは持続的な生産性の向上は望めないと主張し，心理学を産業の問題に適用し経営者の要望に応えようとした。心理学者は労働の人的要因を強調し，心理学（産業心理学）を労働の管理問題に適用した。ミュンスターバーグやスコットは，採用・配

置・訓練，等に関し心理学的に見た個人差の認識や労働者の職務への適応が産業能率向上の重要な鍵を握っていると主張した。同様に，ティードとメトカーフは，人間は産業の現場において機械や原材料と違い，人間固有のパーソナリティーを持っており，それ故，人事管理は単なる生産性向上でなく，人間の本質と価値に関する専門知識を有する人々および人事部により扱われるべきだと主張した。実際，1906 年の児童労働の保護，1913 年の最低賃金法，その後の工場の安全や衛生に関する立法や雇用・安全衛生・訓練・調査・福利厚生・工場規則等に関し，企業はますます専門的知識と人材を必要とするようになり，人事管理という領域が切り開かれていった。

　スコットやティードらの『人事管理論』は，1910 年代から 1920 年代へかけてのアメリカ労使関係を前提として，テイラーらの科学的管理に代わり，心理学的な人間観および職務への適応性問題から新しい接近法を示した。すなわち，福利厚生事業のもとでの従業員代表制の役割について，ティードとメトカーフは，組合との団体交渉を前提にする産業民主制とは区別しながらも，評価している。しかしながら，福利厚生事業のもとでの従業員代表制は，経営者の判断で温情主義として与えられたもので，労働組合運動を阻止しようとして導入され，それ故，産業民主制への道を回避しようとする側面を持っていた。そして，ティードらに限らず，心理学的な接近法から分析する人事管理は，職業指導の専門家主義（スタッフ的技法）を強調しすぎる人事管理であった。したがって，スコットやティードらの『人事管理論』は，人事管理の持つライン的機能を考慮する側面が薄く，現場の実践から乖離する傾向を持っていたのである。

参考文献

・S. M. Jacoby, *Employing Bureaucracy*, 1985.（荒又重雄・木下順・平尾武久・森杲訳『雇用官僚制』北海道大学図書刊行会，1989 年。）
・伊藤健市『アメリカ企業福祉論』ミネルヴァ書房，1990 年。
・奥林康司『人事管理論』千倉書房，1973 年。
・平尾武久・伊藤健市・関口定一・森川章編著『アメリカ大企業と労働者』北海道大学図書刊行会，1998 年。
・森川譯雄『アメリカ労使関係論』同文舘，1996 年。

5章

ビッグ・ビジネスの経営と管理の革新
―フォードとGM―

　20世紀に入ると，今日の巨大株式会社の原型が見られる。その多くが巨大産業企業であった。1901年には，製造業で最初の資産10億ドル企業USスチールが誕生している。1917年時点での資産額上位企業は，次のようであった（T. R. Navin, 1970）。① 鉄鋼，USスチール（United States Steel）24.5億ドル，② 石油精製，スタンダード・オイル（Standard Oil）5.7億ドル，③ 鉄鋼，ベスレヘム・スチール（Bethlehem Steel）3.8億ドル，④ 食品（食肉）加工，アーマー（Armor）3.1億ドル，⑤ 同，スウィフト（Swift）3億ドル，⑥ 鉄鋼，ミッドベール・スチール（Midvale Steel）2.7億ドル，⑦ 農業機械，インターナショナル・ハーベスター（International Harvester）2.6億ドル，⑧ 化学，デュポン（du Pont）2.6億ドル，⑨ ゴム，ユナイテッド・ラバー（United States Rubber）2.6億ドル，⑩ 銅，ドッジ（Phelps Dodge）2.3億ドル，と続き，自動車産業は，16位にフォード（Ford Motor）1.6億ドル，30位にGM（General Motors）1.3億ドル，であった。そして，1917年時点の資産額1億ドル超企業は50社であった。若き産業国家アメリカの顔ともいえるビッグ・ビジネスが見られる。

　19世紀末から1920年代にかけ，アメリカの巨大企業（資産額上位100社）が，各産業部門で，どの程度経済活動を，後方的（川上）あるいは前方的（川下）に統合しているかは，各産業の持つ特質により異なるが，後方的（川上）あるいは前方的（川下）の両方に統合する（垂直的統合）企業の典型例はスタンダード・オイルのような石油精製業で，以下で取り上げる自動

表 5-1 巨大企業の垂直的統合の比率

年次	食品			化学			石油			輸送機械			小売		
	原料	卸売	小売	原料	卸売	小売	原料	卸売	小売	原料	卸売	小売	原料	卸売	小売
1889	15	54	8	22	29	-	67	82	50	-	-	-	-	-	100
1909	13	73	7	62	25	-	90	80	50	-	33	33	50	-	100
1919	31	63	6	55	45	-	96	68	60	8	42	42	33	11	100
1929	33	72	22	54	46	-	100	96	92	17	67	42	62	23	100

出所) H. Livesay & P. Porter, 1969. より抜すいして作成。
注) 巨大企業：資産額上位100社。

　車産業は，前方的統合に重きを置きながら垂直的に統合した。百貨店のような大量小売業は，卸し，製造に向け後方（川上）に向け統合した（表5-1参照）。フォード社は「垂直的統合」を目指し大規模化した企業であり，GM社は「水平的統合（合併）」を目指し大規模化したのち，「垂直的統合」を目指した企業であった。このような垂直的統合と，以下にみる管理の革新を伴ったビッグ・ビジネスの登場は，チャンドラーが述べたように，市場という「見えざる手」の代わりに，組織という「見える手」による経済活動の調整と言えるのであった（A. D. Chandler, 1977, 邦訳）。

1 自動車産業とフォード社

　自動車の技術あるいは自動車生産という観点からみるなら，自動車の母国は19世紀後半のヨーロッパにあった。1885年ドイツ人のベンツ（K. Bentz），ダイムラー（G. Daimler）が内燃機関の試作車を開発したのが現代の自動車の始まりであると言われている。1895年，フランスのプジョー（A. Peugeot）は，年産で95台，ベンツは135台の自動車を生産していた。19世紀末はヨーロッパが自動車生産の中心地であったが，20世紀に入り自動車産業の中心はアメリカに移った（R. S. Tedlow, 邦訳, 134頁）。アメリカの自動車産業は，互換性部品生産の伝統を持つ機械工業，とりわけ馬車・自転車および内燃機関・鍛造・機械加工の技術を統合化し，大量生産を確立

する道を歩み始めた。この流れを受け継ぎ，ヘンリー・フォード（H. Ford, 1863-1947）とフォード社の生産技術の専門家たちは，大量生産に向けて自転車産業が提起していた問題を，1913年から1915年にかけ，集中的に解決し自動車産業での大量生産の革新，「フォード生産システム」を創りあげた（D. A. Hounshell, 1984, 邦訳，5-6章）。20世紀に入り，フォード社やGM社の自動車産業の急激な成長が，アメリカ経済の拡大を支え，20世紀をアメリカの時代にした。

(1) フォード生産システム —移動組立法—

　フォードは，農村生まれの優秀な機械工であった。1903年設立されたフォード自動車会社は，フォードにとり自動車生産を試みた3回目の自動車会社であった。フォード社はA型から始め，B，C，・・・Nいくつかの車種を開発・販売していたが，運転と修理が容易で，標準設計による強度・耐久性・軽量性を備えた安価な大衆車「モデルT」の試作車が完成したのは1908年であった。1908年，フォードは，大量生産の利点を最大限に発揮するため単一車種「モデルT」の量産を目指し，大量生産という生産の革新を開始した（A. D. Chandler, 1964, 邦訳，1章，D. A. Hounshell, 1984, 邦訳，6章）。

　フォードの大衆車「モデルT」生産の基本的な理念は，車台設計および部品設計を標準化し，多数の互換性部品（標準部品）を用いモデルTのみを大量生産することであった。すなわち，標準部品を用い単一の標準車種（モデルT）を生産することで，多数の作業および生産工程を徹底して標準化することが出来，生産コストを大幅に引き下げることが可能になる。（D. A. Hounshell, 1984, 邦訳，6章，塩見冶人，1978, 5章，1・2節）。それ故，フォード生産システムの特色は，個々の生産工程と労働者の作業を徹底的に標準化・分業化しコンベアーで作業（労働）を統合する移動組立法にあった。移動組立法は，流れ作業を担う作業の待ち時間をなくし同時作業をする「生産の同期化」であり，それによって最大限の生産性（能率）が達成された。自動車の生産工程の大枠は，自動車を構成する①多数の粗形部品を生産（鋳

写真 Part of motor assembly, Highland Park Plant, 1913 or 1914

出所）A. Nevins, *Ford: The Times, The Man, The Company,* 1954, p. 496.

造・鍛造）あるいは購入し，②粗形部品を機械加工し（車台・エンジン・ミッション‥等），③総合組立する，というものであった。フォード社の多数の技術者は，大量生産へ向けての試行錯誤の中から，①②③をコンベアー・システムという流れ作業の中に統合する「フォード生産システム」と呼ばれた生産の革新を成し遂げた。

　自動車市場の勃興という観点からみれば，爆発的に伸びる大衆車市場の出現を確信していたフォードは，自動車の大量生産の理念を実現するため，1909年，最高の生産能率を備えたハイランド・パーク工場をデトロイト郊外に建設し，単一車種，モデルTの大量生産を始めた。それまで自動車の生産は，車台生産の現場に作業員が機械・部品を持ち込み一台一台組立ていく固定組立法であったが，ハイランド・パーク工場では，工程および作業の

順序に従い労働者と部品・専用工作械がコンベヤーに沿い配置され，車台がコンベヤー上を移動しながら組み立てられていく移動組立法が開発された。さらに，コンベヤーによる生産システムを能率的に稼動させるため，工場内に粗形部品を生産する工場が隣接して建設され，そこで生産された粗形部品がコンベヤー上の生産工程に配され，細分化された各生産工程に適した専用工作機が開発され，粗形部品が加工された。徹底した作業の分業化（細分化）・標準化が図られ，コンベヤー上の生産工程に沿い専用工作機・専用工具・労働者が配置され，車両が組立てられて行った（A. D. Chandler, 1964, 邦訳, 1章, D. A. Hounshell, 1984, 邦訳, 6章）。

1904年のフォード社の年間生産台数は1,745台であったが（D. A. Hounshell, 邦訳, 280頁）が，1912年，コンベヤー・システムを用いた移動組立法が軌道に乗り始めると，それまでの固定組立法の場合1台の自動車の組立に要する平均労働時間が12時間28分であったものが，コンベヤー・システムを用いた移動組立法の場合2時間38分まで短縮された。労働コストは約1/5に激減した。1914年には，ハイランド・パーク工場のモデルTの1日の生産台数は多いときには約1200台にまで飛躍的に向上した（A. D. Chandler, 1965, 邦訳, 59-63頁）。当時約5,000の部品を用い，多数の専用工

表5-2 フォードT型車の製造と販売

年（暦年）	小売価格(ツーリングカー)	T型車生産台数の合計	T型車販売台数の合計
1908	$850	n. a.	5,986
1909	$950	13,840	12,292
1910	$780	20,727	19,293
1911	$690	53,488	40,402
1912	$600	82,388	78,611
1913	$550	189,088	182,809
1914	$490	230,788	260,720
1915	$440	394,788	355,276
1916	$360	585,388	577,036

出所）D. A. Hounshell, 1984. 和田・金井・藤原訳『アメリカンシステムから大量生産へ』名古屋大学出版会，1988年，285頁。

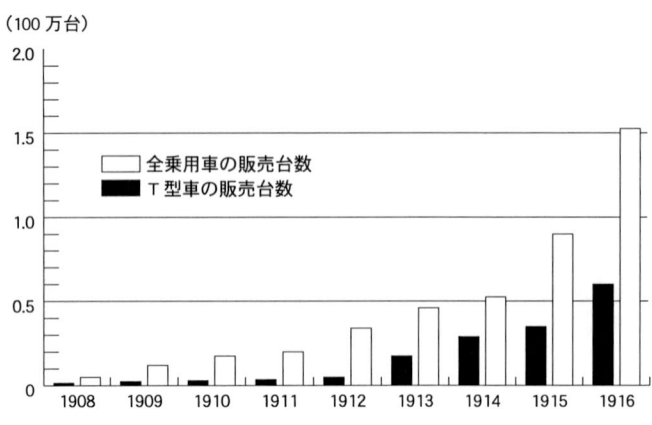

図 5-1　全乗用車販売台数に対する T 型車の販売台数

(100 万台)

凡例：
- 全乗用車の販売台数
- T 型車の販売台数

出所) R. S. Tedlow, 近藤文男監訳『マス・マーケティング史』ミネルヴァ書房, 1993 年, 147 頁.

作機と労働者をコンベヤーの生産工程に沿い配した自動車の大量生産工場は，総合機械産業である自動車産業においても大量生産が可能であることを示した。

「フォード生産システム」の完成は，大量生産による販売価格の大幅な引き下げを可能にし，大衆の「モデル T」に対する爆発的な需要に応えた。モデル T の大量生産により，1909 年の販売価格は 950 ドル，1916 年には 360 ドルと大きく低下した（表 5-2）。販売価格の低下を実現したフォード自動車会社は，短期間に圧倒的シェア（地位）を築くことが出来た（図 5-1）。生産および販売の急激な拡大，つまり，売上高の大幅な増加と生産コストの低下が，この時期のフォード自動車会社の資金需要を自社で十分賄いうるほどの利益をもたらした。

(2) フォード生産システムと労働の管理

フォード生産システムは，徹底した分業化と標準化された作業を，コンベヤー上で同期化・連続化することで成り立っていた。作業の分業化・標準化に関して言えば，粗形部品の生産（鋳造・鍛造），機械加工，そして組立に

表 5-3 フォード・モーター社における職務の均質化（1910-1917 年）

	生産労働者雇用比重（%）			
	デトロイト金属産業，1891 年	フォード・モーター社，1910 年	フォード・モーター社，1913 年	フォード・モーター社，1917 年
熟練労働者	39.8	31.8	28.0	21.6
半熟練作業員	30.6	29.5	51.0	62.0
不熟練労働者	29.6	38.6	21.0	16.4

出所）D. M. Gordon, R. Edwars and M. Reich, 河村哲二・伊藤誠訳『アメリカ資本主義と労働』東洋経済新報社，1990 年，90 頁。

いたる職務は 7,882 種類に及び，その 85％は半月以内で習熟出来る不熟練・半熟練の労働で，残りの 15％が冶具，専用工作機の操作，等の熟練労働であった（栗木安延，1999，59 頁）。自動車産業のような複雑な総合機械組み立て産業においても，フォード生産システムは，作業をコンベヤー上で同期化・連続化することで，多数の不熟練および半熟練工と熟練工により大量生産する工場への移行を可能にした（表 5-3 参照）。

合理的賃金体系

フォード社にとり，作業の同期化・連続化を行なうコンベヤーの停止は最も避けなければならないことであった。このためにも，多数の労働者を採用し訓練し配置し賃率を決定する専門化した労務管理を行なう体制が必要であった。フォード社でこれを任されたのがリー（J. R. Lee）であった（S. Meyer, 1981, Chap. 5, 塩見，1978, 264-276 頁）。

リーは新たな労働の管理を創り上げるため雇用部を創設し，ハイランド・パーク工場の労働者の合理的賃金体系を作り上げることが重要であると考えた。彼は，同工場の 13,304 人の労働者を職務の階層（熟練度）別に分類し職務階層に応じた賃率を設定し，昇進の経路も示した。具体的には，①［熟練度 A1-3 − 時間賃率（0.51-0.43）］，②［熟練度 B サービス・B1-3 − 時間賃率（0.48-0.30）］，③［熟練度 C サービス・C1-3 − 時間賃率（0.38-0.26）］，④［熟練度 D1-2 − 時間賃率（0.34-0.26）］，⑤［熟練度 E − 時間賃率

表 5-4　フォード社の職務と賃率の階層（1913 年）

熟練度	時間賃率	労働者数	職階層
A-1	.51	2	機械工・副職長
A-2	.48	45	
A-3	.43	273	
B-Service	.43	51	熟練オペレーター
B-1	.48	606	
B-2	.34	1,457	
B-3	.30	1,317	
C-Service	.38	19	オペレーター
C-1	.34	348	
C-2	.30	2,071	
C-3	.26	4,311	
D-1	.34	31	助手
D-2	.30	137	
D-3	.26	416	
E	.26	2,003	雑役工
Special	.23	208	女子・使い走り

出所）S. Meyer Ⅲ , *The Five Dollar Day*, State University of New York Press, 1981, P. 103.

(0.26)］，⑥［スペシャル－時間賃率（0.23）］である（表5-4参照）。ここに，各作業の時間研究 → 職務分析 → 職務評価 → 賃率決定，と言った人事管理の手法と，熟練度の上昇（獲得）が賃率と職務階層の上昇をもたらす昇進の経路（⑥ → ⑤ → ④ → ③ → ② → ①）が示され，人事管理の基本原則が明らかにされた。リーによる改革の提案は，それまで生産現場の職長が持っていた労働者の採用・賃率決定・解雇権を浸食し，雇用部の下に管理権限を集中しようとする人事・労務管理の試みであった。

日給 5 ドル制

　フォード生産システムでの労働に目を移せば，移動組立法あるいはコンベ

ヤー・システムに象徴される労働は，作業の徹底した分業化（細分化）・標準化が図られ，労働者はコンベヤーの上でもくもくと「ロボット」のように作業を行なった。多くの作業が単純化されたハイランド・パーク工場では，コンベヤーの速度に合わせ労働者は単調な作業を繰り返し，緊張した労働を強いられた。労働者は作業や労働の意義を見失い「労働の疎外」が進行していった。ハイランド・パーク工場の管理者たちは，1912年ごろまでは，生産高の増加と労働者の満足は関連していると考えていたが，その頃から労働者の生産性が落ち始め，医務室から病気と欠勤の増加が報告され始めた。実際，ハイランド・パーク工場のコンベヤー・システムの下で「フォード生産システム」が完成に向かうにつれ，生産性の向上それほど大きなものではなくなった（S. Meyer, 1981, pp. 71-72）。

コンベヤーの速さに合わせ，しかも細分化された単純労働を行なうことは，新たに欠勤や離職率の大幅な増加という問題を生み出していた（S. Meyer, 1981, Chap. 4-5，栗木安延，1999，1部，2章）。1913年のハイランド・パーク工場の日々の欠勤率は10％にもなっていたし，年間の労働移動率は370％にも達していた。このため新たに提案されたのが，日給5ドル制（Five Dollar Day）であった。1914年，フォード社は，日給5ドル制と8時間労働・3交代制を発表した。これは，それまでの平均2.5ドル9時間労働から見て大幅な賃金増加に見えたが，基本給2.34ドルプラス利潤分配2.66ドル，という一種の利潤分配制を含んでいた。また，その支給条件は，①6か月以上勤務，②既婚者，③22才以上，④勤勉な労働者，⑤会社方針に反対しない者，等の条件がついていた。とは言え，日給5ドル制は，当時の工場労働者の平均日給を大幅に上回っており，フォード社に多数の労働者が職を求め押しかけた。

社会生活指導部と福利厚生事業

欠勤・離職率の大幅な増加という問題は，もう1つの側面を持っていた。20世紀に入りアメリカでは，東欧・南欧系の移民が急速に増加し始めていた。新興自動車産業都市デトロイトでは，その傾向が顕著であった。英

語が話せない，生活および労働習慣の違う移民労働者を「フォード生産システム」のような工場で，労働者として働かせるための問題を解決しなければならなかった。そのため創設されたのが社会生活指導部（Sociological Department）であり，福利厚生事業の展開であった。日給5ドル制自体が，それを享受できる労働者の適格性を労働者の広範な生活状況を含め定めており，社会生活指導部の職員が月収200ドル以下のすべての労働者に対し労働者の生活状況の調査を行なった（塩見，1978, 274-277頁，S. Meyer, 1981, Chap. 5-7, 栗木安延，1999, 1部，2章）。

調査は，住居・既婚かどうか・英語が話せるか・国籍・宗教・家族・家庭状況，等の広範な調査内容を含んでいた。これら調査をもとに福利厚生事業が本格的に展開された。それまでの病院・英語学校・体育施設だけでなく，職業訓練学校・社内預金および貸付組合等が整備された。これら福利厚生事業を伴った日給5ドル制は，H. フォードにとっての野心的計画で，雇用部や社会生活指導部はそのための中心的制度であった。このような労務管理の体制がフォード生産システムの下にある企業内労働市場（内部労働市場）を支えていた。フォード生産システムは，工程や作業の徹底した分業化・標準化をコンベヤー・システムで同期化・連続化し総合機械組立産業である自動車産業においても大量生産と生産性（能率）の飛躍的向上が可能であることを示した。同時にそれは，雇用部や社会生活指導部のもと福利厚生事業を伴う労働の管理によって実現したものであった。

テイラーらの科学的管理は，ハイランド・パークのフォード生産システムに直接適用されたのではないが，移動組立て法を用いた，計画 → 標準化 → 統制，という一連の科学的管理の思考方法は，H. フォードとフォード社の生産技術者たちによってハイランド・パーク工場の中に開花した。もっとも，コンベヤー・システムでの生産と作業の同期化・連続化を表面的に見れば，テイラーらの科学的管理と「フォード生産システム」は異なるが，以上みたように「フォード生産システム」は，生産に関する科学的管理の思考方法を反映しており，それは，ベルト・コンベヤーシステムの中に実現していた。とは言え，科学的管理のみでは労働の管理に対処することは出来

なかった。「フォード生産システム」においても，労働の管理という観点から，福利厚生事業を伴った労務管理の施策が行なわれていた。ハイランド・パーク工場では，科学的管理の思考方法と福利厚生事業が結びつくほど，それらは，労働者を統制する新しい戦略となった。この新しい戦略が，それまでの粗野で伝統的な労働の管理を克服していくのであった（S. Meyer, 1981, p. 98）。

2　H. フォードの成功と挫折

　H. フォードは 1863 年，ミシガン州の農村ディアボーンヴィルで生まれ，16 歳の時，機械工の修行を積むためデトロイトに出た。H. フォードは，電気技術を取得するため 1891 年にエディソン電灯会社に入り，すぐに一流の技術者として認められ技師長になった。H. フォードは，彼の自動車生産の技術を見込まれ，デトロイト自動車会社の設立に参加したが，同社はすぐに解散した。そして，1903 年に設立したフォード自動車会社が，「フォード生産システム」を完成した。この生産の革新が H. フォードに大きな成功をもたらした。

(1)　H. フォードの成功

　1908 年から 1914 年にかけハイランド・パーク工場で「フォード生産システム」は完成した。T 型フォードの大量生産が，短期間にいかに大きな成功をもたらしたかは，すでにみた表 5-1，図 5-1 に端的に表れている。すなわち，T 型フォード車の販売価格は大幅に低下し（1 台 850 ドルから 360 ドルへ），それに伴う T 型フォード車への爆発的な大衆購買力（需要）の高まりがみられる（1908 年，年販売台数 5,986 台から，1916 年，年販売台数 577,036 台へ）。これは，当時，フォード社のライバルであった GM 社等の他の自動車会社との比較でみても，フォード社の圧倒的な市場占有率（マーケットシェア）からも明らかである。「フォード生産システム」は，H. フォードに大きな富と成功をもたらした。

1910年代前半に「フォード生産システム」を完成したフォード社は，当時どの産業もなしえなかったほどの高い利潤を獲得していた。具体的にみるなら，1908年度のフォード社の財務状況は，年間利益312.5万ドル，純資産202.8万ドルであったが，「フォード生産システム」が軌道にのり成果をもたらした1920年度には，年間利益6,480.5万ドル，純資産1億4,152.9万ドルへと，フォード社の財務基盤は強固なものになっていた。1908年から1920年の間に，フォード社の利益は約21倍，純資産は約70倍へと急拡大し，まさに飛躍的な財務状況の成功が達成されている。この高い利潤とその蓄積が，ハイランド・パーク工場以上に，鉱山・製鉄・ガラス会社も経営し一層垂直的に統合化された大量生産工場リバー・ルージュ工場の新設を可能にし，日給5ドル制と福利厚生事業を可能にした。これら利潤の蓄積とその再投資が，支配的大株主であるH.フォードが所有するフォード社ゆえに，配当による資金流失を抑え，銀行に頼ることなく，巨額の利潤を再投資し生産設備のさらなる拡張を可能にした（下川浩一，1977，94頁）。

(2)　モデルTの需要減退とH.フォードの経営

　1910年代の大きな成功も1920年代も半ばを過ぎると，フォード社の自動車産業での圧倒的地位は急速に失われていく（表5-5参照）。フォード社に代わってGM社やクライスラー社がマーケットシェアを伸ばし，フォード社のモデルTは急速にマーケットシェアを失っていった。フォード社は，第一次大戦後の1920年の景気後退期に売上高減少に見舞われ，このときは部品納入業者に対する値引き要求やディーラーに対する押し込み販売，といった強引な経営手法で利益を確保できた。しかし，モデルTの需要が減退する1923年以降は，量産→価格低下→需要喚起，といったH.フォードの経営手法は通用しなくなった。

　市場は変化し，モデルTは大衆に飽きられていた。後にGM社を世界最大の自動車会社に創り上げるスローンは，当時を振り返り次のように述べている（A. P. Sloan, 1963，邦訳，9章）。1920年代になると，自動車産業がけん引役となりアメリカ経済はさらに拡大し，市場は大きく変貌し，自動車産

業は大きな転換期を迎えていた。市場を変貌させた新しい要因は，①割賦販売，②中古車の下取り制度，③クローズド・カー（屋根付きの自動車），④自動車のモデルチェンジ，⑤道路の整備，であった。1920年までの購入者は現金支払いの初回購入者がほとんどであったが，所得が上昇し割賦販売が利用できるようになると，低価格車だけでなく多様な価格とデザインを求める購買層（市場）が出現していた。

　生産よりもマーケティングや経営管理の革新が問われていたとき，H.フォードはこれに応えることはなかった（A. Chandler, 1964, 邦訳，第2部，1章）。市場環境の変化に対し新しい経営政策を進言する幹部社員に対し，H.フォードは頑として考えを変えなかった。有能な経営幹部はことごとくフォード社を去り，イエスマンだけがフォードのもとに残った。そして，1927年，市場の激変がついにH.フォードにモデルTの生産中止を

表5-5　ビッグスリーの市場シェア推移（%）

年次	クライスラー	フォード	GM	3社合計
1911	—	19.92	17.82	37.74
13	—	39.46	12.15	51.61
15	—	38.18	10.93	49.11
17	—	42.43	11.22	53.65
19	—	40.08	20.77	60.85
21	—	55.67	12.73	68.40
23	—	46.05	20.23	66.28
25	3.60	40.02	19.97	63.59
27	6.22	9.32	43.49	59.03
29	8.18	31.30	32.31	71.79
31	12.42	24.86	43.88	81.16
33	25.41	20.69	41.44	87.54
35	22.73	28.04	39.24	90.01
37	25.44	21.37	41.79	88.60

出所）A. D. Chandler, 1964, 下川浩一『アメリカ自動車産業経営史研究』東洋経済新報社，1977年，94頁。

決断させた。何万もの労働者を解雇しリバー・ルージュ工場をＡ型自動車の生産に切替えるには１億ドル以上の投資を必要とし，フォード社は，1928年にＡ型車に転換するまで多大の投資と時間を要したのである（R. S. Tedlow, 1990, 邦訳, 191頁）。この間, GM社やクライスラー社が大きくシェアを伸ばし，フォード社はシェアを失っていった（表5-5参照）。この困難な時期, H. フォード特有の性格もあり，側近だけで会社を経営しようとした。彼は，組織や管理を信用していなかった。フォード社の成長期にJ. リーが作り上げた牧歌的な温情的労務管理は終わりをつげ，代わってH. ベネット（H. Bennet）がファシズム的あるいは強圧的労務管理を繰り広げることになる（栗木安延, 1999, 2部, 1章）。H. フォードの頑迷さと決断の遅れは, 1910年代以来蓄積してきた膨大な利益を食いつぶしてしまった（下川浩一, 1977, 102-104頁）。H. フォードは，生産の革新者となり富と名声をえたが，「管理と組織」の革新者にはなりえなかったのである。

3 GM社の成立と経営の革新

19世紀末，アメリカ最大の馬車製造会社の社長であったデュラント（W. C. Durant）は，馬車に代わる自動車の出現に，1904年，ビューイック・モーター社を買収，瞬く間に再建し，この産業での足場を築いた（A. Chandler, 1964, 邦訳, 第1部, 1-3章, 井上昭一, 1982, 2-3章）。デュラントは, H. フォードと同じく，自動車に対する大衆の大きな需要を見抜いていたが, H. フォードとは違った戦略でこれに応えようとした。

1908年，デュラントは持株会社（holding company）GMを設立し，ビューイック社の株式をGM社が発行する新株と交換し，ビューイック社をGM社傘下の基幹会社とした。そして，同様に全国的販売網を持つキャデラック社等の自動車会社および関連部品会社をGM株と交換する「株式交換」という手法で買収しGM傘下の企業連合は拡大していった。拡大志向のデュラントは，1910年の景気後退で資金繰りに窮し銀行家グループからの借入金を余儀なくされ，大株主デュラントは自らの議決権を5年間の

議決権信託という方法で銀行家グループに与え，GM社の支配権を銀行家グループに手渡した。社長としてのデュラントはGM社を辞した。

(1) GM社と事業部制

　GM社を去ったデュラントではあったが，再び自動車会社を買収し，その中核会社シボレー社は，1915年には約1万6,000台を販売し，約131万ドルの利益を上げるまでになった。デュラントは再びGM社の支配を目指し，1916年最終的にシボレー株4に対しGM株1の株式交換により，GM社への支配権を回復した。GM社への支配権回復に当たって，デュラントはデュポン社の金融支援を得（1917年GM株の約26%を取得），ピエール・デュポン（P. S. Du Pont）がGM社の取締役会長に就任することになる。デュラントは，再び，シボレー社等の自動車会社や部品関連会社を買収する拡大政策を開始した。しかし，1920年の景気後退で売上は急減し運転資本に窮することになる。GM株は大暴落し，GM株を買い支えていたデュラントの保有する多量のGM株が市場に出回れば，GMの倒産につながりかねない状態に陥り，デュポン社および金融業のモルガン商会が金融支援することになった。取締役会長であったデュポンが社長に就任しGMの再建に当たることになった。1920年12月「GMの魂」と呼ばれたデュラントはGMを去った。

　1916年当時，ハイアット・ローラー・ベアリング社の社長をしていたA. スローン（A. P. Sloan, 1875-1966）は，GM社のデュラントから買収を持ちかけられた。買収の目的は，自動車生産に欠くことができないベアリングの確保にあり，GM社の垂直的統合政策の一環であった。スローンはこの買収を受け入れ，その後ユナイテッド・モーター社の社長を経てGM社の副社長になった。スローンは，デュラントについて，次のように述べている（A. P. Sloan, 1963, 邦訳, 2章）。デュラントは初期のGMに大きな貢献をした人物である。彼の自動車産業に対する才能，発想，誠実さと寛容さ，GMへの忠誠心，がGMの精神を作りあげた。しかし，デュラントは，経営管理に関しては明確な方針なしに多角化に突き進んでいた。デュラントのもとにあったGMでは，本社の経営委員会・財務委員会は各事業について十分

な情報を持たず，次々と予算支出がなされていた。少数の人々の人間的つながりで決定がなされ，組織の弱さが 1920 年の GM の危機をもたらしていた。

スローンの「組織研究」

1920 年，再建のため GM 社の社長に就任したピエール・デュポンは，A. スローンを中心にデュポン社で財務改革に携わった経験を持つドナルドソン・ブラウン (D. Brown) らに，GM 社の管理と組織の改革を委ねた (A. Sloan, 1963, 邦訳, 3 章)。スローンにとり，まず自動車産業の状況を十分に理解し，デュラントの拡大政策のもとで傘下に収めた多くの自動車事業（会社）や関連部品事業（会社）を，いかにまとめ上げ効率的に管理する組織を作り上げるか，これが問題であった。当時，ユナイテッド・モーター社の社長を経て GM 社の副社長になっていたスローンは，すでに GM の組織について分析していた。スローンはそれをもとに，ピエール・デュポンに「組織研究」と題する組織改革案を提出した。それは，今日，事業部制と呼ばれている組織革新の原案であった。「組織研究」の骨子は，次のような原則と目的から構成されていた。

原則 1　事業部の最高責任者が持つ責任は，いかなる制約も受けない。各責任者が統括する事業組織は必要な職能をすべて備え，率先して合理的な運営をする。

原則 2　中央組織（本社）機能が，会社の活動の適切な発展と統制のためには欠かせない

目的 1　事業部の役割は他の事業部との関係だけでなく，特に中央組織（本社）との関係を明確に定める必要がある。

目的 2　中央組織の地位を規定し，全社的立場から中央組織が最終的に調整する。

目的 3　最高責任者としての社長に，会社のすべての統制権を集中する。

目的 4　社長が全般的政策の観点から会社を導くためには，会社の些細なことから解放し，社長に直接報告する幹部社員数も出来るだけ少数にする。

目的 5　他の事業部の幹部が助言しあう場を設け，各事業部の発展が会社全体に建設的に関われるようにする。

この原則・目的を，全体としてみるなら，原則は組織を可能な限り分権化し（権限の委譲），同時に集権化を行なう（本社による統合），つまり分化と統合について述べおり，各目的は原則を有効に運営する方法を示している。

事業部制組織

事業部制組織について，スローンは次のように述べている。各事業部が生産・エンジニアリング・販売・・等の自己充足的な職能を持ち，各事業部は活動内容に応じグループ化され，グループごとに統括役員を置く。そして，財務スタッフのように，ラインに対する助言スタッフも置く。いわゆる，政策（計画）と実行（執行）の分離である。これら原則と目的を組織構造の中に位置づける。これらは，後に，調和を持った分権制管理（decentralized operation with co-ordinated control）と呼ばれた。このスローンの1920年の提案をもとに，経営委員会は101回もの会合を重ね，1921年暮れに初期の組織改革の原案が確定した（図5-2参照）。その後この組織図は多少の修正を受けたが，GM社の組織の原型となった。

スローンの組織改革について，経営委員会のメンバーであり自動車事業の統括責任者であったモット（C. S. Mott）は，1924年に，次のように述べている（A. Chandler, 1964, 邦訳, II部, 2章）。GMの資産は，5.65億ドル，株主約7万人，従業員13.5万人の大会社で，事業部，子会社，関連会社は62に上る。よく知られているのはビューイック，キャデラック，シボレー，オークランド，オールズモビル，GMトラックといった自動車部門であるが，GMは，まさに多方面にわたる活動を行なっている。GMは取締役会・取締役会会長を通して株主の支配を受けるが，経営委員会・財務委員会の統制のもとに実質的な経営は社長が行なっている。財務委員会は，担当副社長のもと多数の本社スタッフを擁し，銀行・財務部・コントローラー部・保険部・税務部，等と折衝に当たる。経営委員会の委員長は社長で，社長はすべての業務の長でもある。業務はグループ化され，関連会社グループ・自動車

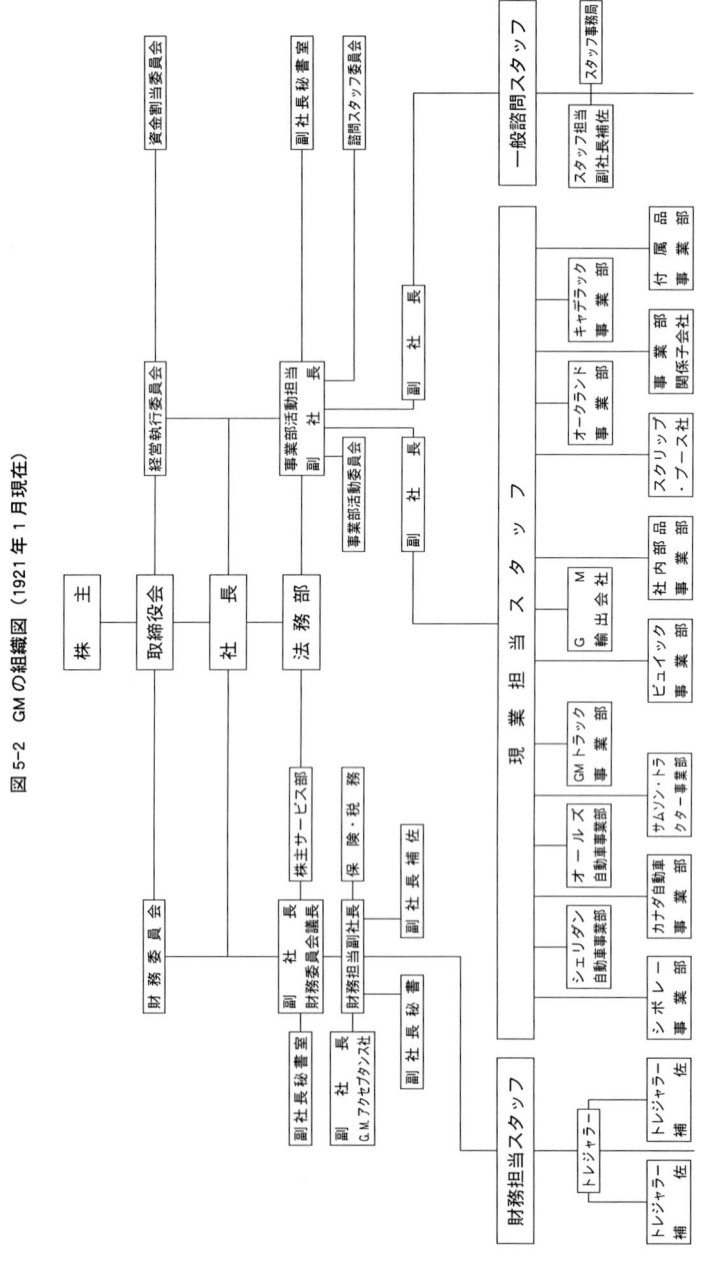

図 5-2　GM の組織図（1921 年 1 月現在）

出所）A. P. Sloan, 田中・狩野・石川訳『GMとともに』ダイヤモンド社、1967 年、572-573 頁。

グループ・付属品グループ・輸出グループに分かれ副社長が統括責任者となる。各事業部長は，あたかも別々の会社の社長のような存在で，事業部は独立した単位として業務を行なう一方，本社の特許・研究・販売広告等の部門や事業委員会・購買販売委員会・技術委員会等の委員会および本社スタッフ部門との調整も行なう。

(2) **GM 社の財務統制システム**

組織図が各事業部の範囲を示していても（図5-2参照），予測および調整のための正確で有効な情報が作り出され，総合本社スタッフと事業部幹部が緊密に結びつけられた伝達の経路を持たなければ，事業部制は有効に機能しない。そして，事業部の業績（成果）が，原価・生産・収益等との関連で全社的に統一化（標準化）された会計および統計数値の一定書式で示され活用されることが重要であった。デュポン・スローン・ブラウンは，事業部制という組織を合理的に管理するための予測や予算のシステムが必要であると考えていた（A. Sloan, 1963, 邦訳, 8 章）。

予算割当のルール

デュポンが GM 社の社長に就任する前後に，デュポン社から有能な財務スタッフが GM 社入りしていた。D. ブラウンは，1921 年にデュポン社から GM 社に移っていたし，彼の片腕ともいえる若きアルバート・ブラットレー（A. Bradley）は，すでに 1919 年に GM 社入りしていた。GM 社が 1920 年の危機に陥る直前の 1920 年に，スローンらは予算割当ルール作成委員会の報告書を経営委員会に提出していた。当時，確かな予測（計画）やデータなしに人間的つながりで大きな予算支出がなされていた。これらをスローンらは問題視していた。スローンらが示した予算割当（予算支出）に関する 4 原則は次のようであった。

a　プロジェクトは，商業ベースでみて妥当なものかどうか。
b　プロジェクトは，技術的にみて発展可能性があるかどうか。
c　プロジェクトは，会社全体の利益から企画されたものかどうか。

d　プロジェクトは，投下資本に対する利益の観点からだけでなく，会社全体の業務を支えるという観点からみて必要か。

そして，委員会は次のような提言をした。少なくとも大きなプロジェクトは，経営委員会および財務委員会のもと，事業部や子会社の観点とは別に，会社の長期的観点から財務的収益性あるいは今後の会社発展の必要性からみて，精査すべきである。これが，1919年9月の経営委員会で承認され，具体的なマニュアル作成への指示が出された。そして，このマニュアルが1922年4月の経営委員会および財務委員会で承認された。ここに，GM社は，整備された投資割当（予算支出）手続き（capital-appropriation procedure）を持つことになり，経営委員会・財務委員会の下部組織として投資割当委員会が設けられた。すなわち，投資割当委員会が各プロジェクトの内容を精査し，財務委員会・経営委員会が決定する，というもので，プロジェクトが認められた後も，事業部は，毎月，プロジェクトの進行状況を投資割当委員会に報告するよう定められていた。このように事業部制のもとで予算支出に関わる管理のルールが整備されていった。

さらに，1920年の資金繰り危機の教訓として，これら予算支出のルールとともに，全社的な資金の流れと在庫と生産をコントロールする仕組みが整備された。まず，全社的な資金の流れに関しては，各事業部の売上は総合本社の口座に入金され，出金も総合本社の財務部が管理した。これにより，総合本社の財務スタッフが資金収支の流れを予測できるようになった。この資金の流れのコントロールは，在庫および生産のコントロールと結びついていた。1920年の危機は，運転資金が底をついているにも関わらず，各事業部は部品や半製品を購入し，従って完成車の在庫が積みあがっていた。自動車販売に関わる大多数の経営者（ディーラー）は販売を楽観的に見ていた。そこで，各事業部にディーラー在庫，販売台数，生産台数に関し10日ごとの報告を求め，4か月先を予測し資材を発注し運転資金を確認するよう求めた。

各事業部の楽観的な売上予測に基づき部品発注が行なわれ，完成車の在庫が山積みされ，資金繰りに行き詰ったのが，1920年の資金面からみた危機の本質であった。したがって，本質的な問題は，GM社の将来の売上を予測

し，それに伴うコストの動きを予測するシステムを作り上げること，すなわち，GM社の予測システムとそれに関連する財務統制の手法を開発することが急がれたのである。

予測システムとROI

1920年の運転資金の危機を教訓に，財務スタッフA.ブラットレーらは「GM社の予測システム」を作り上げた（A. Chandler, 1964, 邦訳, Ⅱ部, 2章, 下川浩一, 1977, 3章）。まず，予測計画は，次の4つの要因の分析から始まる。
① 主に人口や富の増加がもたらす成長。
② 季節の変化がもたらす経済活動の動きの変化，季節変動。
③ 不況，回復，好況等による景気循環。
④ 産業内の競争企業の動向。

予測計画の策定には，これら4つの要因の動きが十分に分析されねばならない。これらの要因分析に基づき策定された予測計画は，2つの目的のために用いられた。1つは会社の基本方針に基づく製品価格の設定および拡張策のための追加資本投資について，投資利益率と関連させ操業計画を予測することであった。2つ目は，現在の操業をコントロールする手段として，予測計画は用いられた。具体的には，製品の価格設定は，一定期間の平均的な投資利益率（ROI）および工場の標準操業率（標準生産高）を考慮し設定される。この価格設定を標準価格と呼んだ。標準価格は現実の製品価格の動きをどのように判断するかの基準となる一方，長期にわたり標準価格と現実の製品価格が乖離する場合は，会社の基本政策を再検討する必要がある。つまり，工場が標準操業率で操業した場合に標準価格が実現し，予想される平均的な投資利益率がもたらされる。しかし，逆に，市場の現実の製品価格と標準価格が長く乖離すれば，予想される平均的な投資利益率はもたらされず，予測計画および基本政策の再検討が必要となる。

この予測計画に基づく投資利益率（Return on Investment: ROI）を投資や予算の1つの判断基準にする管理手法はD.ブラウンがデュポン社にいた

とき，開発したもので，GM 社でもこれが用いられた（A. Chandler, 1977, 邦訳下巻, 764 頁, A. P. Sloan, 1963, 邦訳, 8 章）。ブラウンは ROI を用いた財務統制の手法を開発し，ROI により各事業部の成果を測るとともに，投資判断の基準として用いた。ROI は端的に示せば投下資本に対する利益の比率で，投資利益率＝売上高利益率（利益／売上高）×資本回転率（売上高／投下資本）に分解できる。それゆえ，ROI は，さまざまなコストの動きとの関連で運転資本や投資資本の必要額を明らかにした。つまり，ROI に関する収益・費用の動きから，損益（profit and loss）の構造が明らかにされるのである（図 5-3 参照）。したがって，ROI 分析は，本社が事業部の業績を評価する基準となるだけでなく，事業部長が，ある一定の ROI の達成には，売上に要する費用をどの程度削減すべきか，あるいは投資の額をどの程度に収めるべきか，といった事業部の改善促進にも利用できたのである（小林健吾, 1987, 16 章, 1）。

　管理会計史の観点から，GM 社の管理会計システムは次のように述べら

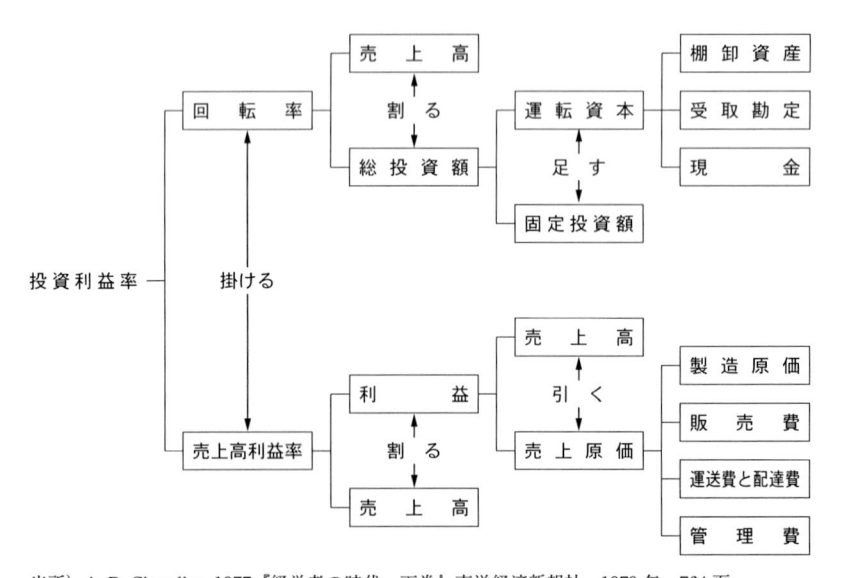

図 5-3　デュポン社：投資利益率に影響を与える要素間の関係

```
                       ┌─ 売上高
            ┌─ 回転率 ─┤    割る       ┌─ 運転資本 ─┬─ 棚卸資産
            │          └─ 総投資額     │            ├─ 受取勘定
            │                           │            └─ 現金
            │                           │ 足す
            │                           └─ 固定投資額
投資利益率 ─┤ 掛ける
            │                           ┌─ 売上高
            │          ┌─ 利益 ────────┤ 引く        ┌─ 製造原価
            └─ 売上高  │    割る        └─ 売上原価   ├─ 販売費
                 利益率└─ 売上高                      ├─ 運送費と配達費
                                                      └─ 管理費
```

出所）A. D. Chandler, 1977.『経営者の時代，下巻』東洋経済新報社，1979 年, 764 頁。

れている。意思決定会計の面からみるなら，GM社は，事業部制のもとデュポン社から受け継いだ割当予算システムを構築し各事業部や部門への資金割当をし，ROIを軸とし体系的な意思決定を行なっていた。また，業績評価会計の面からは，当初予算の費用・収益と1年後の実際の費用・収益の数値を比較・分析する予算管理システムが作り上げられ，業績評価がなされていた（高梠真一，2004, 327-329頁）。以上のように，事業部制という組織を管理するには，予測や予算のような計画と統制の仕組みが欠かせなかったのである。すなわち，大規模複雑化した組織にとって，予算やROIに代表される計画と統制の仕組みが必要なのであった（6章2参照）。

(3) マーケティングの革新

モデルTの量産がフォードに成功をもたらしたように，1910年代の自動車産業にとって大衆が購入しうる価格の自動車を能率的に生産することが最大の目標であった。モデルTという自動車と大量生産による価格低下が市場に対し大きな訴求力を持った。それ故，モデルTは圧倒的シェアを獲得できた。しかし1920年代になると，市場は徐々に変わり始めていた。すでにみたように，1920年代になると，アメリカ経済は一層拡大し，多くの顧客は2台目の購入者になっていた。また，大衆の所得が上昇し割賦販売が利用できるようになると，低価格車だけでなく多様な価格とデザインを求める購買層（市場）が出現していた（A. P. Sloan, 1963, 邦訳, 9章）。

市場に対するこのような認識のもと，GM社の1920年代のマーケティング戦略が展開された（A. Chandler, 1964, 邦訳, Ⅱ部, 3章, R. S. Tedlow, 1990, 邦訳, 3章）。マーケティングの4つのP（マーケティングミックス）から考えてみると，自動車に関する製品政策（product policy）に関しては，GM社は，潜在的な自動車需要がどのような購買層にあるかについて市場調査を行なった。多様な製品（自動車）を求めはじめた消費者層に対し，高級車キャデラックから中級車オークランド，大衆車シボレーまで，つまり各需要層に応じた製品系列の創造（creation of a product line）という「フルライン政策」が採用された。同時に自動車を高級消費財とみなし「モデル

チェンジ」という考え方から，自動車のデザインを扱う100人の技術者，100人のデザイナーからなるデザイン部門が設立された。次に，スローンの「あらゆる財布に合った乗用車を」という考え方から，自社製品（事業部）間で競合しない価格政策（price policy）が採用された。さらに，販売促進政策（promotion policy）に関しては，企業広告およびPRは全社的に本社が行ない，各製品（自動車）レベルの広告は事業部が行なった。1920年代GM社は新聞・雑誌・ラジオといった広告媒体に巨額の広告費を投じた。さらに，各需要層に応じた販売政策を推進するためGM社全額出資のGM販売金融会社（GM Acceptance Corp）を設立した。割賦販売，つまり信用販売はすでにミシン，タイプライターや農機具で行なわれていたが，自動車販売でこれを本格的に活用したのがGM社であった。これに対し，フォード社は，信用販売を拒んでいたためGM社のこの販売政策は一層際立った。1925年当時の信用販売の慣習では1/3が現金払いで，残りは金利を含めた12回払いが一般的で，3台に1台がこの方法により販売されていた。

　最後に流通政策（place policy），すなわち流通経路あるいはチャネル問題と呼ばれるものであるが，これは，当時問題となっていた自動車の中古車市場の出現と深く関わっていた。すなわち，GM社がディーラーとどのように関わりを持ちながら，どのようにGMの自動車を販売しようとしていたか，ということである（A. Chandler, 1964, 邦訳，Ⅱ部，3章，A. P. Sloan, 1963, 邦訳，16章）。1910年代の自動車購入者のほとんどが1台目の購入者で中古車問題は考える必要がなかった。しかし，1920年代になると，新車販売は中古車問題と密接に結びつくようになっていた。GM社は，まず，① 各事業部がどの地域にどの程度の数のディーラーとフランチャイズ契約を持つべきか，② 各ディーラーの経営状況を把握するため統一化した会計システムを構築する，③ 各ディーラーが持つ販売および在庫等の情報を10日ごとにGM本社に報告する，といった政策を実行した。これによりGM本社のスタッフは市場動向を分析できるようになった。

　GMは常に市場動向に目を向けるべきで，GMはすべてのディーラーとの間に健全で統一化した関係を持つべきである，というのがスローンの考えで

あった。具体的には，① 新車販売は，多くが中古車買取りと結びつくので，GM 社はディーラーの中古車買取りルールには関心を持つ。② 中古車の買取り値（実質的値引き販売）は，ディーラー自身の経営問題であるが，中古車の評価方法（査定方法）は統一的なものを確立すべきである。③ GM 社の中古車は再整備して販売すべきである。④ GM 販売金融会社の信用供与は，統一化したルールで新車および中古車にも適用する。

GM 社は，1920 年代当時，国内だけで 13,700 社以上の GM 車のディーラーと関係を持ち，それらディーラーに GM 社は 20 億ドル以上を投資していた。したがって GM 社は，多数のディーラーと共通する利害関係を有していた。これら多数のディーラーと統一化されたフランチャイズ関係の契約を結び，健全なディーラーを育成すべきである，というのが GM 社の流通政策であった。

4 事業部制と多角化戦略 ―組織は戦略に従う―

GM 社は，デュラントのもと自動車会社および自動車関連会社を合併・買収（M&A）し大規模企業に成長してきた。それ故，キャデラック・オークランド・シボレーのような自動車事業を自律的な事業部として分権化し，同時にこれら事業部を全社的にまとめ上げる総合本社による集権化とその管理システムが創造された。これが，GM の事業部制と呼ばれた組織革新であった（図 5-2 参照）。すなわち，M&A により拡散化（多角化）した事業を，どのようにしてまとめ上げるのか，というのが GM 社にとっての組織問題であった。20 世紀に入り，ますます多角化（多地域化）および大規模化し，従来の職能別ライン・アンド・スタッフ組織で管理・運営していた大規模企業のなかには，GM 社とは違った状況のもとであったが，組織の問題に直面していた。このような企業の中で，GM 社の再建に関係していたデュポン社もその代表例の一つであった（A. Chandler, 1962, 邦訳, 2 章）。

19 世紀末以降，M&A により火薬会社として大規模化してきたデュポン社は，第一次大戦後，一層の成長を目指し染料・油脂・ペイント・化成品等

の事業分野に多角化する戦略を取った。多数の事業部門を持つ多角化したデュポン社は，従来の職能別ライン・アンド・スタッフ組織で，大規模組織を管理することの困難性に直面していた。異なった製品事業には，製品事業ごとの計画を策定し，異なった業務の手続を標準化し統制しなければならなかった。多角化の結果，事業部ごとの計画が策定され，それら事業部に資源を割当て，そのうえで，各事業部および各職能部門（生産・販売・財務・人事・・・）間の調整を行なうことは，非常に複雑かつ困難な問題となっており，本社（社長）は各事業部と各職能部門間の調整に忙殺され，会社全体の長期的な経営戦略や市場動向に目を向ける余裕がなくなっていた。それぞれの職能部門内のライン業務は能率的に管理されていても，これら活動に対し会社全体の中で誰が責任者になり，製品系列別事業の利潤をどのように測定し，事業業績をどのように評価し統制するかは，明確でなかった。

　やがて，根本的な問題点は組織の問題であるとデュポン社の幹部たちは認識するようになったが，事業部組織へむけての組織革新は，紆余曲折をへてGM社にすこし遅れ事業部制は採用された。すなわち，① 各事業はできる限り分権化し自律的に経営する（分権化），② 同時に総合本社のもと各事業部は，予算やROIのような財務統制システムのもと業績評価され，全社的に統制される（集権化），という事業部制の採用であった。事業部制の特質は，次のようなものであった。

① 各事業部は分権化した1つの利益単位として，自律的に事業部の意思決定を行なう。
② 総合本社のスタッフ部門は，各事業部に助言と監査を行ない，事業部を評価する。
③ 総合本社は事業部間の資源配分の統制を行なうが，専らは全社的な戦略問題に専念する。

1920年代，デュポン社，GM社と同様に多角化による組織問題に直面していたスタンダード石油社（ニュージャージー），シアーズ・ローバック社といった多角化されたアメリカの巨大企業も，最終的には事業部制という組織革新を採用することになった。

1920年代，多角化戦略を採用したGM社・デュポン社・スタンダード石油社（ニュージャージー）・シアーズ・ローバック社の組織革新，つまり事業部制の採用はまさに創造的革新といえるもので，1930年代以降，多くの多角化したアメリカ大企業も採用することになった。それ故，チャンドラーは，アメリカ大企業の管理と組織の歴史的研究から，多角化戦略が組織革新を導いた，「組織は戦略に従う」という有名な命題を示した（A. Chandler, 1962, 邦訳, 序章, 7章）。そして，この命題を戦後のアメリカ大企業（フォーチュン500社）に適用したのが，ルメルト（R. P. Rumelt）の研究で，それは，戦後，アメリカ大企業の多くが，事業部制を採用したことを明らかにした（R. P. Rumelt, 1974, 邦訳, 85頁）。

5　小括

　爆発的に伸びる大衆車市場の出現を確信していたフォードは，1908年，大量生産の利点を最大限に発揮するため，モデルTのみを大量生産し生産コストを大幅に引き下げる「フォード生産システム」の開発を開始した。個々の生産工程と労働者の作業を徹底的に標準化・分業化し，コンベアーで作業を統合する移動組立法「フォード生産システム」が完成すると，販売価格の大幅な引き下げが可能になった。1909年のモデルTの販売価格は950ドルが，1916年には360ドルと大きく引き下げられた。1908年の年販売台数5,986台は，1916年には年販売台数577,036台へと飛躍的に上昇し，フォード社は圧倒的なマーケットシェアを得た。「フォード生産システム」は，H.フォードに大きな富と成功をもたらした。しかし，1920年代も半ばを過ぎると，フォード社に代わってGM社やクライスラー社がマーケットシェアを伸ばし，フォード社のモデルTは急速にシェアを失っていった。市場は変化し，モデルTは大衆に飽きられていた。生産よりもマーケティングや経営管理の革新が必要な時代に，H.フォードはこれに応えることが出来なかった。1927年，市場の激変がついにH.フォードにモデルTの生産中止を決断させた。H.フォードの頑迷さと決断の遅れは，1910年代以来蓄

積してきた膨大な利益を食いつぶした。H.フォードは，生産の革新者となりえたが，「管理と組織」の革新者にはなりえなかった。

　H.フォードと同じく，自動車に対する大衆需要の急速な拡大を見抜いていたデュラントは，1908年，持株会社GMを設立し，キャデラック社等の自動車会社を「株式交換」という手法で次々と買収しGM傘下においた。拡大志向のデュラントは，経営管理に関する明確な方針なしに多角化に突き進んだ。デュラントの下では，少数の人々の人間的つながりで重要な経営決定がなされ，組織の弱さが1920年のGMの危機をもたらし，デュラントは，GM社を去ることになる。1920年，再建のためGM社の社長に就任したピエール・デュポンは，副社長であったスローンらにGM社の管理と組織の改革を委ねた。スローンはデュポンに組織改革案を提出，それは，今日，事業部制と呼ばれている組織革新の原案であった。事業部制組織に関するスローンの提案は，各事業部が生産・エンジニアリング・販売等の自己充足的な職能を持ち，事業部ごとに事業部長を置き事業部を自律的に経営する（分権化）。そして，社長は本社スタッフのもとで全社的戦略を策定し，そのもとで各事業部を統括する（集権）。スローンの言葉で表せば「調和を持った分権制管理」であった。

　総合本社のもと事業部制を適切に統制するには，将来の収益を予測する予測システムおよび財務統制システムが必要であった。予測計画は，①経済の成長，②経済の季節変動，③景気循環，④競争企業の動向，等の要因分析に基づき策定された。この予測計画と投資利益率（ROI）分析は，本社が事業部の業績を評価する基準になるだけでなく，各事業部の事業経営を改善するためにも利用された。事業部制組織を管理するには，予測や予算のような「計画と統制の仕組み」を創造する経営革新が欠かせなかった。

　GM社の経営革新は，マーケティングの革新にも支えられていた。GM社は，潜在的な自動車需要がどのような購買層にあるかについて市場調査を行ない，各需要層に応じた製品系列の創造「フルライン政策」を採用した。そして，各需要層に応じた販売政策を促進するためGM社全額出資のGM販売金融会社を設立した。さらに，GM社は，国内だけで13,700社以上と

ディーラー関係を持ち，これら多数のディーラーと統一化されたフランチャイズ関係の契約を結び，市場動向および販売予測の基礎となる情報を提供するディーラーを育成した。

　1920年代，GM社やデュポン社と同様に多角化による組織問題に直面していたスタンダード石油社（ニュージャージー），シアーズ・ローバック社といった多角化されたアメリカ巨大企業は，個々別々に事業部制という組織革新を採用していた。すなわち，①各事業は分権化し自律的に経営する，②同時に総合本社のもと各事業部は，予算やROIのような財務統制システムのもと業績評価され，全社的に統制する，という事業部制の採用であった。チャンドラーは，アメリカ大企業の管理と組織の歴史的研究から，多角化戦略が組織革新を導いた，「組織は戦略に従う」という命題を提示した。

　19世紀末から20世紀初頭にかけ大量生産と大量流通を統合する川上（後方）統合および川下（前方）統合し大規模化したアメリカのビッグビジネスは，その後の多角化戦略を採用し一層の成長を目指した。このような大規模企業は，事業部制という組織革新の創造により経営課題に適応してきた。これら，一連の革新をチャンドラーは，経済活動の「見えざる手」という市場的調整に代わり，マネジメント（管理）という「見える手」による経済活動の調整であると主張した。つまり，GM社に典型的にみられるように，ビッグビジネスにおける管理実践の革新が，マネジメントという「見える手」による経済活動の調整を可能にしたのである。

参考文献

- A. D. Chandler, Jr., *Giant Enterprise*, 1964.（内田忠夫・風間禎三郎訳『競争の戦略』ダイヤモンド社，1970年。）
- A. D. Chandler, Jr., *Visible Hand*, 1977.（鳥羽欽一郎・小林袈裟治訳『経営者の時代』東洋経済新報社，1979年。）
- A. D. Chandler, Jr., *Strategy and Structure*, 1962.（有賀裕子訳『組織は戦略に従う』ダイヤモンド社，2004年。）
- D. A. Hounshell, *From American System to Mass Production, 1800-1932*, 1984.（和田一夫・金井光太郎・藤原道夫訳『アメリカン・システムから大量生産へ』名古屋大学出版会，1988年。）
- A. P. Sloan, Jr., *My Year with General Motors*, 1963.（有賀祐子訳『GMとともに』ダイヤモンド社，2003年。）
- 荒井久治『自動車の発達史，上巻』山海堂，1995年。

・井上昭一『GM の研究』ミネルヴァ書房，1982 年。
・下川浩一『米国自動車産業経営史研究』東洋経済新報社，1977 年。

6章
「管理の科学」の発展と会社革命

　1920年代のアメリカは「永遠の繁栄」と呼ばれた時代であった。『アメリカ歴史統計』によれば，1921年に対する1929年の製造業生産高は86%，国民所得は35%，個人消費は33%，とそれぞれ伸びを示していた。1929年には2500万台の自動車保有，100万人以上の高校生が大学に進学した（*Recent Economic Changes*, 1929, p. x）。そして，1920年代には，政府と産業の協力のもと中小企業を含め産業合理化運動が展開された（今井斉, 2004, 4章）。産業合理化運動の起源は，それに先立つ第一次大戦時の政府と産業界の協力にあった。第一次大戦に参戦したアメリカ政府は，産業に科学を適用し生産性の向上を図ろうとし，1917年に戦時産業会議を設けた。同会議のもとに多数の各種委員会が設置され，経済学者・心理学者・科学的管理論者，等の多数の専門家が動員された。科学的に産業の問題を解決することで生産性の向上を目指したのである（R. Sobel, 1972, pp. 6-23）。

　巨大株式会社の生成と発展に目を向ければ，巨大株式会社は，20世紀初頭の企業合同（合併）運動で誕生し，1920年代にはその基盤を確立していた。これら巨大株式会社においては，株式所有の分散化傾向を伴いつつ「会社革命」が進行していた。5章で見たGM社もそのような会社の一つで，スローンのもとGM社は，1924年には，資産額5.65億ドル，株主約7万人，従業員13.5万人の巨大株式会社に成長していた。

1 科学的管理の発展

　第一次大戦は，労働の指導者を含め，政府と産業の間に協力の雰囲気を生み出し，1920年代の産業合理化運動推進の契機となった。のちに商務長官さらには大統領にもなるフーヴァー（H. C. Hoover）のもと，大戦終了後に設けられた「産業における無駄排除委員会」は，産業に科学を適用し，生産性の向上を図ろうとする産業合理化運動の先駆けとなった。1921年に発表された『産業における無駄』（*Waste in Industry*）は多数の科学的管理論者が参加し作成された委員会報告書であった。同報告書は，全体的な結論としては，無駄の原因の50％以上が経営者の責任であるとし，次のような指摘をした（American Engineering Council, 1921, pp. 8-33）。① 計画と統制をあらゆる組織分野に適用する，② 計画的な生産と販売，③ 販売予測に基づく生産，④ 品質の管理と統一的原価計算の採用，⑤ 適切な賃金支払法と人事管理の促進，等であった。テイラーの後継者たちは，生産のみならず労働・販売といった分野にも科学的管理の適用を拡大して行った。この報告書が契機になり商務省内に標準局が設けられ，20年代の産業の標準化運動が本格化した。

　1920年代は，20世紀初頭の「競争より協調」を旨とする進歩主義（革新主義）の思潮が後退し，再び「新しい個人主義」と科学的精神が強調された時代であった。産業に科学を適用し生産性を向上させようとする標準化運動や産業合理化運動はその表れであった。そして同時に，この時期は，テイラーの貢献者たちに当たる科学的管理論者がテイラーの考えを超え，科学的管理の原理の柔軟化と適用分野の拡大を試みた時期でもあった。科学的管理推進の中心人物であり，1913年から1919年までテイラー協会の会長を務めたダートマス大学アモス・タック・スクールのパーソン（H. S. Person）は，1929年，この間の巨大産業企業の登場と専門管理者による管理を背景に「1929年の科学的管理」と題し次のように述べている（H. S. Person, 1929, pp. 10-13）。1925年，年100万ドル以上を生産する事業所は比率では

5.6％に過ぎないが，労働者の56.8％，総生産高の比率では67.6％を占めている。急速に大規模産業企業の時代が到来し，それを支えているのが科学的管理である。現時点での科学的管理は，以下の4原則として表すことが出来る。

① 調査（management research） 目的・政策・手順，等を決定し，これら目的に向け調整するには，調査・研究・実験に基づかねばならない。

② 標準化（management standard） 調査に基づき共通目的に従わせるための標準を設定し，共同的集団活動を促進せねばならない。

③ 統制（management control） 調査に基づき共通目的に向かわせるため標準を設定し，その過程を統制することが，諸活動の調整を有効なものにする。

④ 共同（cooperation） 個人と集団の利害を統合し，集団目的に個人の能力を統合する共同という法則を認識しなければならない。それは，個人の権限に代え状況の法則（laws of situation）に従うことである。

以上，パーソンの主張は，④共同（cooperation）の原則が示すように，たんに科学的管理の適用の拡大だけではなく，労働における人間関係や人的要因の理念を考慮し，科学的管理の新たな展開を意図したものであった。それはまた，科学的管理を含め当時の大学でのビジネス教育の中で「管理の科学」の発展あるいは経営管理論の生成の動きを反映していた（斉藤毅憲，1983，3章）。そして，1931年，パーソンは，これら科学的管理の発展の動きを，『テイラー協会会報』に図式化して発表している（H. S. Person, 1931）。この報告に見られるように（図6-1参照），科学的管理の適用範囲は，人事・販売・財務，さらには全般的管理に拡大されている。そして，科学的管理の原則は，調査・標準化・統制だけではなく，それら原則の基礎に「共同」があると主張されていた。すなわち，科学的管理は，とりわけ，全般的管理に関わる予算統制のような管理技法，さらには 個人と集団の利害を統合する「共同」の原則を視野にいれ，「管理の科学」の発展・総合化あるいは経営管理論の生成を目指していた（角野信夫，1996，8章，5）。

図 6-1　科学的管理の発展

原　則	職　場	工　場	人　事	販　売	財　務	全般的経営
調　査	機械，設備等の研究	設備と熟練の組み合せ，調整	職業適性の研究	市場・流通の分析	資本調達財務の分析	産業の分析計画の設定
標準化	原料，機械等の標準化	生産スケジュール	採用，昇進等の標準化	販売割当	標準原価標準財務比率	総合予算の設定
統　制	製品検査業務の評価	職務の割当と流れの分析	指導	計画と執行の分離	財務比率を用いた監査	予算差異分析
協　同	協同は，すべての要素に関連して増進される．目的への相互理解，指導，責任，公正な分配と人事等が，人間関係を促進する．						

出所）H. Person, 1931 より作成．
　　　角野信夫『アメリカ企業経営学説史』文眞堂，1996 年，197 頁．

2　予算統制と組織

　パーソンは（図6-1）にあるように，全般的管理の具体的技法として予算統制を上げている．すでに，5 章の 3-(2)「GM 社の財務統制システム」でみたように，GM 社のような多角化した大企業は，予算制度を用い大規模組織を管理していた．GM 社と同様に，事業部制を採用したスタンダード石油社（ニュージャージー）も，予算を用い大規模組織の管理を行なっていた（A. D. Chandler, 1962，邦訳，1967，201 頁）．すなわち，事業部制組織を採用する以前のスタンダード石油は，運転資金および投資資金の配分と統制は，確かなデータもなく場当たり的に行なわれていた．事業部制という組織改革が行なわれ，調整部や予算部がもうけられると，予算部が定期的かつ組織的にまとめた最新の計数データに基づき，ニュージャージー社の役員たちは，各現業部門と全社の将来の計画を検討した．このとき以来，ニュージャージー社は，自社の過去・現在・将来の動向を明確につかめるようになった．予算という仕組みが導入され，事業部・子会社・関係会社を含め，ニュージャージー社は，全社的資源の流れを予測し統制することが出来たのである．

しかし，このような大企業のみならず，1920年代は，中小企業を含め，多くの企業に予算統制という管理技法が普及していく時期であった。とりわけ，1922年に公刊されたマッケンジー（J. O. Mckinsey）の『予算統制』（*Budgetary Control*）が契機になり，予算を用いた企業活動の統制が普及していく（廣本敏郎，1993，1章，小林健吾，1987，7章）。マッケンジーは次のように述べている（J. A. Mckinsey, 1924, Chap. 6）。予算プログラムは，ビジネスそのものであり広範かつ包括的なものである。予算プログラムは，すべての部門の活動を含み，社長が最終的には統制すべきであるが，各部門の予算の調整は予算委員会を設けることにより促進される。製造業の例でいえば，予算委員会のメンバーは，社長，販売部長，製造部長，財務部長，人事部長，コントローラー部長である。社長の権限と指揮のもと，予算委員会は，各部門の見積もりを予測し修正を加える。予算の成功は，コントローラー部が提供する会計や統計形式の適切な情報を得る一方，主要管理者の調整に大いに依存している。予算は最終的には取締役会の承認を得ねばならない。

　予算が執行される過程で，予算委員会は，望ましくは各月ごとに実績の報告を受け，各部門の見積もり（予算）との比較を行ない，必要な場合，残り予算期間の修正を行なう。予算と実績の比較は，将来のビジネスの活動を予測するためにも必要となる。マッケンジーの予算統制論の骨子は次のようであった。① 各部門が予算見積りを作成し，予算担当管理者に提出する。

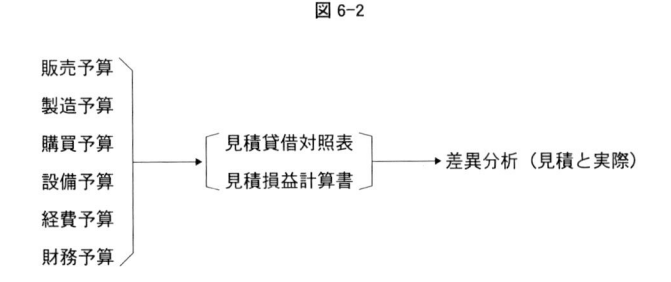

図 6-2

販売予算
製造予算
購買予算　→　見積貸借対照表　　→　差異分析（見積と実際）
設備予算　　　見積損益計算書
経費予算
財務予算

出所）小林健吾『予算管理発達史』創生社，1987年，153頁（一部追加）。

② 予算担当の責任者は，各部門の見積り収入と見積り支出から，見積り貸借対照表・見積り損益計算書を作成し，予算委員会に提出する。③ 予算委員会は，各部門予算を修正し支出の割当を設定し承認する。④ 予算委員会の許可なく設定は変えず，各部門は部門の標準業績を設定する。⑤ 各部門は月次ごとに，実際と見積もりの比較を行ない，予算委員会または取締役会に報告する（図6-2参照）。

　GM社の予算制度は組織との関連で，次のように指摘されている（高梠真一，2004, 7章の4-2）。予算統制を効果的に行なうため，社長あるいは全般的管理者，具体的には，社長・財務部長・労務管理者・全般管理者・購買管理者・生産管理者・販売管理者・コントローラーにより構成される予算委員会が予算を用い各部門間の調整を行なう。委員会は，最終的にすべての見積もりを行ない，実行可能な計画（総合予算）を作り上げる。したがって，総合予算（master budget）は，企業全体の活動を計画するために作成される。総合予算は，販売予算・販売費予算・財務予算・労務予算・製造予算から構成され，それ故，販売活動（予測）を考慮した生産計画の作成が求められ，総合予算における部門予算は，組織を部門ごとに分割し作成された計画で，各部門長に適切な権限と責任の委任が必要となる。

　また，予算という統制手段を企業組織の大規模化および経営全体の観点から見るなら，次のように言える（小林健吾，1987, 169頁）。企業の大規模化に伴う分権化が，統合化の手段を不可欠なものにする。分権化した組織を統合する必要性が，調整機能を重視する予算制度を発展させた。この統合化は，まさに経営者が果たすべき職能とみなされる。各部門間の調整は，特定部門の観点から行なわれるのでなく，少なくとも企業全体の有機的で効果的調和の観点から行なわれる必要がある。それ故，予算委員会の議長は社長がなるのが望ましく，そこでの調整は，社長のスタッフであるコントローラー部などの予算担当管理者や予算委員会が主要な役割を果たす。つまり，各部門が活動目標を設定することを通し，予算による統制が，経営トップの総合的管理の手段となる。このように，管理技法としての予算統制の役割が注目されたのであるが，この管理技法としての統制の役割に注目し，「調整の原

則」を基本にし組織原則論を展開したのが，ムーニーとライリーであった。

3 ムーニーとライリーの組織論 —事業部制の組織論—

　ムーニーとライリー（J. D. Mooney, 1884-1957 & A. C. Reiley, 1869-1947）は，1931年に『前進する産業』（*Onward Industry !*）を著している。この書の組織に関する歴史的な記述はライリーが，組織原則に関する部分はムーニーが記述した。そして，ムーニーとライリーは，1939年には，改定版とも言える『組織の原則』（*The Principles of Organization*）を著している（1947年版はムーニー単独版として再版）。ムーニーは，1920年に GM 社に入り，GM 社の海外輸出を担当する責任者となり GM 輸出会社の社長になった。彼は，ヨーロッパ GM の海外子会社の責任者であったこともあり，第二次大戦中には政府の外交政策にも関わった。また，1920年代，ムーニーは，スローンやブラウンらとともに GM 社の組織革新である事業部制の導入にも携わっていた。したがって，ムーニーらの著作は，GM 社での経営実践を反映し生み出されたのであった（井上昭一, 1992, 3章）。

(1) 組織と管理の基本原則

　ムーニーとライリーは『前進する産業』において，次のように述べている（J. D. Mooney & A. C. Reiley, 1931, Chap. 29-31）。企業組織の生成と発展の起源は，産業革命期に見られた工場制工業にある。手工業に代わり，機械を用い大量に物を生産する工場制工業は，やがて生産規模の拡大，それに伴う分業の進行から組織と管理の問題に直面し「工場管理の科学」を生み出してきた。そして，この組織化された生産の拡大が大量生産体制に発展し，大量生産に基盤を置く現代の企業は，必然的に大量流通という市場の問題に直面することになる。したがって，工場制工業に起源をもつ現代的企業の生成と発展は，大量生産と大量流通の結合により特徴づけられる。すなわち，現代的企業は，大量生産に伴う生産における分業および専門化の進展が組織と管理の問題を生み出し，さらに大量生産した製品を市場で販売するという大量

流通に関わる，一層複雑な組織と管理の問題に直面する。生産と流通の結合が生み出す組織と管理の問題は，分権化と集権化に関わる組織と管理の問題として表れ，一層複雑性と重要性を増していく。さらに，株式会社制度のもとに発展してきた現代的企業は，所有者集団・経営者集団・従業員集団，といった相異なる利害集団との関連を生み出す。ムーニーとライリーは，これら集団間の利害対立は，調整という手段を通し統合は可能であると考えていた。

以上のように，ムーニーとライリーの問題意識は，現代的企業にとり最大の問題は，大量生産と大量流通を結合する組織と管理の問題を解決することであり，その原則は何かということであった（J. D. Mooney & A. C. Reiley, 1939, Chap. 21)。すなわち，後方（川上）の経済活動に関する原材料の調達から，前方（川下）に関わる製品の販売といった経済活動をどのように統合するかの問題であった。具体的に述べれば，垂直的に統合化した GM のような巨大産業企業の組織と管理の問題をいかに解決するかであった。

ムーニーとライリーは，GM 社の事業部制についてのスローンの言葉を示しながら，次のように述べている（J. D. Mooney & A. C. Reiley, 1931, Chap. 37)。調整された分権化（coordinated decentralization）という言葉こそ，今日，広範な産業の組織において生じている問題をよく表している。分権化そのものは，比較的簡単なことである。中世の王が家臣に権限を与えてしまうことは，よくみられたことである。困難なのは現代の大規模産業組織において統合を維持することである。小規模な組織あるいは高度に集権化している組織を統制することは比較的容易なことである。しかしながら，大規模産業組織において，分権と集権を組み合わせるには，注意深く研究された組織に関する計画が必要である。GM 社のスローンの言葉に従えば，全体の組織は適切な数の部分に分割され，その部分を統括している役員が絶対的な責任を負う。そして，その責任に対し，権限の階層があり，スタッフがそれを支える。

実際，スローンは『GM とともに』の中で，事業部制のもとにある巨大産業企業を統制する鍵となる概念は調整的統制（Co-ordinated Control）であ

る，と述べている（A. P. Sloan, 邦訳, 8章）。このような観点から，ムーニーとライリーは，大量生産と大量流通が結合し垂直的に統合化された巨大企業の組織と管理の問題は分権化と集権化の問題であり，彼らは，その基本原則を調整（coordination）という概念に求めたのである。

(2) ムーニーとライリーの組織原則論

ムーニーとライリーは，1931年の『前進する産業』で組織の原則を明らかにし，1939年には組織の問題に焦点を絞り『組織の原則』を著している。この書の序文において，彼らは，次のように述べている。組織の普遍性，必要性が示しているように，組織は人類の歴史とともに古い。多くの組織は，共通の利害と努力の結合から生じる。それ故，組織の問題は必然性を持っている。法の下に小さな政府という我々の歴史的理念に従えば，我が国は今，社会主義・共産主義・ファシズムというもう一つの理念に直面している。そして，この延長線上に産業組織が益々大規模化する拡大圧力に直面しており，したがって，組織を統率する者にとり，過去に縛られない組織原則の適用が求められている。組織は，形式的な意味でみるなら，秩序であり，この秩序を作り出す形式的原則とその関係を明らかにするのが，この本の役割である。

以上のような接近法のもと，ムーニーとライリーは，組織を次のように定義づけている。組織とは，共通目的を達成するための人間結合の形式（the form of every human association）である。すなわち，ムーニーとライリーは，組織を動機や心理を伴う主体性を伴った人間行動の結合と捉えるのでなく，組織の公式的側面である人間結合の形式的側面に焦点を合わせ，組織を捉えた。したがって，組織は一般的には組織図として示されているような，個々の分業化された職務に関わるものである，と彼らは述べたのである（J. D. Mooney & A. C. Reiley, 1939, pp. 1-2）。ムーニーとライリーの組織に対する接近法は，組織の公式的な側面を第一義的なものと考え，それ故，組織での動機や心理を伴う人間行動そのものよりも，形式的な人間行動の結合形式を問題とした。そして，ムーニーとライリーは，能率的な組織に欠くこと

のできない組織の一般原則を追求し，組織に関する最も包括的かつ基本となる原則を「調整の原則」に求めた。

調整の原則

調整とは，共通目的を追求するさい，行動の統一性をもたらすため，従って，整然と集団的努力を配列することである（J. D. Mooney & A. C. Reiley, 1939, Chap. 2）。ムーニーとライリーが，「調整の原則」を最も包括的な基本原則としたのは，大量生産と大量流通を結合し分権化した現代の大規模企業において分権と集権を統合する原則は何かという事であった。組織原則という観点からは，すべての組織について，調整（統合）は効率的な管理に欠かせない。それ故，統合を促進する調整が組織の最も基本的な原則となる。この「調整の原則」は，以下の実行のための下位原則に支えられている。

(1a) **権限** ここで使用する権限とは，集団や組織の中で代表制と正当性を持つものを指す。したがって，調整を基礎づけるのは，代表制と正当性を持った権限である。

(1b) **互恵の義務** 利害の共有が結合的活動の基盤をなし，成員間に互恵の義務（mutual service）を生み出す。互恵の義務は一般に共同と呼ばれるもので，調整の道徳的側面をなす。

(1c) **教化** 教化（doctrine）とは，集団活動の目的を成員に理解させ納得させることで，教化により調整は促進される。

(1d) **規律** 教化に加え，調整を促進するためには規律（discipline）は欠かせない。

階層の原則（scalar principle）

階層の原則は，上位者から下位者への命令の階層的連鎖の表現で，効率的な調整に欠かすことのできない原則である（J. D. Mooney & A. C. Reiley, 1939, Chap. 3）。階層の原則は，調整の原則を実行する過程で必要となり，以下の下位原則に支えられている。

(2a) **リーダーシップ** リーダーシップは，調整の原則を実行する過程で生じる。リーダーシップの行使は，権限が行使される調整の動的側面

ともいえ，極言するならば，リーダーシップこそが，調整のため部下を行動に導くすべてである。

(2b)　**委譲**　委譲（delegation）は，権限を委譲された下位者の職務遂行の成果に対する成果責任と権限を委譲した上位者が負う委譲に対する結果責任，この二つの側面を持つ。階層の原則の下では，命令の連鎖の中で上位者の結果責任は累積的となりトップはすべての結果責任を負う。

(2c)　**職能の規定**　階層的に秩序化された職能割当て（職能の階層化）は，職能規定（functional definition）を必要としている。職能が明確に規定されていることが，組織階層内で権限を行使する前提となる。

職能化の原則（the functional principle）

職能化（functionalism）は，職能が明確に区別され分化（専門化）されていることを意味する（J. D. Mooney & A. C. Reiley, 1939, Chap. 4）。職能化により職務が定められるので，定められた規則と方法で職務を執行することが可能になる。職能化の原則は，組織内での職務を明確に定め調整を促進する。職能化の原則は，以下の下位原則に支えられている。

(3a)　**職能の相互関係**　ラインのみならずスタッフ間においても様々な職能分化と専門化がみられる。したがって，効果的に職能を調整するためには，職能の相互関係（functional correlation）を明確にすべきである。

(3b)　**職務の特定化**（specifying duties）　組織の究極的な目的は，すべての職務を統合的に調整することにある。職務を特定化することが調整を効果的にし，人と職能・職務を関係づけ，人を導くことがリーダーの役割である。

職能化のスタッフ的側面

職能化のスタッフ的側面（the staff phase of functionalism）とは，命令や権限の行使とは違い，助言あるいは諮問的サービスを意味している（J. D. Mooney & A. C. Reiley, 1939, Chap. 5）。このサービスは，情報および知識

を提供する助言と諮問で，ラインのように命令に関わるものでない。この原則は以下の下位原則に支えられている。

(4a) **助言的サービス** スタッフの本来の役割は，計画と執行に関する情報と知識を与える純粋に助言的なものである。

(4b) **スタッフの進化** 初期においては，スタッフは指導者に技術的な助言を与えるため生じたが，やがて部門の調整を行なう部門スタッフが生じ，さらには，全社的な政策や計画に情報と助言を与えるゼネラル・スタッフが生じた。

(4c) **ラインとスタッフの関係** ラインは最終的権限を行使し，スタッフはラインの権限行使を支える。

(4d) **スタッフ・サービス** スタッフが与えるサービスは，組織の調整を促進すると同時に組織内に情報と知識を浸透させることにある。ラインは，このようなスタッフのサービスを必要としている。

以上のように，ムーニーとライリーは，現代の大規模産業企業の能率的な管理は一定の組織原則に基づくと考え，その最も基本的な組織原則を「調整の原則」に求めた。したがって，調整の原則は，［階層の原則，職能化の原

図 6-3 組織原則の論理的枠組み

	(1) 原則	(2) 過程	(3) 結果
(1)調整の原則	権限 (すなわち調整)	過程的調整	結果的調整
(2)階層的過程	リーダーシップ	委任	職能の規定
(3)職能的結果	職能主義的決定 (立法)	職能主義の適用 (行政)	職能主義の解釈 (司法)
職能主義の スタッフ的側面	情報提供	助言	監督

出所) J. D. Mooney & A. C. Reiley, 1939, p. 46. より作成。

注) ムーニーとライリーは，ドイツの哲学者アンダーソンの「原則が過程と結果を導く」との考え方を自己の組織原則論に適用し（図6-3）として表わした。

則，職能化のスタッフ的側面］，といった派生原則を導く（図6-3参照）。そして，これら各原則は，実行のための下位原則に支えられ，調整機能は促進される。この中で職能化のスタッフ的側面は，事業部制組織を考慮し，総合本社のもと人事・法律・宣伝・研究開発のようなスタッフ職能部門のみならず，「経営委員会」「財務委員会」を支えるゼネラル・スタッフ部門の重要性を認識し主張された。それ故，職能化のスタッフ的側面は，事業部制組織の理念に関し A. スローンが指摘した「調整された分権化」を具体化する組織原則として述べられたのである。

4 巨大株式会社の生成・発展と「会社革命」

　テイラーが19世紀末から20世紀初頭にかけ「管理の科学」の創造をめざし『工場管理』(1903)，『科学的管理の原則』(1911)，等を著してから約20年後の1931年，パーソンは科学的管理の発展を「調査」，「標準化」，「統制」，「共同」の原則として示した（図6-1参照）。他方，管理実践の発展から見るなら，1920年代には，スローンを中心にGM社での経営革新がみられ，この経験をもとにムーニーとライリーは『前進する産業』(1931)を著し，組織原則論を展開した。また1920年代には，大規模産業企業ではGM社でみられたような予算統制の実践に関連し組織や管理実践の発展がみられた。

　ところで，大規模産業企業の生成の経緯を見るなら，大規模産業企業の多くは世紀転換点に登場し，1920年代に，その基盤を確立している。そして，この1920年代には，もう一つの大きな変革が進行していた。世紀転換点に登場する巨大株式会社（トラスト）は，証券市場において株式や社債といった証券を発行し資金を調達する一方，証券（流通）市場での資本は，予想収益力の資本化（市場での株式時価総額），支配証券（議決権を巡るM&A等の対象，等），にみられるような多様で不安定な側面（擬制資本の側面）を持つようになる。そして1920年代には，これら巨大株式会社の株式所有の分散化（大衆株主の増加）が進み，所有分散との関連で会社機関（株主総

会・取締役会）のあり方が変化し，会社経営の根幹に関わる大きな変化，「会社革命」が進行していた。この変化は，「管理の科学」および管理実践の発展と表裏をなしながら大規模企業で進行していた。

(1) 巨大株式会社の成立

　証券市場との関連で巨大株式会社の生成（トラストの設立）をみるなら，以下のようであった（佐合紘一，1986，2部，3章，西川淳子・松井和夫，1989，4章）。19世紀末から20世紀初頭にかけての第一次合同（合併）運動では，3,012社の企業が319社へと吸収された。この世紀転換点の企業合同運動では，同一産業内の多数の企業がきわめて短期間に合併し合併企業は市場集中度（独占度）を急速に高めた。これら企業は，石油精製・鉄鋼・農業機械・精肉・製粉といった新技術を含む資本集約的企業が多く含まれ，その多くは持株会社という手法を用い生み出された。具体的には，USスチール，イーストマン・コダック，アメリカ機関車会社，デュポン，等の独占的巨大株式会社の誕生であった。

　これら独占的持株会社の設立および資金調達に深く関わったのは，当時，国際的な資金調達力を持っていたモルガン（J. P. Morgan），クーン・ロープ（K. Loob）に代表される投資銀行家であった。彼らは，19世紀後半の鉄道合併で用いた優先株の発行という手法を用い持株会社を設立した。すなわち持株会社を設立し，議決権は制限されているが配当は優先されている優先株（ときには無議決権株）を発行し，優先株と引き換えに被合併会社の株式を取得し，持株会社の傘下にこれら企業を置いた。さらに持株会社は，大衆にも配当が優先されている優先株を販売し大量の大衆資金を調達（動員）し，他方，投資銀行家自らは議決権のある普通株を引き受け，持株会社を支配した。このように，金融資本家が支配する持株会社は，買収対象の企業の株式と持株会社の株式を交換する「株式交換」という手法により，次々と買収対象企業を傘下に収め業界を代表する企業となった。それ故，20世紀初頭の世紀転換点は，大きな資金動員力を示した投資銀行家の活躍する「金融資本主義」の時代と呼ばれたのである。

投資銀行家を中心に設立された巨大株式会社の多くは，実物資本（資産）に対応した資本として優先株を，持株会社設立後の予想収益力の上昇（独占的利益）に期待した株式として普通株を発行した。すなわち，「過大資本化政策」あるいは，「資本の水割り」と呼ばれた過大な資本調達の手法であったが，設立後，これら巨大株式会社は安定的な利益を確保するようになり，優先株を社債に転換する等の「資本の水抜き」財務を行なった（佐合紘一，1986，2部，6章）。1900年代の「資本の水割り」財務から，1910年代以降の「資本の水抜き」財務への移行は，これら巨大株式会社の自己金融力の向上を示すものであったが，他面，1920年代は巨大株式会社の株式が広く大衆に所有される株式所有の分散化を進行させた。

(2) 所有分散と経済権力の集中

ウォショー（H. T. Warshow）は1925年，アメリカにおける株式所有の分散化傾向に関する実証研究を発表し，次のように述べた（H. T. Warshow, 1924）。現代の株式会社は，ここ25年ぐらいの間に大衆への株式所有の分散化という傾向を伴いつつ，大いなる成長を遂げた。1900年から1923年の間にアメリカの株主総数は440万人から1,440万に，約3.3倍増加しているが，この間，アメリカの株式会社の資本は，618.3億ドルから714.8億ドルに，約16%増加しているに過ぎない。株主数が大幅に増加し株式所有の分散化が進行している。大衆への株式所有分散の一例を示せば，1921年に，年間所得2万ドル以下の株主が全株式会社の年間配当総額の53.2%を受け取っている。つまり，大衆株主が大幅に増加し配当を受け取っていた。だが，このような株式所有の分散化（大衆化）は，現実の会社支配（control of corporation）には影響をあたえていない。むしろ，少数の個人株主ないし株主集団が，全株式の相対的に少ない株式保有（所有）で会社支配する可能性をもたらしている。このように，ウォショーは，後にバーリ・ミーンズが指摘した巨大株式会社における少数株主による会社支配「少数支配」の状況が進行していると考えたのである。

巨大株式会社に関する本格的な実証研究は，法学者バーリ（A. A. Berle,

1895-1971) と若き経済学者ミーンズ（G. C. Means, 1896-1988) により1932年『近代株式会社と私有財産』（*The Modern Corporation and Private Property*) として公刊された。バーリとミーンズの基本的認識は次のようなものであった（A. A. Berle & G. C. Means, 1932, 邦訳, 第1編1章・3章）。巨大株式会社に富が集中し，いまや巨大株式会社は準公的会社（quasi-public corporation) となった。だが，それを指揮する人々の性格は曖昧で，株式会社権力を行使する人々の正当性が問われている。具体的には，①1929年時点で資産額からみた非金融上位200社は全株式会社の0.07%に過ぎないが，株式会社の資産額では200社が49.2%を占めている。それ故，②経済構造は，多くの産業で少数の大企業が支配する独占的経済構造に移行している。③資本は，目に見える有形財というよりも，有形財の組織化された関係（大規模組織を伴った企業体）として表せるようになった。④富の多くが巨大株式会社のもとに集まり，それ故，巨大株式会社を動かす少数の人々に経済権力が集中した。⑤巨大株式会社は，その社会的影響力故に，社会的制度となった。このようにバーリとミーンズは，巨大株式会社を独占的経済構造の中に位置づけ，巨大株式会社を社会的制度として分析し，巨大株式会社における会社権力の行使に注目したのである。

(3) 所有分散と会社支配

　バーリとミーンズは，以上のように巨大株式会社を捉え，ウォショーの研究を受け継ぎ，所有分散を「会社支配」の問題に関連付け分析した（A. A. Berle & G. C. Means, 1932, 邦訳, 第1編4章・5章, 第2編1章）。会社法から見れば，会社経営を基礎づけているのは株主総会およびそこで選出される取締役からなる取締役会で，日常的には取締役会が会社経営の重要事項を承認している。それ故，バーリとミーンズは，巨大株式会社の所有分散の程度と株主総会での取締役を選任する力を「会社支配」と定義づけ，1929年，資産額でみた非金融上位200社の「会社支配」の実証研究を行なった。

　所有分散と「会社支配」に関するバーリとミーンズの認識は次のようなものであった。所有分散の主体たる大衆株主は，配当や株価には関心はあって

も，会社経営そのものにはあまり関心を持たないのが一般的で，社債保有者のような存在である。株式が大衆に広く分散する巨大株式会社のもとでは，株主総会は委任状投票制度を利用して運営されるが，多くの大衆株主は，取締役選任議案について現経営者が提案する次期取締役選任議案に賛成するのが一般的である。巨大株式会社のように株式所有が高度に分散する状況の下では，支配的大株主ないし支配的大株主集団が見出せなくなるほど，株式所有の高度分散化（大衆所有）が進行すると，現経営者が大衆株主の議決権を実質的に手中に収めることになる。このように現経営者が株主総会での議決権を実質的に手中にするなら，所有を基礎とする私有財産制度は大きく変質する。すなわち，巨大株式会社のもとでは「所有なき支配」あるいは「経営者支配」の状況が生じているのではないか，というのがバーリとミーンズの認識と危惧であった。

　バーリとミーンズは，1929年現在の非金融上位200社の株式所有の分散状況を調べ，支配的大株主ないし支配的株主集団が株式所有する比率を基準にし，「会社支配」の類型を次のように分類した。① 私的所有支配あるいは完全所有支配（80％以上の株式を所有），② 過半数所有支配（50-80％未満の株式を所有），③ 少数所有支配（20-50％未満の株式を所有），④ 法的支配（持株会社，議決権信託，無議決権株等の法的手段で少数所有支配），⑤ 経

表6-1　非金融上位200社の支配形態（1929年）

究極的支配形態	会社数構成比
私的所有支配	6%
過半数所有支配	5%
少数支配	23%
法的支配	21%
経営者支配	44%
管財人支配	1%
	100%

※　200社中，鉄道企業42社，公益企業52社，産業企業106社。
出所）A. Barle & G. Means,1932., 北島忠男訳『近代株式会社と私有財産』文雅堂銀行研究社，1959年，140頁。

営者支配（20％未満の株式保有しかみいだせず，所有分散のもと現経営者が委任状を実質的に手中にして取締役を選任する）．（表6-1参照）．① 私的所有支配，② 過半数所有支配，は支配的大株主ないし支配的株主集団が議決権の過半数を掌握している．また，③ 少数所有支配，④ 法的支配，も株式所有の分散化を背景に大株主が①②と同じような議決権支配の状況にある．それ故，①②③④は，所有と支配は分離していない．他方，⑤「経営者支配」の場合は，大株主がいても現経営者の実質的な委任状収集力により，経営者が実質的に株主総会での議決権を掌握する．

　経営者支配の説明として，バーリとミーンズは，インデアナ・スタンダード石油社の15％の株式を所有していた大株主ロックフェラー2世が，現経営者を解任するため，多額の個人的費用を使い委任状争奪戦（proxy fight）を繰り広げ，現経営者を退陣させた例を挙げている．大株主でありロックフェラー2世のような著名な経済人でさえ，現経営者に対抗するには多額の個人費用の支出と大きなエネルギーを要することを上げ，⑤「経営者支配」のような株式会社では所有と支配は分離し，経営者支配の状態にある，とバーリとミーンズは考えた．1929年当時の非金融資産額上位200社のうち44％が「経営者支配」の下にあり，これら株式会社の資産は200社の総資産の58％を占めていた．所有の正当性からは説明しにくい経営者が，これら株式会社の会社権力を行使していたのである．

(4)　「会社革命」の進行

　1929年時点では200社のうちの44％であった経営者支配の会社は，今後増加するであろうとバーリとミーンズは考えた．したがって，巨大株式会社における「経営者支配」の進行は，ますます経営者への会社権力の集中をもたらし，経営者の会社権力の行使およびその正当性が，株式会社制度存続の重要な課題となる．バーリとミーンズは『近代株式会社と私有財産』を締めくくるに当たり，「新しい会社観」を示し次のように述べた．今後，株式会社制度が生き残ろうとするなら，巨大株式会社の支配は私的欲求よりも公的立場から社会の様々な集団（株主・従業員・消費者，・・・）の欲求のバラ

ンスを図る中立的なテクノクラシー（経営者）体制の中で発展されるべきである。近代株式会社の生成は近代国家の政治権力に比すべき経済権力の生成と捉えるべきである（A. A. Berle & G. C. Means, 1932, 邦訳, 450頁）。

　実際，その後，バーリ・ミーンズの基準でみた「経営者支配」は増加している。より詳細に「経営者支配」を分類・分析したハーマン（E. S. Herman）は，バーリ・ミーンズの支配的株主あるいは株主集団の株式所有に関する20％基準を，5％基準にまで引き下げても，1974年の非金融資産額上位200社の165社，83.3％が「経営者支配」に分類されると指摘した（E. S. Herman, 1981, p. 59）。バーリとミーンズは，巨大株式会社における「経営者支配」の進行は，会社権力の行使に対する利害関係者への責任の広がり，さらには会社権力を行使する経営者権力はどのように統制されるべきか，つまり，今日の企業の社会的責任問題，さらにはコーポレート・ガバナンス問題についての基本的視点を明らかにしていた。巨大株式会社の生成と発展を分析したバーリとミーンズは，「所有分散」から「会社支配」の問題へ，さらには「会社権力の正当性」問題へと分析を展開したのである。1920年代には，資本家が支配する古典的会社観はその実態からみるなら後退しており，「会社革命」が静かに進行していた。バーリとミーンズは，この現象の根底にあるのは，株主権の後退と経営者権力の増大であると結論づけた。

5　巨大株式会社のビジネス・リーダーシップ

　バーリとミーンズによる巨大株式会社の所有実態を明らかにした『近代株式会社と私有財産』は，大恐慌後の1932年に出版されたこともあり，大きな反響を呼んだ。この著作に刺激を受け，ゴードン（R. A. Gordon）は1945年『ビジネス・リーダーシップ』（*Business Leadership in the Large Corporation*）を著している。第二次世界大戦に遭遇したこともあり，この書は，戦後の1945年に出版されたが，その実証的研究の多くは1930年代後半になされていた。ゴードンは取締役を選任する力としての「支配」概念ではなく，巨大株式会社の経営意思決定プロセスを表す「ビジネス・リーダー

シップ」という概念を用い，巨大株式会社の実態を分析した。すなわち，ゴードンは，巨大株式会社を動かしている意思決定主体を明らかにしようとしたのである。

　バーリとミーンズの『近代株式会社と私有財産』（1932）と同様の方法で，1937年の非金融資産額上位200社を分析した『臨時国民経済委員会報告書』（1940）に対しゴードンは，この報告書の所有実態の把握方法を批判している（R. A. Gordon, 1945, 邦訳，2章）。同報告書は，支配的株主あるいは支配的株主集団の中に他の会社や保険会社の持株所有を含め，これら会社が個人の支配的大株主と連動して議決権行使することを仮定している。それ故，この点を修正すると，バーリとミーンズの基準でいう「経営者支配」は逆に増え，1937年の時点で，なお経営者支配は進行しているとゴードンは考えた。しかし，ゴードンは，これら巨大株式会社の実態を分析するには，取締役を選任する力としての「支配」概念でなく，経営意思決定プロセスの実態を明らかにする「ビジネス・リーダーシップ」という概念から分析すべきである，と主張した。

(1) 最高経営者の意思決定 ―ビジネス・リーダーシップ―

　ゴードンは，巨大株式会社のビジネス・リーダーシップについて次のように述べている（R. A. Gordon, 1945, 邦訳，3-5頁）。ビジネス・リーダーシップとは，企業家あるいはビジネスマンが指揮および調整する職能で，具体的には，企業を組織し指揮し企業活動の方向性を決定する職能のことである。ゴードンは，これらビジネス・リーダーシップについて大規模組織を伴った巨大株式会社の意思決定プロセスの実態から分析した（R. A. Gordon, 1945, 邦訳，3-5章）。大規模組織を伴った巨大株式会社の意思決定は，当然，権限と責任の分業化された階層的委任関係からなる。ビジネス・リーダーシップに関する意思決定は経営に関わる発案と承認であるといえるが，その核心にあるのは，会社組織の上層部での会社目標・人事・組織の改廃，等を最終的に調整する，あるいは組織を創造し維持する職能である。会社上層部にいるトップは，通常，最高経営者（chief executive）と呼ばれているが，具体的

には取締役会長あるいは社長で，巨大株式会社では，次第に職業的な専門経営者（サラリーマン経営者）が担うようになっている。

最高経営者のビジネス・リーダーシップは，意思決定の発案・承認・調整に分けられ，発案・承認は委任できるが，調整は委任できない。大規模組織を伴った巨大会社では発案は部下の生産・販売あるいは副社長等といった管理者あるいはスタッフに委任され計画が立案される傾向にある。承認の委任に関しては，会社によりさまざまある。最高経営者の調整に関しては，生産・技術・販売等の職能別委員会で，全般的なことに関しては経営委員会等の委員会で集団的に意思決定される場合が多い。大会社の経営における調整は複雑性と大規模性故に，公式・非公式に組織化され専門管理者の意見交換を経て集団的に意思形成される。通常，これらは取締役会でなされると言われているが，現実にはこれら委員会のもと最高経営者によって行なわれている。また，上級経営者層の人事は最高経営者によって行なわれるのが常である。強い外部利害集団（例えば支配的大株主）がいない場合は，最高経営者が取締役を選任する。一般に「経営者支配」の状況にある会社がこれに当てはまる。ビジネス・リーダーシップと呼んだ職能の一部は，経営規模ならびに複雑性が増すにつれ，また権限・責任の委任に伴い，最高経営者のみならず経営担当者でもない専門家によって行なわれることもある。

(2) 取締役会とビジネス・リーダーシップ

ゴードンはバーリとミーンズが分析した1929年の非金融資産額上位200社のうち，1935年時点で資料が得られた155社の取締役会について分析している（R. A. Gordon, 1945, 邦訳, 6章）。155社の産業別内訳は産業企業84社，公益企業35社，鉄道企業35社，であった。これら企業の平均取締役数は13.5人であり，産業別の差はほとんどない。これら155社の取締役会において経営担当者がどの程度占めているかを示したのが（表6-2）である。産業企業84社中，半数以上の取締役が経営担当者であった企業は，産業企業で30社，同様に公益企業では5社，鉄道企業では0社，である。産業別に取締役会のうち経営担当者が占めている比率は，産業企業で43.1%，公益

表 6-2　1935 年度の 155 大会社で役付職員（経営担当者）が取締役会で占める比率

取締役会中に役付職員の占める比率(%)	会社数			
	産業	公共企業	鉄道	計
0-25	17	13	19	49
25-50	37	17	17	71
50-75	20	2	—	22
75-100	10	3	—	13
合計（社）	84	35	36	155
平均（％）	43.1	32.7	21.4	35.9

出所）R. A. Gordon, 1945, 平井泰太郎・森昭夫訳『ビジネス・リーダーシップ』東洋経済新報社，1954 年，127 頁（一部省略）。

企業で 32.7%％，鉄道企業で 21.4%，平均で 35.9%であった。産業企業の取締役会で経営担当者，今日的に述べれば社内取締役の比率が高く，鉄道企業において低い（表 6-2 参照）。

　さらに，ゴードンはこれら 155 社のうち 35 社の詳細なデータから，ビジネス・リーダーシップの行使について，取締役会が発案することはほとんどなく，多くの場合，経営担当者が発案している。次期取締役の選任に当たっては，積極的発案は最高経営者および最高経営者に近い取締役や外部利害関係者から発案されている。一般に取締役会は，承認の職能を果たしている場合が一般的で，全社的な調整に関わるビジネス・リーダーシップの職能に関しては，取締役会はその職能を果たしていなかった。ただし，有力な非役付きの取締役（社外取締役）が最高経営者を通して影響を与える場合がみられた。取締役会のもとにある経営委員会ないし財務委員会も，最高経営者に対する助言的な役割を果たしているのが一般的である。ゴードンは，巨大株式会社の取締役会について，次のように結論づけている。一般的には，大会社の取締役会はビジネス・リーダーシップの積極的役割を果たすことはない。大会社の経営は，経営担当役員が日々会社業務に専心することによって行なわれており，日々会社にいない外部取締役が取締役会を通して，ビジネス・リーダーシップに大きな職能を果たすことはなく，せいぜい助言的職能に止

まる。

(3) ビジネス・リーダーシップと利害集団

以上のように，ゴードンは，ビジネス・リーダーシップに積極的に関わるとみられる経営担当者および取締役会について論じたのち，たとえ積極的にビジネス・リーダーシップに関わらないとしても，ビジネス・リーダーシップの形成に関わる利害集団（interest groups）として①株主，②金融集団，③政府，等を上げている（Gordon, R. A., 1945, 邦訳, 7章）。①株主は，法的にビジネス・リーダーシップへ参加が認められている集団であるが，巨大株式会社の株式所有の分散化傾向からみて，小株主のビジネス・リーダーシップへの参加は現実には非常に狭い範囲に限定され，もはや積極的ビジネス・リーダーシップへの参加は望めない。しかし，バーリとミーンズが「少数支配」と呼んだ少数の大株主は，会社創生期には積極的にビジネス・リーダーシップに関わったが，創業者の死や時間の経過とともに，多くの場合，ビジネス・リーダーシップは，職業的な専門経営者（サラリーマン経営者）の手に委ねられることになる。それ故，少数の大株主のビジネス・リーダーシップへの関与は，潜在的権力として制約要因にはなる。

次に，②の金融集団については，ビジネス・リーダーシップへの参加という関係にあるとは言えない，とゴードンは述べている。会社の拡大期や財務危機のような場合，金融集団が会社に強い影響力を行使する傾向はあるが，そのような場合も，会社の財務政策に関連する場合がほとんどである。かつて，20世紀の世紀転換点で金融集団がビジネス・リーダーシップに大きな影響力を及ぼした時期はあった。しかし，1914年に中央銀行である連邦準備制度（FRB）が設立され資本市場が整備されるようになると，金融集団の大会社へのビジネス・リーダーシップの参加は，制約的になってきた。最後に，ゴードンは，③政府のビジネス・リーダーシップへの関与は，とりわけ公益企業に関して増大する傾向にある，とみている。シャーマン反トラスト法（1890），クレイトン法（1914），といった反トラスト法（独占禁止法）さらには，労使関係を規制するワーグナー法（1935），等である。し

かし，戦時のような場合を除き，政府が積極的にビジネス・リーダーシップに関わることはない。政府規制は，限られた分野でビジネス・リーダーシップの承認に関わるものに過ぎない。

(4) 巨大株式会社のビジネス・リーダーシップ

　ゴードンは，バーリとミーンズの『近代株式会社と私有財産』(1932)以降の巨大株式会社に関する研究を自らの『ビジネス・リーダーシップ』(1945) にまとめ，次のように述べている (R. A. Gordon, 1945, 邦訳, 14章)。巨大株式会社のビジネス・リーダーシップは，専門経営者に委ねられている。彼らの地位は所有によって得られたのではなく，経営実践における教育と経験の中で訓練された専門経営者（サラリーマン経営担当者）ではあるが，彼らは株主の受け取る配当のみならず，消費者が支払う製品価格，従業員の賃金，さらには彼の会社および全体経済の生産・雇用水準に関する経営意思決定に責任を負っている。

　巨大株式会社におけるビジネス・リーダーシップを担う経営者は，ますます専門経営者が担う職業化されたものとなり，よくも悪くも官僚制化されていく傾向がある。これらビジネス・リーダーシップを担う大会社の経営者たちは，徐々にではあるが消費者・労働者・社会一般の利害を考慮するようになって来ているが，彼らにとり，いまだこれら基準は明確なものになっていない。このゴードンの認識は，バーリとミーンズの『近代株式会社と私有財産』(1932) における結論部での，巨大株式会社の支配は私的欲求よりも公的立場から社会の様々な集団の欲求のバランスを図る中立的なテクノクラシー（経営者）体制の中で発展されるべきである，との展望に対し示した彼の結論である，と考えられる。ゴードンは，巨大会社の経営者の社会的責任は，いまだ途上にあると見ていたのである。いずれにしても，ゴードンは，巨大株式会社においては，一群のサラリーマンである専門経営者が大規模組織と従業員を使い，実質的に会社をコントロールし支配していると結論づけたのである。

6 小括

　パーソンは，1920年代の科学的管理の発展を「調査」,「標準化」,「統制」といった原則で示した。これらは，管理が「計画」→「実行」→「統制」のプロセス（過程）である，との明確な認識を示すものではなかったが，パーソンの科学的管理の発展に関する認識は，管理論の総合化・体系化の試みが，その途上にあることを示している。予算管理制度の急速な普及が見られる1920年代にマッケンジーは，調整機能が企業組織の最も重要な問題と考え，予算統制を管理組織の問題に結びつけて論じた。すなわち，彼は，企業規模の拡大に伴う調整（統合）の問題を予算管理により解決しうると考え，トップによる統合的管理手段として予算管理を位置づけた。具体的には，社長が予算委員会の議長となり，予算を通して企業活動の調整（統合）を行なう。実際，予算という管理制度の普及が，管理実践における統合化の試みに大いに貢献したのである。

　事業部制組織という組織革新を成し遂げた巨大企業GM社での経験をもとに展開されたムーニーとライリーの組織原則論は，調整（統合）が組織原則の根底にあると主張した。彼らは，管理実践あるいは管理論的視点から，企業は組織原則を適用することで，組織目的を効率的に達成できると考え，組織は職能・職務の分業化された体系（組織図）として表わせると主張した。つまり，組織を管理のための手段と捉え「管理論的組織論」を展開したのである。

　1930年代から1940年代かけ，ムーニーらのような管理的視点から組織を分析するのは，むしろ主流の考え方であった。例えば，ブラウン（A. Brown）も，一連の組織原則を明らかにしている（A. Brown, 1945, p. 13, 91）。「（原則）組織は，より効果的に調整された努力へ向けての手段である。」「（原則）組織は，計画・実行・統制という経営活動の各局面に分類すべきである。」彼の視点もまた，組織成員に割り当てられた責任と権限の秩序づけられた組織の構造と形式に向けられていた（A. Brown, 1947, 邦訳）。

管理論的視点の限界を乗り越え，バーナード（C. I. Barnard）のように，人間の主体的行動に伴う心理や動機さらには認知能力といった人間行動の視点から，組織を分析する組織論の展開とその受容には，時代的視点の転換と時間の経過が必要であった。

　また，以上のような管理論的組織分析や予算管理の実践は，20世紀初頭に誕生し1920年代には確固とした基盤を確立した巨大株式会社の中に典型的に見られた。1920年代末に巨大株式会社は，バーリ・ミーンズが指摘したように，株式所有の分散化傾向のもと会社機関（株主総会・取締役会）のあり方に変化が見られ，「経営者支配」の傾向を見せ始めていた。ゴードンは，1930年代の巨大株式会社を分析し，会社の管理実践で経験を積んだ専門経営者が，会社の主要な意思決定の発案・指揮に関わり，最終的な権限である調整（統制）というビジネス・リーダーシップを行使していると主張した。

　そして，1970年代以降になると，巨大株式会社での「経営者支配」の主張に加え，株式所有の機関化（年金基金・保険会社・投資信託等への株式所有の集中化）の進行を背景に，経営者権力の統制を巡るコーポレート・ガバナンス（企業統治）問題に注目が集まるようになる。その背景には，機関投資家が，市場での株式売却により経営者に圧力をかけるウォールストリート・ルールを放棄し，さらにSECの委任状規則の変更が，株主行動主義を後押しし，「経営者支配」に益々圧力を強めていくことになる（佐久間信夫，2003，172頁）。つまり，アメリカ経済を支える巨大株式会社は，株主の主張を大いに重視する「株主資本主義」の洗礼を，再び大きく受ける時代を迎えるのであった。

参考文献
・小林健吾『予算管理発達史』創成社，1987年。
・佐合紘一『企業財務と証券市場』同文舘，1986年。
・斉藤毅憲『経営管理論の基礎』同文舘，1983年。
・佐久間信夫『企業支配と企業統治』白桃書房，2000年。
・鈴木幸毅『経営管理論』中央経済社，1996年。
・西川淳子・松井和夫『アメリカ金融史』有斐閣，1989年。
・正木久司『株式会社支配論の展開』文眞堂，1983年。

*7*章
現代組織論の成立と展開

　科学的管理推進の中心人物であったパーソンは，1929年，科学的管理の発展を「調査」，「標準化」，「統制」，「共同」の原則で示し，「共同」を組織における人間の行動あるいは精神態度の側面からその重要性を指摘していた。とは言え，パーソンを含め1920-1930年代は，組織を職務・職能の体系であると考える「管理論的組織論」の主張が一般的であり，この点に関しては，戦後の1950年代においても大きく変わることはなかった（3章の5参照）。つまり，「管理論的組織論」は，組織は「仕事の組織」であると捉えていたのであるが，その後，組織は人間活動の相互作用の体系「人間の組織」であるとの主張がなされようになる（馬場敬治，1957）。すなわち，組織は管理職能の視点から分析すべきであるとの「管理論的組織論」の一見当然と思われる接近法に対し，組織は人間行動が交差する「人間の組織」と捉えるべきであるとの主張がみられるようになる。組織を「人間の組織」と捉える新しい接近法は，1920年代，メイヨー（E. Mayo, 1880-1949）の研究の中に見られる。

1 メイヨーの心理学と人間関係論の生成

(1) メイヨーの学問経歴
　後に人間関係論の創始者となるメイヨーは，まさに異色の学問経歴を持つ学者であった（R. Trahair, Chap. 1-10, 1984）。メイヨーは，1880年，オーストラリア南部の州都アデレードで生まれた。メイヨーは，1897年，アデ

レード大学医学部に入学したが医学進学課程への進学に失敗し，英国のエディンバラ大学医学部に入り直す。しかし，ここでも医学教育を終えることが出来なかったメイヨーは，ロンドンの夜間学校で教えたりしたが，職を得るため英国の西アフリカ殖民地の現地役人になる。短期間であったが，この文明社会と隔絶した西アフリカ殖民地社会での経験が，後に，メイヨーに心理学や人類学への関心を持たせることになる。アフリカの地で健康を害したメイヨーは，1905年，オーストラリアに戻った。

　メイヨーは，しばらく印刷会社で働いたりしたが，再びアデレード大学に入学し，哲学・動物学・心理学・政治学と幅広い学識を持つミッチェル教授のもとで心理学を学ぶことになる。幸い，ミッチェル教授の紹介でメイヨーは1907年，オーストラリア東部の州都ブリスベンにあるクイーンズランド大学で職を得ることが出来，倫理学・心理学から経済学まで教えることになる。メイヨーは，この大学で，非合理的，非論理的人間行動を研究するフロイト（S. Freud）やユング（C. G. Yung）等の精神分析学的な心理学に興味を持ち研究を進めていく。1919年，メイヨーは，オーストラリアの政治を心理学的に分析した『民主制と自由』（*Democracy and Freedom*）を著している。この書でメイヨーは，産業文明のもとにある政治をル・ボン（G. Le Bon）の群集理論やフロイト・ユングの精神分析学を用い，オーストラリアの政治行動を分析した。

　第一次大戦後には，メイヨーは精神分析学や臨床心理学の分野で知られるようになっていたが，オーストラリアの学会は，このような「新しい心理学」には冷談であった。メイヨーは，海外での研究機会を得るため，1922年，アメリカ，サンフランシスコに向かうことになる。メイヨーは，サンフランシスコの大学での交流を経たのち，東海岸の大学に向かう。メイヨーは，東海岸のハーバード大学等での学問的交流をへたのち，1923年，ペンシルベニア大学ワートンスクールの産業調査部研究員として，フィラデルフィアで紡績工場の労働問題に関する産業調査に従事することになる。メイヨーは，新天地アメリカで産業問題に心理学を適用する研究を始めたのである。メイヨーの産業問題に心理学を適用する研究の基本的接近法は，オース

トラリアで彼が研究していた「新しい心理学」に基礎を置くものであった。

(2) 全体状況の心理学からホーソン実験へ

メイヨーは，1924年，テイラー協会の求めに応じ「産業心理学の基礎」と題する論文を発表し，次のように述べている (E. Mayo, 1924)。全体状況の中では，人間は単に論理的思考のみで行動していない。合理性と非合理性の織りなす中で行動している。個人の不調和は，個人的な経歴あるいは現在の仕事の状況，その両方に根差している。さらに彼は1927年ニューヨーク人事管理協会で，当時の人事管理について次のように述べている (E. Mayo, 1927)。大量生産体制のもとでみられる職務分析のような接近法は，産業疲労の中に潜む脅迫観念や有機的な人間の適応性を考慮しない機械的接近法である。福祉的人事管理の実践についても，このような人間有機体を規定する人間態度への理解なしには有効なものにはなりえない。メイヨーは，当時の人事管理論や産業心理学とは違った接近法から，産業における労働の問題を分析していた。メイヨーの研究は，ハーバード大学の生化学者でハーバード・ビジネススクールにも深いかかわりを持っていたヘンダーソン (L. J. Henderson) の目に止まり，メイヨーは，1926年，ハーバード・ビジネススクールに招かれることになる。これが契機となり，人間関係論の創始者となるメイヨーの研究が大きく前進する (R. Trahair, Chap. 11-14, 1984)。

メイヨーは，1927年，「全体状況の心理学」の観点から，ハーバード・ビジネススクールが主催するハーバード・クラブで経営者向けの講演を行なっている。これがきっかけとなり，メイヨーは，ウェスタン・エレクトリック社のシカゴのホーソン工場で行なわれていたホーソン実験に関わることになる。当初のホーソン実験は，マサチューセッツ工科大学 (MIT) の電気工学のジャクソン (D. C. Jackson) 教授の指導の下に生産性と照明の関係を明らかにする実験として始まった。しかし，実験結果から，照明度と生産性の間には多様な要因が介在していると考えられるようになり，その後ホーソン工場がこの実験を引き継ぐことになった。メイヨーが初めてホーソン実験に関係するのは1928年のことであり，本格的にこの実験に関係していくの

は 1930 年以降のことであった。この実験は概略，以下のような状況で進行した（E. Mayo, 1933, 邦訳, F. J. Roethlisberger &W. J. Dickson, 1939, R. G. Greenwood & R. A. Greenwood, 1983, 大橋昭一・竹林浩志, 2008）。

① 照明実験　当初の照明実験は全国科学協会のもとにある全国調査研究委員会の協力を得，ウェスタン・エレクトリック社において「産業能率と照明の質と量の関係」を明らかにするため，1924 年から 1927 年にかけ行なわれていた。一定の経験を持つコイル巻き工が実験集団と統制集団の二つに分けられ，照明が生産高にどのような影響を与えるかが調べられた。結果は両方の集団とも明るさと関係なく生産高が持続的に上昇した。会社は，この実験を引き継ぎ，照明以外の変数を導入し，より詳しく生産高に影響を与える要因を明らかにしようとし，少数の従業員を対象にした集中的観察法を用いた継電器組立作業室の実験を始めた。

② 継電器組立作業室の実験　この実験は 1927 年から 1932 年まで続けられた。会社は継電器組立作業室の実験のために特別の作業場を設定し，6 人の女子工員を選び人事部のペンノックが実験の趣旨を女子工員に伝えた。実験が始まると，彼女たちは集団給のもとに置かれ，休息時間・労働時間・間食・飲み物の支給，等の変化が導入され，生産高との関係が測定された。生産高は持続的に上昇したので，変化を導入する前の状態に戻した。しかし，生産高は下落せず上昇傾向を保った（ホーソン効果）。彼女たちは，この実験の意義に共感していたし，何よりも事実上監督者のいない状況で，監督から解放された状況に置かれていた。この実験が進むにつれ，監督者の監督方法（スタイル）が生産性のみならず，職場集団の団結を生み出す要因となっていると考えられるようになり，職場での従業員の態度や精神状況を明らかにするため，面接調査が準備された。

③ 面接実験　この実験は 1928 年から 1930 年にかけ，ホーソン工場の

約 2 万人の従業員を対象に行なわれた。実験の目的は，職場の監督スタイル，つまり監督者と従業員の関係が生産性に大きく関わっているのではないかとの認識から始まった。当初，この実験は，予め用意した定型的質問に答える方法で行なわれたが，1928 年に初めてホーソン実験に関わることになったメイヨーの勧めで，臨床心理学で用いられていた，被験者自らが感情を表出する「非指示的面接法」が取り入れられることになった。面接実験が進むにつれ，従業員の職場での不満あるいは態度は，感情（sentiments）の表出であり，感情の体系は，彼の属する職場仲間や監督者からなる「社会組織」から生み出されている。つまり，職場の人間関係的な状況や監督スタイルが，生産性と従業員の態度に大きく関わっていると考えるようになった。

④　バンク巻き線観察室の実験　実験は 1931 年から 1932 年にかけ約 2 年間行なわれた。この実験はメイヨーとの関係からハーバードの若き人類学者ウォーナー（W. L. Warner）が中心となり進められた。社会集団の観察は，出来るだけ自然でありのままの状態で観察するべきであるという人類学の調査技法が採用された（自然観察法）。そのため，巻き線作業員は，実験に関して何も知らされることなく，観察が続けられた。巻き線作業は電話交換機の部品を組み立てる作業の一部で作業工程間の連結性は強く，作業員は集団出来高給のもとに置かれていた。この実験では，巻き線工 9 名（W），ハンダ付け工 3 名（S），検査工 2 名（I），計 14 名からなる男子工員が 3 つの作業組織に分かれ作業を行なっており，その状況が継続的に観察された。

観察の結果，次のようなことが判明した。作業に際し公式的に定められていた職務の体系としての 3 つの作業組織（仕事の組織）とは別に，自然発生的に従業員間に 2 つの非公式組織（集団）が生じていることが分かった（図 7-1 参照）。そして，この非公式な作業者の集団が，会社が公式に設定していた 1 日の生産高を無視し生産制限をしていることが分かった。作業の速度

や量は，実質的に非公式な作業員集団の規範によって決定されていた。この非公式組織（集団）による生産高および作業過程の実質的支配は，従業員間に生じていた次のような職場の規範（掟）により支えられていた。

1. あまり働きすぎるな，「記録破り屋」(rate buster) になるな。
2. 仕事を怠けすぎるな，「さぼり屋」(chiseler) になるな。
3. 仲間に不利益になることを監督者に話すな，「告げ口屋」(squealer) になるな。

図7-1 バンク配線観察の実験における非公式組織の生成

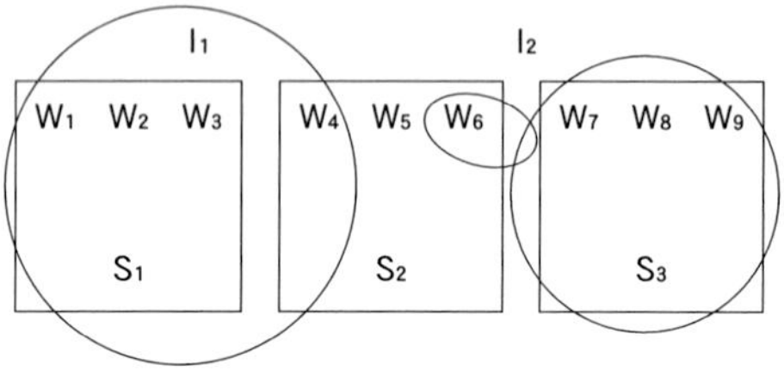

出所：F. Roethlisberger & W. Dickuson, 1939, p. 509, に基づき作成。

　巻き線作業室の実験は，職場で作業を行なう際の従業員間の人間活動の実態を明らかにした。すなわち，実験は，従業員の人間活動が，職務の体系としての公式組織（仕事の組織）のみならず，自然発生的な仲間集団である「非公式組織（集団）」からも大いに影響を受けていることを明らかにした。したがって，この実験は，組織はまず，人間活動の相互作用の体系であることを前提に分析すべきで，職務の体系「公式組織」の分析だけでは，組織現象の本質は明らかにしえない，ということを示唆していた。つまり，この実験は，組織を分析する際，「公式組織」のみならず「非公式組織」を含め，組織を「人間の組織」として分析すべきである，との組織に対する新しい接近法をもたらすことになった。ホーソン実験が一つの契機となり，その後，職場集団を研究対象とする多数の実証研究が試みられるようになり，「人間関係論」あるいは「行動科学」といった名称の組織研究が生み出されることになる。

(3) 現代組織論の生成 —パレート・サークル—

　メイヨーのハーバード・ビジネススクールへの招へいのきっかけを作ったヘンダーソンは，その後ハーバードでのパレート社会学の研究を通して，メイヨーとの関係を一層深めていく（B. Baber. 1970, F. J. Roethlisberger, 1977, 吉原, 2006）。1926年ごろ，ヘンダーソンは，ハーバードの昆虫学者フィーラー（W. M. Wheeler）の勧めで，パレート（V. Pareto）の『一般社会学概論』を読む機会を得，熱狂的なパレート支持者になった。1932年，ヘンダーソンは，ハーバード大学内に，パレート社会学を研究する「パレート・サークル」を設けた。この研究会には，経済学者シュンペーター，メイヨー，メイヨーの弟子でホーソン実験の実質的な責任者であったレスリスバーガー（F. J. Roethlisberger, 1898-1974），若き日の社会学者ホーマンズ（G. C. Homans），パーソンズ（T. Parsons）らが参加し，約8年間続けられた。その成果の1つとして，ホーマンズとカーチス（C. P. Curtis）による『パレート入門』（*An Introduction to Pareto*, 1934），ヘンダーソン自身による『パレートの一般社会学』（*Pareto's General Sociology*, 1935）が公刊され，アメリカでのパレート社会学の普及に貢献した。

　ホーマンズとカーチスの『パレート入門』を，人間関係論あるいは現代組織論の生成という観点から見れば，人間行動を次のように捉えていた（G. C. Homans & C. P. Curtis, 1934）。一般に事実とは，他者に伝えることが出来る観察的経験，つまり客観化された経験である。この，事実により検証される理論は実験的理論（experimental theory），事実により検証されない理論は非実験的理論と呼ばれ，非実験的理論は「人間はすべて平等である」といった理念や感情の論理（logic of sentiments）に根拠を置いている。われわれは，今日まで「科学的」という名のもとに，事実および実験的理論に心を奪われ，非実験的理論を低く見る通念を打ち破れないでいる。パレート社会学においては，非実験的理論はきわめて大きな位置を占めている。なぜなら，人間の言行，つまり人間行動は大いに非実験的理論に関わっているからである。そして，非実験的理論に基づき人間行動を分析するため用いられたのが，残基（residue）および派生体（derivation）という概念であった。時

間の経過にもかかわらず，あまり変化せず残るのが残基で，残基は行動に影響を与える根本価値と言えるものである。そして，残基から生じ行動を正当化・合理化しようとする知的プロセスとして表れるのが派生体で，ある種の感情となり表出される。

さらに，均衡概念について，均衡は，人工的な変化が導入されても，もとの状況に回復する反作用が生ずる状態を言う。そして，社会もまたシステムと考えられ，社会システムは，一般に均衡回復力を持つと考えられる。そして，ホーマンズらの書以上に社会システムを強調し，パレート社会学を紹介しているのが，ヘンダーソンによる『パレートの一般社会学』であった (J. L. Henderson, 1935, 邦訳)。ヘンダーソンは，次のように述べている。パレートは，社会を1つのシステムとみなし，社会システムにおける諸変数の動態的相互依存性を研究した。彼は，利害という変数を扱う経済学を研究したのち，この変数に加え残基・派生体，等の諸変数を導入し社会システムを研究した。社会システムにおいて感情は重要な役割を果たしており，それは直接観察できるものでないので，残基・派生体という概念を通し分析する必要がある。派生体としての感情に関わる人間行動の分析が重要になのは，非論理的行動（非実験的行動）が多くの社会現象に関わっているからである。

非論理的行動が社会システムの中で大きな位置を占め，人間行動を残基・派生体といった概念を通し分析すべきとするパレート社会学に基づき，

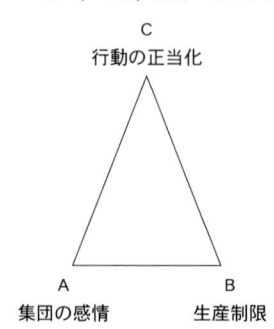

図7-2 行動，感情，信念の相互依存関係

C
行動の正当化

A　　　　　B
集団の感情　生産制限

出所）F. J. Roethlisberger & W. Dickson, 1939, p. 535.

ホーソン実験の生産制限は説明された。ホーソン実験の公式報告書ともいえるレスリスバーガーとディクソン（W. J. Dickson）の『経営と労働者』（*Management and the Worker*, 1939）において，バンク巻き線観察室における生産制限は，次のように説明された。巻き線観察室の生産制限という従業員の行動は，公式組織から自然発生的に生じた非公式組織の人間行動に焦点が当てられ分析された。レスリスバーガーとディクソンは，生産制限という従業員の行動をパレートが用いた三角形からなる相互依存関係の図式で示している（図7-2参照）。すなわち，生産制限という行動（B）は，それを正当化する発言（C）を伴い，背後には集団の感情（A）がある。

メイヨーは，レスリスバーガーとディクソンの『経営と労働者』が公刊される前に，自らの著作『産業文明における人間問題』（1933）の中で，ホーソン実験に触れ，次のように述べている（E. Mayo, 1933, 邦訳, 123-128頁）。職場の個人はたんなる個人でなく，会社・上役・職場等の集団の中の個人なのである。また，仕事の中の協働は，未開社会のみならず先進社会でも，非論理的社会慣行に大いに関わり人々の態度を規定している。また，1936年，メイヨーとヘンダーソンは，ホーソン実験を材題にした論文を発

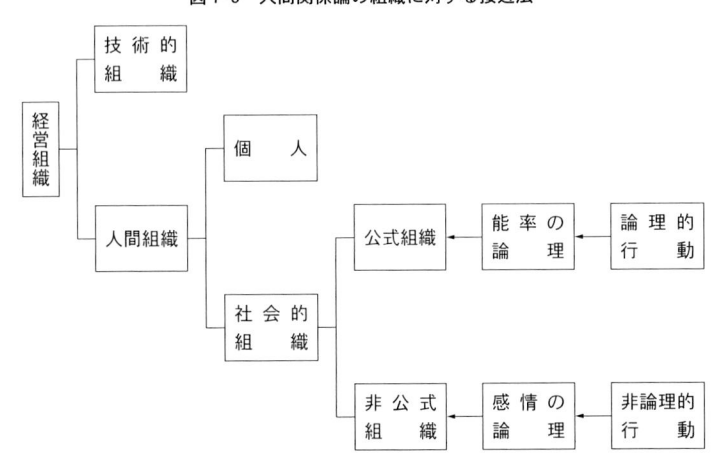

図7-3　人間関係論の組織に対する接近法

出所）F. Roethlisberger & W. Dickson, 1939, chap. 24, に基づき，パレートとの関連を付加して作成。

表し，次のように述べている（Barber, ed., pp. 232-233）。人間行動からなる社会システムは，ホーソン実験の集団に見られるように，次のような特性を備えている。集団における協働は，経済的諸力や個人の心理的諸力のみならず，社会的諸力からも生み出されている。実際，社会的組織は，人間の欲求でもあり，それはある程度避け得ないのである。このようなハーバードでの「パレート・サークル」の研究成果を反映し，レスリスバーガーとディクソンの『経営と労働者』において，彼らは，組織を職務の体系としての公式組織あるいはそれに関わる職務行動のみならず，非公式組織を含む「人間の組織」として捉え分析した（図7-3参照）。人間関係論者と呼ばれた人々の組織への接近法は，現代組織論への扉を開き，現代組織論生成へ大いなる貢献をした。

2 バーナードの組織論 —現代組織論の成立—

　1906年，ハーバード大学に入学し経済学を学んでいたバーナード（C. I. Barnard）は，1909年，大学を中退しAT&Tに入社した（W. B. Wolf, 1972, 邦訳，1974, 邦訳）。バーナードは，ハーバードの一年先輩で，後にAT&T（アメリカ電話電信会社，通称ベル・システム）の社長になるギフォード（W. S. Gifford）の紹介で統計係として採用された。バーナードは，ドイツ語，フランス語，イタリア語を生かし，世界の電話料金体系を調査し，たちまち電話料金の専門家になった。バーナードは，電話料金体系の専門家として本社スタッフとなり傘下会社の指導に当たった。その後，バーナードはラインの管理者・経営者として，1922年にはペンシルベニア・ベル電話会社副社長補佐兼総支配人，1926年には副社長，そして，1927年，ニュージャージー・ベル電話会社の初代社長となり，1948年までその職にあった。1948年同社を去ったバーナードは，ロックフェラー財団理事長に就任した。

　成功した経営者としてバーナードは，ハーバード・ビジネススクールの各種委員を務めるようになり，ハーバード・ビジネススクールの院長ドーナム

(W. B. Donham) の紹介でヘンダーソンと知り合うことになる。当時，バーナードはすでにフランス語でパレートの『一般社会学概論』を読んでおり，バーナードは，パレート社会学を通しヘンダーソンと親交を結ぶようになった。ヘンダーソンは，博識の経営者バーナードに，ハーバードのローエル研究所での8回の連続講義を依頼した。この講義を基にバーナードは，1938年に『経営者の役割』（*The Functions of the Executive*）を著した（加藤勝康, 1996, 14章）。

経営者が著したこの書は，経営実務を体系化・原則化した書物ではなく，代表的な社会科学者，デュルケーム（E. Durkeim），パレート，テンニース（F. Tönnies），や若き日のパーソンズ（T. Parsons）らの社会学，コフカ（K. Koffka）の社会心理学（ゲシュタルト心理学），エールリッヒ（E. Ehrlch）の法社会学，コモンズ（J. R. Commns）の制度派経済学，等の考え方を取り入れた本格的な組織に関する書であった。具体的には，組織をシステムとみる視点はパレート，協働体系はメイヨー，コフカ，権限受容論はエールリッヒ，公式組織はパーソンズ，パレート，非公式組織は，メイヨー，レスリスバーガーとディクソン，等から学んだものであった（W. G. Scott, 1992, Chap. 5）。それ故，『経営者の役割』は，管理職能・管理行動といった職能論的アプローチだけではなく，組織の人間行動に遡り，組織における人間とは，そして組織とは何かについて論ずる，まさに現代組織論の成立を画する書であった。バーナードは，「人間の組織」について語ったのである。

(1) 個人・協働体系・組織

バーナードは，組織の分析に先立ち，まず「組織における人間とは何か」を問うている（C. I. Barnard, 1938, 邦訳, 2章）。人間特性への理解が彼の組織論の前提となっている。バーナードの人間観は，組織の中でたんに職務を遂行するだけの受け身的な人間観でなく，19世紀末から20世紀初頭の初期プラグマ哲学が主張した現状を変えようとする積極的（能動的）人間観に基づいていた。つまり，変革を志向する人間精神の働き，あるいは人間の能動

的活動を重視する人間観であった。バーナードは，人間の特性について次のように述べている。①活動ないし行動，②心理的要因（残基，感情の表出），③選択能力，④目的，である。すなわち，自由意思と感情を持った人間は，目的達成のために一定の選択能力の範囲内ではあるが，環境に積極的に働きかけ目的を達成しようとして行動する。だが，人間は，1人だけで行動することの限界を認識しており，目的を達成するためには積極的に他者や環境に働きかける協働の有効性を知っている。1人で動かせない大きな石も，協働を志向する人間行動「協働体系」を作り上げることで石は動かすことが出来る。

協働体系とは，目的を達成するために，2人以上の人々が協働する人間行動の体系であるが，よりバーナードに則して言えば，次のようになる。人間行動の体系からなる協働体系は，協働体系を構成する物的要因（技術・設備等）・人的要因（人間の能力）・社会的要因（協働から生ずる社会関係）の複合化された全体情況に制約されながら，目的を達成しようとする人間行動の体系が創造されるとき生ずる（C. I. Barnard, 1938, 邦訳, 4章）。すなわち，個人の能力の限界を克服するため生み出された協働体系は，物的要因・人的要因・社会的要因に影響を与え，あるいは影響を受け，目的達成を目指す人間行動の体系（システム）といえる。

バーナードにとり，協働体系は組織を分析する最も基本的概念であった。すなわち，協働体系は，物的・人的・社会的要因に制約されつつも，協働により一定の目的を達成しようとする人間行動の体系であり，組織はこの協働体系の中核に位置する社会システムである。組織は，協働体系の中のエッセンスといえるもので，協働体系の中核的機能を担っている。バーナードは，組織を次のように定義している（C. I. Barnard, 1938, 邦訳, 75頁）。「組織とは，意識的に調整された人間活動や諸力の体系である。」組織は，協働体系の中核に位置し物的・人的・社会的要因の制約のもと，「意識的に調整された人間の活動」からなる社会システムであった。したがって，協働体系の諸活動が意識的に調整されたものが組織であり，この組織の中核的機能を担っているのが経営者であった。しかし，組織は，協働体系の諸活動を単に調整

しただけのものでない。意識的に調整された人間活動と諸力の体系としての組織とは，成員の動機を満たし（能率の達成），組織の目的を達成すること（有効性の確保）を目指す，調整された人間行動の体系を意味し，この能率の獲得と有効性の確保の機能を担っているのが管理者・経営者であった。

(2) 組織の3要素から組織均衡論へ

組織は，組織の目的を達成し組織成員の動機が満たされるとき，維持・存続されるが，それは，組織成立のための3要素が出発点となっている。バーナードは，組織が成立するために欠くべからざる3要素の存在を指摘している（C. I. Barnard, 1938, 邦訳, 3章）。①伝達（コミュニケーション），②貢献意欲，③共通目的，である。すなわち，組織構成員相互の意思を伝達し，人々が貢献意欲を持ち，共通目的の達成を目指すとき，組織は成立する。逆に述べれば，3要素が成立してなければ，組織はやがて崩壊するのである。この組織成立の3要素を前提として，組織の有効性は説明されている（C. I. Barnard, 1938, 邦訳, 3章・7章）。

目的達成と組織有効性

協働体系と同様に，組織が成立し維持・存続されるためには組織目的が達成されねばならないが，大規模複合組織の中で日常的に組織成員が受け入れているのは，より具体的な共通目的で，「ある靴を作る」とか「あるサービスを提供する」といった具体的に特定化された共通目的である。この現場レベルでの組織成員による共通目的の受容が，成員の組織への貢献意欲の獲得に欠かせない。共通目的の受容なくして，組織への貢献意欲は獲得出来ない。そして，共通目的の帰結である全体としての組織目的とは，変化する環境の諸条件に適応する組織の環境適応活動を意味する。これら環境適応の諸問題に対処しているのが経営者・管理者の活動であり，そのために管理組織が作り出される。この目的達成に関わる環境適応的行動を，バーナードは，組織における「有効性」の確保と呼んでいる。組織成員に共通目的を受け入れさせ，成員の組織への貢献を獲得し，組織目的が達成されるとき，組織の

「有効性」は確保される。つまり，経営者・管理者を中心にした組織の環境適応行動が，組織有効性の確保につながっている。

組織経済

組織有効性の確保が，組織の維持・存続に必要不可欠な条件であるとするバーナードの主張は，バーナードの「組織経済」という考え方に基づいている（C. I. Barnard, 1938, 邦訳, 16 章, 1948, 邦訳, 6 章）。バーナードは，側生組織（lateral organization）という幅広い組織成員の概念を使用し，一般に組織成員といわれている経営者・管理者・従業員だけでなく，通常は市場参加者と呼ばれている株主・資金提供者（銀行等）・原材料供給者・消費者をも組織の成員と考える側生組織という概念を使用し「組織経済」を説明する。すなわち，組織と市場を構成する組織成員の相互活動あるいは相互作用が「組織経済」の実体を構成している。組織と市場の相互作用を分析する「組織経済」といわれるバーナードの接近法は，制度派経済学者であるコモンズ（J. R. Commons）らの分析手法に端を発するものであった（J. R. Commons, 1934, pp. 627-633）。この接近法は，次章でみるウィリアムソン（O. E. Williamson）の「市場と組織」に関する分析法，さらにはその後の現代組織論の発展にも関連する考え方であった（O. E. Williamson, ed., 1990, 邦訳）。

ここでは理解を容易にするため，サイモン（H. A. Simon）による単純化された「組織経済」のモデルを用いて述べる（H. A. Simon, 1970, 邦訳, 10 章）。消費者が組織に与える売上という貨幣的な誘因は，管理者・従業員・原材料供給者といった幅広い意味での組織成員への貢献を確保するための主要原資となる。すなわち，消費者から獲得した売上という組織への貢献を組織の中で金銭的誘因に変形し，その誘因供与の見返りに従業員・原材料供給者等の組織成員から貢献を引き出すのである。したがって，組織目的が達成され，貢献が誘因に転換されるとき，組織の「有効性」は確保される（図 7-4 参照）。

図7-4　単純化された組織均衡のモデル

〈参加者〉　　　　　　〈誘　因〉　　　　　　〈貢　献〉

企　業　家　…………　売 上 収 入　←………→　製 造 費 用
従　業　員　…………　賃　　　金　←………→　労　　　働
顧　　　客　…………　商　　　品　←………→　購 入 価 格

出所）H.A.Simon, Moder of Man, 1970, 邦訳，326頁より作成。

貢献の確保と組織能率

　以上のように組織目的の達成は，組織有効性，つまり組織の環境適応問題として論じられる一方，組織能率の確保は，組織成員の貢献意欲の獲得の側面から，組織の維持・存続問題として説明されている（C. I. Barnard, 1938, 邦訳，11章）。すなわち，組織は成員に誘因を与える見返りに貢献を獲得している。側生組織という観点からみて，組織が維持・存続されるためには，誘因（I）≧貢献（C）の状態を作り上げ，組織成員の貢献を確保しなければならない。誘因≧貢献の状態は，一般に「組織均衡の条件」と呼ばれている。つまり，組織は，誘因を提供し成員の動機を満たすことで，その見返りに貢献を獲得する「組織均衡」の状態を創り出さねばならない。

　組織成員の動機を満たし，貢献を確保する誘因の提供には，次のようなものがある。①貨幣等の物質的誘因，②組織がもたらす威信・地位，等の非物質的誘因，③自己の理想・利他主義が組織を通し実現しうると考えるときの個人の心理的誘因，④非公式組織にみられるような，組織の社会関係から得られる調和や安定感，等である。組織は，このような誘因を成員に与えることで，成員から労働・忠誠心，等の貢献を獲得することが出来る。そして，同時に組織はまた，このような誘因に関し成員の主観的側面に訴える「説得の方法」により誘因を統制しようとする。

　具体的には，①強制力を伴う地位や権利の剥奪，②組織や集団の大義・連帯感に訴える，③教育・説得により動機を引き出す，等である。管理者によるこの「説得の方法」が，成員の誘因に影響を与え同時に貢献を引き出している。単に誘因を提供するだけでなく，このような説得の方法を用い，誘因（I）≧貢献（C）の状態を組織内に作り上げることが，組織の「能率」

を達成することになる。組織における「能率」の達成が、組織有効性の確保とともに、組織の維持・発展に不可欠なもう一つの条件であった。

　以上のように、バーナードのいう組織の「能率」および「有効性」の確保が、組織の維持・存続に必要不可欠な条件であり、組織均衡の条件を満たすことになる。すなわち、組織が環境に適応し組織の「有効性」が確保され（外的均衡）、そのことにより誘因（I）≧貢献（C）の状態を組織内に作り上げ組織の「能率」が確保されるとき（内的均衡）、組織均衡の条件が満されることになる。組織の「能率」および「有効性」を確保するために経営者・管理者は活動しているのであり、そのためには複合化した組織が必要となる。そして、大規模複合組織が機能するには、組織成立の3番目の要素である「伝達」問題が重要となる。

(3) 伝達・意思決定・権限受容
伝達体系と意思決定

　どのような大きな組織も、小さな単位組織から構成されている。すなわち、小さな単位組織の結合が大規模な組織を生み出すのであり、通常、このような組織は複合組織となり表れる（C. I. Barnard, 1938, 邦訳, 8章）。この小さな単位組織の結合からなる複合組織において「意識的に調整された人間活動の体系」を確保するには、貢献意欲・共通目的とともに伝達、具体的には伝達体系（コミュニケーション・システム）の創造が不可欠なのである。なぜなら、複合組織は単位組織から構成され、この単位組織を結び付ける伝達体系なくしては、組織は機能しえないからである（図7-5参照）。

　伝達体系からみて、各単位組織を複合組織に結び付けている結節点に管理職位が配置されている。組織の結節点に当たる管理職位は、多様な情報が集まるコミュニケーション・センターの役割を果たしているため、意思決定過程において重要な役割を果たす管理者が結節点たる管理職位に配置されているのである（C. I. Barnard, 1938, 邦訳, 13章）。つまり、組織の伝達体系は、人間の神経系統のような役割を果たし、意思決定および人間活動を組織目的へ向け意識的に調整している。

図 7-5 単位組織と複合組織

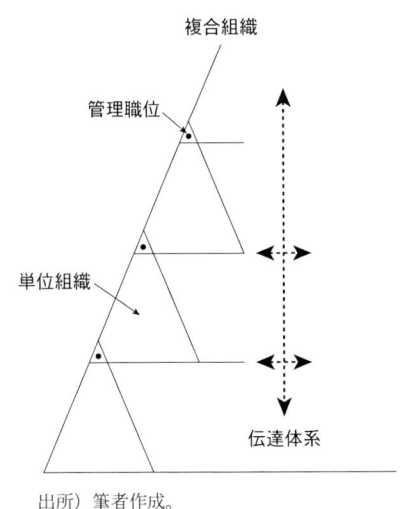

複合組織
管理職位
単位組織
伝達体系

出所）筆者作成。

バーナードは，伝達の役割の重要性を深く認識していた。どのような伝達技法を用いどのような伝達体系を作り上げるかは，組織の範囲と管理組織の構造を規定する。組織の伝達体系の構造と意思決定過程は深く結びついているため，組織の意思決定は伝達体系の結節点である管理職位で最も適切に処理される。

権限受容説

管理論的あるいは伝統的組織観に従って考えるなら，一般に組織では上から下への権限の委譲関係を前提にして命令は発せられる。上位者は部下に命令する権限を持ち，部下は命令に従う。いわゆる「上位権限説」である。しかし，伝達が組織において中心的な位置を占めると考えるなら，管理職能を基礎づける権限は，組織の伝達機能との関連で説明できる（C. I. Barnard, 1938, 邦訳，12 章）。権限とは組織成員が自らの行為を支配する基準として命令を伝達として受け入れることであった。すなわち，権限は，組織の成員が主観的に命令を権威あるものとして受け入れる場合，客観的な伝達の内容となる。なぜなら命令は社会関係の中で機能しているからである。組織内の

具体的な情況に則して言うなら，組織内には上位者の命令に反問することなく下位者たちが受容する一定の無関心圏（zone of indifference）が上位者と下位者たちの間に形成されている（図7-6 参照）。権限の受容は，上位者との関連で下位者たちが形成する無関心圏の広さに依存しているのであり，権限がその受容圏の中に発せられるとき，権限は権威となる。権威は，協働体系の要求に服従しようとする個人の意欲と能力に対し与えられた別名なのである。つまり，権限の受容的側面が権威なのである。それ故，バーナードのこのような考え方は「権限受容説」と呼ばれている。

　バーナードは，法の源泉が人民の慣行と理解の中にあると考えるドイツの法社会学者エールリッヒの主張に共鳴している（C. I. Barnard, 1938, 邦訳，序，39頁）。エールリッヒ（E. Ehrlch）の法社会学は，次のよう説明されている（磯村哲，2008, 3編，1章）。すべての法が国家による制定法を通じ創造されると想定するのは正確でない。法の大部分は，社会的諸関係の自発的な秩序づけの形態として直接に社会自体の中に生じ，この社会秩序は多くの場合，法規には含まれない。法規は直接に社会秩序から生ずるのでなく，立法者および法曹によって案出される。しかし，法規は，それが由来する法的秩序を考慮することなしには理解しえないし機能しない。つまり，「生ける法」の理解が重要なのである。現実社会の日常生活を秩序づけているのは「生ける法」であり，法規は法的紛争として比較的まれな場合に働いているに過ぎない。このような「生ける法」の認識に従い，バーナードは組織の権限に関し，管理論的組織論の「上位権限説」ではなく，「権限受容説」を主張したのである。

(4) 管理責任とリーダーシップ —道徳的要因—

　バーナードは，『経営者の役割』の末尾に「日常の心理」と題する論文を収載している。その趣旨は，パレートが強調した非論理的過程が組織の随所に見られることを指摘する点にあるが，その中でバーナードは，次のように述べている（C. I. Barnard, 1938, 邦訳，331頁）。1人の監督と6人の労働者が協働するのは，協働が7人以上の成果を生み出すと期待されているからで

図 7-6 権限受容説と無関心圏

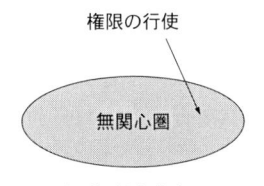

権限の行使 → 無関心圏

出所）筆者作成。

ある。しかし，7人の協働が7人以下の成果しか生み出さないことがよくある。すなわち，人間が関与する限り，全体は部分の総計とは別のことが多いのである。バーナードは，管理責任やリーダーシップについて述べる場合も，組織の中の人間行動の特性，ここでは道徳要因に遡り分析している。

管理責任と道徳要因

通常，管理者の管理責任を論ずる場合，管理論や法律論でみられるように，権限と責任（義務），あるいは権限・責任一致の法則，といった観点から説明される。しかし，バーナードが管理者の管理責任について述べる場合，「権限受容説」と同様に，組織の人間行動の観点から管理責任を分析する。すなわち，バーナードは，自由意思・感情・心理的要因を持つ人間の行動から，管理責任の問題を分析したのである。バーナードは，管理責任を個人の「道徳要因」（moral element）との関連で，次のように説明する（C. I. Barnard, 1938, 邦訳，17章）。

道徳とは，個人の人格的能力，すなわち個人に内在する安定的性向で，ある特殊な欲望・衝動を禁止・修正・統制する人格的能力である。道徳は，政治的・宗教的・経済的環境から生じ，多くの道徳的諸力は教育と訓練によって教え込まれ，いわば環境の摂取から身につけた私的準則（code）である。それ故，「良識ある人は道徳的である」という一般の見解とも一致するのである。次に，責任とは，反対のことをしたいという強い欲望あるいは衝動があっても，その個人の行動を統制する私的準則の力を言う。責任は道徳という私的準則の力によって支えられている。それ故，責任は，個人の性向であ

り，個人の資質と言える。

　これを，組織の問題に即し述べれば，次のようである。管理者は，組織目的，部門目的，部下の倫理性，技術の状況，といった組織準則に直面しており，管理者自身の道徳準則を守る能力（信頼性）も求められている。さらに，管理者は，このような複雑な組織準則，道徳準則のみならず，道徳準則の創造も求められている。すなわち，組織成員に対し組織の大義・連帯を訴え，教育・説得により動機を引き出さねばならないのである。それ故，管理者に課せられている管理責任とは，準則間の対立と矛盾が存在する状況において，これら状況に対処する能力であり，責任なのである。したがって，管理者には道徳性と複雑な準則に対処する責任能力が求められている。このように，管理者には高い資質が求められているのである。

リーダーシップ ―管理者の創造的職能―

　管理責任の創造的側面は，管理責任の最もよい例であり，リーダーシップの本質を示している。リーダーシップは，協働的諸力の起爆剤となり，管理責任のテストともなる。能率的かつ有効性を伴った協働には，資本・物的諸力・組織および人間関係の革新が不可欠であるが，協働への信念を引き出すのは，責任感である。組織の存続は，組織を支配している道徳性の広がりに依存している。すなわち，予見，長期的目的，高い理想こそが協働の基盤をなし，組織の存続は，リーダーシップの質に依存し，リーダーシップの質は道徳性の高さと広がりから生ずる。組織的道徳の創造こそが，個の利益を優先する個人的利害や動機に打ち勝つ組織の精神となる。この最高の意味でのリーダーシップがなければ，組織に内在する諸困難に打ち勝てない。リーダーシップは社会に欠くべからざるもので，変化する環境の中で無数の主観的意思決定に一貫性を与え，協働に不可欠な凝集力の必要性を個人に吹き込む。それ故，創造的管理責任が，リーダーの能力の証しとなるのである。

　以上のように，バーナードは，管理責任およびリーダーシップの問題を道徳に関係づけ説明しているが，バーナードの道徳（私的準則）は，日常的に述べられている仁・義・孝のような個人的徳目に終わるのではなく，より

一般的な哲学・宗教に発する社会的規範に関連するものである。バーナードは，『経営者の役割』を締めくくるにあって，次のように述べている。協働の拡大と個人の発展は相互依存的なバランスの中にあり，人類の福祉の向上の必要条件であると信じている。それは社会と個人にとり主観的な事柄で，哲学と宗教の問題である。

人間・組織・規範（道徳要因）

組織の問題を哲学や宗教の問題に解消するのは，一見，問題点の拡散に思えるかもしれない。しかし，すでに述べたように，バーナードは組織現象を理解するには，まず組織における人間の特性から理解せねばならず，人間行動の非論理的過程は本格的に分析されねばならないと考え，彼の組織論を展開したのである。これは，社会および社会における人間行動をどのように理解すべきか，という社会学者の社会に対する基本的接近法の問題に通ずるものがある。

バーナードは，『経営者の役割』を著す少し前，若き日の社会学者パーソンズと交流していた（W. B. Wolf, 1972, 邦訳，4頁）。パーソンズの社会学は，人間行動を社会的価値や社会的秩序の中で説明すべきであると主張する社会学であった（中野秀一郎，1999，46頁）。すなわち，人間の行為が安定した関係の構造に変化するには，行為者が規範的な志向をもつからであり，それが社会秩序を可能にしている。社会的，生物的，物理的環境に制約さ

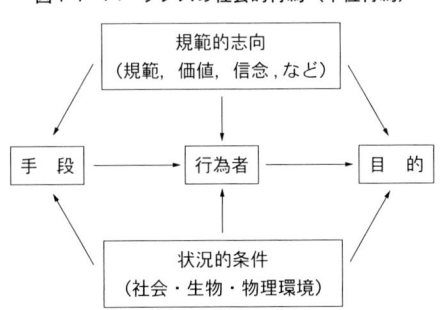

図7-7 パーソンズの社会的行為（単位行為）

出所）中野秀一郎，1999，46頁。

れた人間行動は，目的達成のため手段を選択するが，それは，宗教のような究極的価値から生ずる規範や社会価値に大いに依存しているのである（図7-7参照）。パーソンズが行為の規範的構造のなかに社会秩序を見出したように，バーナードも，組織の人間行動の根底にある道徳およびその淵源になる哲学や宗教に，人間行動の安定した秩序を見出していた。管理責任やリーダーシップの根底に道徳的要因がなければ，協働および組織の科学は発展しえない，とバーナードは考えたのである。

3　労使関係と組織の科学

　以上，現代組織論生成に大きな役割を果たしたメイヨー，レスリスバーガーらの人間関係論のグループ，そして，1909年，アメリカ電話電信会社（AT&T）の統計係の職を得，その後，ラインの管理者・経営者に転じ，1922年，ペンシルベニア・ベル電話会社副社長補佐兼総支配人，そして，1927年にはニュージャージー・ベル電話会社の初代社長となり，20年以上の長きにわたり同社社長の職にあった博識の経営者バーナード，彼らはともに，ハーバード大学のビジネス・スクールに深い関わりを持つ生化学者で，熱狂的なパレート社会学の支持者，ヘンダーソンとの交流の中で現代組織論の形成に貢献していたのである（加藤勝康，1996, 吉原雅彦，2008）。この意味で，メイヨーら，およびバーナードを結びつける機会を与えた「パレート・サークル」の中心人物であったヘンダーソンは，現代組織論成立への触媒の役割を果たした，といえるのである。

　ところで，この現代組織論の生成に大きな契機となった「ホーソン実験」が行なわれたのはウェスタン・エレクトリック社（WE社）であった。同社は，1881年，AT&Tの初代社長ヴェイル（T. N. Vail）のもと，標準化・統一化した電話施設を製造するという方針のもと設立されたAT&T傘下の電話機・通信機器製造の子会社であった（山口一臣，1994, 1章）。そして，上述のように，AT&Tのスタッフとして，その後，地域電話会社の経営者として長きにわたり経営に携わった博識の経営者バーナードは，まさに

AT&T の発展の中で管理および経営実践のキャリアを形成した。経営者としてのバーナード，およびホーソン実験に関わった WE 社を含め，AT&T 社の労使関係を概観する。

(1) AT&T の労使関係の理念とバーナード

AT&T を中心にしたベル・システムの経営から見て，1907 年，社長に返り咲いた T. N. ヴェイル（1907-1919 年在）の「単一の電話システムと経営方針のもと，普遍的電話サービス」を提供する，という経営方針を受け継ぎ，1920 年代の AT&T は社長 W. S. ギフォード（1925-1948 在）のもと，「規制下の独占」を享受し安定的な経営を行なっていた。当時の社長 W. S. ギフォードは，AT&T の経営方針について 1927 年，次のように述べている（山口一臣，1994，161 頁）。AT&T には 42 万人の株主がいるが，誰も 1％の株式も所有していない。株式所有が広く分散しているという事実は，無数の株主の利益を確保し，かつ，この国の電話サービス利用者にとって信頼でき満足できるサービスを提供するという責務を経営者は負っている。つまり，経営者は，財務を安定させ，電話という公益サービスを廉価で公衆に提供する責任を負っているのである。このように，当時の AT&T は，所有分散が進行すると同時に専門経営者による会社経営が行なわれていた典型的な「所有と支配」，「所有と経営」の分離が現実化していた巨大公益企業であった（6 章 4 参照）。

労使関係に目を向けると，AT&T は，すでに社長ヴェイルの時代に，ウェルフェア・キャピタリズム（福祉資本主義）を掲げ，従業員代表制（会社組合）を介した労使関係を形成していた（4 章 3 参照）。AT&T は，当時，先進的な大企業を中心に普及していた，いわゆる，ウェルフェア・キャピタリズムの理念のもと福祉的労務管理を行なう先進的な大企業の 1 つであった。さらに，会社組合をより詳細に見れば，AT&T の会社組合は，一定の自治権を持つ独立性が強い「従業員協会」型の会社組合であった（松田浩之，1991，4 章）。このように，AT&T は会社組合のもとではあったが，従業員の主体性を重んじる労使関係を形成していた。

AT&T は，その経営理念に従い，会社自らが公益に貢献する従業員という労働者観から，労使協調的な労使関係を築こうとしていた。ヴェイル社長の公益サービスを重視する経営方針を受け継いだ社長ギフォードは，AT&T の会社労務を労務担当副社長 E. ホール（E. Hall）に委ねた。ホールの考え方は，次のようであった（松田浩之，1991，258-259 頁）。社長から管理者，交換手，架線工に至るまで，ベル・システムのすべての成員は，共通目的である公益に対し献身的な奉仕を行なう義務を負っている。このように，従業員全員が AT&T の協働者と位置づけられ，内部昇進制と終身雇用の慣行を作り上げていたのが当時の AT&T であった。すなわち 1920 年代の，AT&T は，公益に貢献する従業員という労働者観のもと，会社組合との間で労使の協調を図り，従業員を協働者とみる規制下の大規模公益企業の労使関係を築いていたのである。それ故，かつて，バーナードの『経営者の役割』の根底にあるのは，AT&T の基本的な経営方針であるとの主張がなされたのである（川田秀雄，1978，122-126 頁）。実際，バーナードは自著の随所で抽象的ではあるが，自己の経営および管理実践について語っている。

　たしかに，バーナードの『経営者の役割』は，AT&T の経営理念や経営方針，さらには彼の経営および管理実践を反映しているであろう。しかしながら，上で見たように，彼の『経営者の役割』は，当時の経営および管理実践や管理論的組織分析をはるかに超える分析手法と内容を含んでおり，まさに，時代に先駆する現代組織論の成立を画する書なのであった。それ故，彼の『経営者の役割』は，ハーバード大学周辺の一部の人々を除けば，当時，すぐには受け入れられなかったのである。

(2)　労使関係の大転換 —雇用官僚制—

　1929 年の好況期のピーク時に比較し，1932 年には，商業銀行の約 2 割強が倒産し，労働者の 10 人のうち 4 人が失業し，工業生産も 6 割を割り込むほどの大恐慌が到来した。このような状況の中で 1933 年，大統領に就任したローズベルト（F. D. Roosevelt）は，ニューディール政策を一層進化させ，労働政策の大転換を行なった（荒井光吉，1993，3 章）。政府は 1933 年の

全国産業復興法（NIRA）により，連邦政府として初めて労働者が組合を結成し団体交渉する権利を認めた。さらに，1935年の全国労働関係法（ワグナー法）では，会社組合（従業員代表制）を組合としては認めなかった。すなわち，この法律は，大量生産企業での多数の未熟練・半熟練労働者の主体的な組合結成を促進したのであり，実際，未熟練・半熟練労働者の全国組織である産業別労働者組合会議（CIO）が結成された。そして，鉄鋼産業では鉄鋼労働者組織委員会（SWOC），自動車では全米自動車労働組合（UAW）が結成され，USスチール，ゼネラル・モーターズ社（GM）も，それら組合を認め組合との交渉をせざるを得なかったのである。

CIOはアメリカを代表する大量生産産業で次々と労働者を組織化し，1937年には，熟練労働者の組合であるAFL（アメリカ労働総同盟）を上回る370万人の労働者を組織化し，団体交渉を基軸とするするニューディール型労使関係を基礎づけた（M. Derber, 1970, pp. 382-389）。そして，アメリカが第二次大戦による戦時経済に突入すると，第一次大戦時と同様に，労働者に有利な状況が生み出された。1940年代前半にはAFLを含め1,300万人が労働組合に参加しており，政府は，インフレを避け戦時生産を確保するためにも，経営者に合理的賃金体系を求めた。すなわち，政府は経営者に，職務分析・職務評価に基づく職務等級表の作成と賃金体系の標準化，ボーナス制度・福利厚生給付，等を求めたのである。一方，組合は，より勤続年数の長い労働者を雇用上優遇する先任権基準に従う内部昇進制，苦情処理制度や団体交渉による労使条件の協定化を求めた。これらが労働組合の側からみたニューディール型の労使関係であり，ジョブ・コントロール・ユニオニズムと呼ばれたのである。

他方，この労使関係の大転換に対する会社側の反応の典型例は，全米自動車労働組合（UAW）とGM社の労使関係の対応に見られた（B. Nissen, 1990, pp. 188-189）。①団体交渉の対象は賃金・雇用期間等の雇用条件に限る。②製品・工場配置・生産方法・雇用および解雇権・配置・訓練等は経営権に属する。③協定に反するストや作業停止に対しては，先任権の喪失を含め罰則を課す。すなわち，会社は経営権を死守する代わりに，労働組合

に団体交渉事項の限定を認めさせたのである。戦後，UAWの労働者は，この種の経営権を認める代わりに，生計費（物価上昇）自動調整事項を含む賃金決定ルール・企業年金・労働時間短縮・福利厚生給付，等の高い経済的福祉を得たのである。

戦後，このような大量生産企業中心に形成された労使関係をカッツ（D. Katz）は，次のように特徴づけた（H. C. Katz, 1985, pp. 38-40）。①労使関係は公式化・成文化された手続きに大きく依存するようになり，団体交渉に基づく協定書は雇用条件を詳細に規定する数巻に及ぶ長大なものとなった。②苦情処理手続きも4段階もの手続きを踏む多段階なものになった。③細分化された職務等級表が，先任権の行使や昇進・異動，その他雇用協定に関する職務権限処理の基準とされ，賃金（職務給）決定にも利用された。④このようなジョブ・コントロール制度のもとでは，現場労働者の仕事に対する関与あるいは決定は狭い範囲に限定されざるをえず，労働者の意思と利害は公式化された労使対立の場である団体交渉の中で表明されるようになった。

以上のようなニューディール期の労使関係の大転換は，経済的福祉の向上，先任権原則の強化を求める組合との交渉，細分化された職務等級表と職務評価による昇進・賃金決定，等に対処しうるスタッフ部門を求めるようになった。ここに人事部および人事スタッフの存在が再び注目されようになった。大規模製造業では，8社中7社が独立した組織としての人事部を持つようになった。逆に，19世紀以来の生産現場での人事に関する職長の権限は人事部に移行する最終局面を迎えるに至った。1930年代のニューディール型労使関係への大転換は，企業の中に労使協定のもと管理化された内部労働市場の拡大と進化をもたらした。ジャコビーは，これを「雇用官僚制」と呼び，大量生産企業の労使関係を基礎づけるものとしたのである（S. M. Jacoby, 1985, 邦訳, 7章）。

(3) 雇用官僚制と行動科学的組織論

組織を「人間の組織」とみる接近法は，メイヨーらの人間関係論に続

き，戦後の行動科学的組織論者の主張にもみられた。これら行動科学的組織論は，主として社会心理学的な小集団研究やマズロー（A. H. Maslow）の人間性心理学（humanistic psychology）の人間観・動機づけ理論を基に展開された（A. H. Maslow, 1970, 邦訳）。選択能力・自己実現・人間の尊厳といった人間観を高く評価する人間性心理学の登場は，行動科学的組織論に影響を与えた。ホーソン実験以降，戦時期にあっては政府が，戦後は企業系資金拠出の財団が巨額の研究資金を提供したこともあり，多数の動機づけや小集団に関する実証的研究がなされ，それらを背景に行動科学的組織論が生み出された（S. M. Jacoby, 1997, 邦訳, 6 章）。代表的な研究例で述べれば，動機づけ要因は，仕事それ自体や仕事遂行の責任を果たすことが満足要因（一次的要因）につながり，給与等の経済的動機づけ要因は衛生要因（二次的要因）であるとする，ハーズバーグ（F. Herzberg）の動機づけ・衛生理論（F. Herzberg, 1966, 邦訳），リッカート（R. Likert）の職場集団に対する態度調査研究の集積から主張された職場参加型経営「システム 4」の組織論（R. Likert, 1967, 邦訳），等であった（角野信夫, 1998, 4-6 章）。ここでは労使関係との関連から，マグレガー（D. McGregor, 1908-1970）の『企業の人間的側面』を取り上げる。

企業の人間的側面

1930 年代にハーバード大学で社会心理学を学んだマグレガーは，労使関係を社会心理学的に分析した。彼が注目したのは，戦時体制下の戦時生産委員会の下で行なわれた生産性向上に関わる労使共同の実験的試みであった（D. McGregor, 1942）。マグレガーは，団体交渉を通した労使共同だけでは真の生産性の向上には十分でないと考えていた。なぜなら，労使の団体交渉は，本質的に労使が互いに手の内を見せず有利な結果を得ようとする競争的過程で，そのような過程からは生産に関わる「真の共同」は生まれない。重要なのは，仕事を遂行する中から共同と仕事への動機づけが得られることで，仕事を遂行する中で労働者が持つ生産に関する「特殊的知識」の活用が可能となることである。現場レベルでの労使の相互理解と労働者の仕事改善

の能力に対し，経営者・管理者が十分な認識を持たない限り，労使の共同は「絵に描いた餅」に終わる。マグレガーは，社会心理学の観点から，今日の経営者・管理者・労使関係論者は，人間行動の特質および人間への理解に失敗していると考えたのである。

マグレガーによれば，団体交渉を通して得られる経済的成果は，仕事そのものから得られる満足でなく，仕事が終わった後に得られる報酬である。労働者が求めているのは，仕事上の威信・知識・達成観等の「仕事そのもの」から得られる参加的経営である。マグレガーは，以上のような労使関係の社会心理学的分析から『企業の人間的側面』(*The Human Side of Enterprise*, 1960) を著し，伝統的な管理論の主張を X 理論，行動科学的な研究成果を反映した自らの主張を Y 理論，と大胆に分類し，大いに注目されたのである。

X 理論の人間観

マグレガーは，人間行動に関する社会科学，とりわけ行動科学の発展は経営に対する新しい接近法をもたらした，と述べている。すなわち，労使関係に関する社会心理学的研究が明らかにしたように，組織は相互依存的な人間行動からなり，たんなる上から下への命令的関係ではない。しかし，経営の現場や経営学のテキストも，組織の階層制や上下の命令関係を前提とする管理を重視している。これら伝統的な考え方は，経済的報酬のみを重視する経済学的な人間観（経済人）や軍隊組織をモデルにしたもので，X 理論の仮説に当たる。X 理論の人間仮説は次のようである (D. McGregor, 1960, 邦訳, 3 章)。

(a) 普通の人間は仕事嫌いで，積極的に仕事をしようとしない。
(b) 仕事に積極的でないため，組織目的の達成には強制・命令・処罰を必要とする。
(c) 普通の人間は，命令されることに慣れており，責任を負いたくないと思っており，なによりも安全を望んでいる。

以上の X 理論のような人間仮説は，多くの経営者・管理者の考え方と経

営実践の中に反映されている。しかし，マグレガーのY理論の人間観は，マズローの人間性心理学の人間観と「欲求段階説」の動機付け理論に基づくものであった。

Y理論の人間観

マグレガーは，人間の尊厳性や潜在的能力の発展に注目する人間性心理学の人間観と動機付けの欲求段階説に基づき，人間はより高次の欲求を満たそうとしていると考える。欲求段階説によれば，人間は低次の欲求階層である食を満たすとか安全を望むといった基礎的欲求を持っているが，そのような欲求が満たされると，人間行動を動機づけるのは，より高次の社会的欲求，自我欲求等である。すなわち，集団での相互接触や社会的承認を得たいとか，評判を得たい，といった欲求である。そして，このような社会的欲求が満たされると，最高次の自己実現の欲求が生ずる。したがって，欲求段階説に基づき，また，高い経済的福祉を達成した戦後のアメリカ労使関係を前提にすれば，経営者は，より高次の欲求を満たす機会を労働者に与えねばならない，とマグレガーは主張した。すなわち，経営者は「人間への考え方」を変革すべきであり，Y理論の人間観を受け入れるべきである。マグレガーは，次のようなY理論の人間観を示した（D. McGregor, 1960, 邦訳，4章）。

(a) 人間は，自ら関与し目的を遂行する場合には，おのずと自己統制する。
(b) 人間は，目的に関与すること自体に報酬と誘因を見出す。
(c) 人間は，適切な条件の下では，責任を進んで引き受けようとする。
(d) 人間は，創意工夫および問題解決能力を持っているが，産業の現場では，これら知的潜在能力のほんの一部しか活用されていない。

Y理論の人間行動仮説に従えば，人間は成長・発展する可能性を持っており，経営者はX理論に基づく管理でなく，Y理論に基づく管理を目指すべきである，とマグレガーは主張した。

すでにみたように，戦後アメリカの労使関係は，高い経済的福祉の獲得を第一の目標とするビジネス・ユニオニズムのもと，ジョブ・コントロール・

ユニオニズムあるいは「雇用の官僚制化」「敵対的労使関係」とも呼ばれた硬直的な労使関係を生み出した。マグレガーのY理論を目指す管理は，このようなアメリカ労使関係の対極をなすものであった。したがって，「人間の組織」をベースに参加に基づく経営を提唱するマグレガーのY理論は，当時のアメリカの経営実践に対する強力なアンチ・テーゼであり，新しい経営理念の提唱でもあった。

(4) 行動科学的組織論と経営実践

ホーソン実験および人間関係論の公式報告書とも言えるレスリスバーガーとディクソンの『経営と労働者』(1939) は，人間関係論的人事実践として「人事相談制度」を提案していたが (F. J. Roethlisberger & W. J. Dickson, 1939, Chap. 26)，「人間の組織」としての人事管理の本質についてレスリスバーガーは，採用・配置・訓練・解雇・職務評価・福利厚生，等の専門的実践以上に重要なのは，組織の人間協働に対する理解と実践であると述べている (F. J. Roethlisberger, 1941, 邦訳, 8章)。この「人間の組織」に対する人間関係論的な人事管理理論への接近法を本格的に受け継いだのが，ピゴーズとマイヤーズ (P. Pigors & C. A. Myers) の『人事管理論』(*Personnel Administration*, 1947) であった。彼らは，伝統的人事管理論のように人事管理を専門的スタッフと見るのでなく，よき経営とは人々の効果的な協働を確保することであるから，人事管理はまさにライン活動そのものである，と捉え人事管理論を展開した (P. Pigors & C. A. Myers, 邦訳, 1-2章)。すなわち，組織は人々の相互依存的な人間活動の体系なのであるから，経営には人々の協働を確保することが不可欠な重要事項となり，日々，人々の活動を扱うという意味では人事職能はラインそのもので，「経営とは人事なのである」と彼らは主張した。

ニューディール型労使関係が形成されて以降，戦後のジョブ・コントロール・ユニオニズムあるいは「雇用の官僚制化」「敵対的労使関係」は，人間関係論の生成に端を発し，バーナードやマグレガーらの行動科学的組織論，そしてピゴーズらの人事管理論とどのような関係にあったのか。つまり，ア

メリカ企業の管理実践と人間関係論や行動科学的組織論が主張した経営理念や管理実践はどのような関係にあったのか，が問題となる。人事管理思想の変遷を研究したミルトン（C. R. Milton）は，この点について次のように述べている（C. R. Milton, 1970, pp. 206-208）。人間主義的な人事思想や技法は，産業現場ではほとんど影響力を持たなかった。多くの労働者にとり自己の環境を変えうるのは，組合を通してのみ可能であった。経営者が人間関係論の技法の一部は受け入れたとしても，それは流行に追いつくスローガンとしてであった。ダーバーもまた次のように述べている（Derber, M., 1970, pp. 476-477）。経営者にとって人間関係論は砂糖のように甘い経営思想に思えた。人間関係論は，人事管理の技法には影響を与えたが，経営思想としてはほとんど理解されなかった。

　戦後，人間関係論，行動科学的組織論と総称された多くの実証研究は，その後，ビジネススクールの中で，職務充実・職務拡大・職務再設計といった概念を生み出し，さらには，組織開発論，人的資源管理論，組織行動論，ミクロ組織論，といった分野を形成していった。すなわち，人間関係論に端を発する「組織の科学」は，アカデミックな世界では大いに受け入れられたのである。しかしながら，一般に，アメリカ企業の中では，このような経営思想ならびに管理実践は注目され，受け入れられたわけではなかったのである（角野信夫, 1998, 237頁）。アメリカの経営者たちは，人間関係論・行動科学的組織論・組織行動論といったアカデミックな世界での主張を飾り物としかみていなかったし，アメリカの文化と管理スタイルのもとでは，受け入れには時間がかかると考えていたのである。実際，80年代に日本的経営への注目がみられ，そのすべてが忘れ去られたわけではなかったが，歴史と文化的要因の違いを考えれば，日本的経営への関心も長くは続かなかったのである（D. Wren, 1994, 邦訳, 400頁）。

4　小括

　戦後，クーンツとオドンネルが，大学で使用する代表的テキスト『管理

の原則』(1955)を著したとき，彼らはファヨールの『産業ならびに一般の管理』(1916)を高く評価し，その内容を詳細に紹介している。そして，組織に関する代表的著作としては，ムーニーとライリーの『前進する産業』(1931)，『組織の原則』(1939)をあげている。他方，バーナードの『経営者の役割』(1938)は，この分野の最も包括的かつ重要な貢献をなす著作であると認めながらも，その内容については余りに包括的すぎて，要約が困難であると述べている (Koontz, H. & O'Donnel, 1955, p. 33)。組織を管理職能的視点から分析する彼らの立場からは，メイヨーらの人間関係論的接近法やバーナードの『経営者の役割』は，異質な学問的背景を持つ著作に思えたのであろう。

　実際，人間行動を分析する際，メイヨーは，フロイトの「無意識の世界」を含めた精神分析学的視点から分析し，次のように述べている。職務分析のような接近法は，産業疲労の中に潜む脅迫観念や有機的な人間の適応性を考慮しない機械的接近法であり，福祉的人事管理の実践についても，人間有機体を規定する人間態度への理解なしには有効でない。そして，個人についても，職場の個人は職場集団の中の個人であり，仕事の中の協働は，未開社会のみならず先進社会でも，非論理的社会慣行を大いに含んでいる。

　博識の経営者バーナードは，長きにわたるAT&T傘下の地域電話会社での管理者・経営者としての実践のみならず，パレート社会学や当時の代表的な社会科学者，デュルケーム，パレート，テンニース，コフカ，エールリッヒ，コモンズ，らの著作を通し，組織の人間行動を分析していた。とりわけ，バーナードは，組織を職務・職能を遂行する受身的人間でなく，人間の非論理的行動や道徳的（規範的）的要素を含め，組織の人間行動の特性から分析していた。

　メイヨーらの人間関係論的な実証分析の継承者と言える戦後の行動科学的組織論者は，ニューディール型労使関係が形成される中で硬直化した「雇用官僚制」的な労使関係の下での経営および管理実践に対し疑問を抱いていた。行動科学的組織論者は，職場集団の実証研究の積み重ねから，当時の経営実践に対するアンチ・テーゼとなる主張を展開した。上に述べた行動科学

論者以外で，例えば，アージリース（C. Argyris）は，社会心理学的観点から，次のように述べていた（C. Argyris, 1957, 邦訳, 99-109頁）。テイラー・ファヨール・ムーニー・アーウィックらの考え方は，①労働の分業（専門化），②命令の一元制，③指揮の一元制，④統制範囲の原則，等を強調し，ピラミッド型の階層組織の中に個人の行動を鋳型にはめ込む主張をしている。それ故，アージリースは「組織の人間化」を主張し，「組織の人間化」を目指す初期の組織開発論の開拓者となったのである。

実際，1950年代の経営学の著作は，職能および組織の公式的な権限構造に注目しており，ニューマン（W. H. Newman）『経営管理』（*Administrative Action*, 1951），デービス（R. C. Davis）『管理者のリーダーシップ』（*The Fundmentals of Top Management*, 1951），クーンツとオドンネルの『管理の原則』（1955），等を含め，彼らの著作は，それまでの管理論的組織分析の延長上にある著作であった。そして，当時は彼らの著作が主流の考え方と思われていたのである。逆に述べれば，彼らの著作が，当時の管理実践を反映していたとも言えるのであった。

参考文献
- C. I. Barnard, *The Functions of the Executive*, 1938.（山本安次郎・田杉競・飯野春樹訳『経営者の役割』，1992年。）
- D. McGregor, *The Human Side of Enterprise*, 1960.（高橋達夫訳『新版　企業の人間的側面』産業能率短期大学出版部，1970年。）
- 飯野春樹『バーナード研究』文眞堂，1978年。
- 伊藤健一・関口定一編著『ニューディール労働政策と従業員代表制』ミネルヴァ書房，2009年。
- 大橋昭一・竹林浩志『ホーソン実験の研究』同文舘，2008年。
- 角野信夫『アメリカ経営組織論』文眞堂，1998年。
- 村田晴夫『管理の哲学』文眞堂，1984年
- 吉原雅彦『経営学の新世紀を拓いた思想家たち』文眞堂，2008年。

8 章

組織と市場 —意思決定・環境適応・環境認識—

　6章4，巨大株式会社の生成・発展と「会社革命」でみたように，バーリとミーンズは，1930年現在，1億ドル以上の資産を有する非金融資産額上位200社は，アメリカ全株式会社の資産額の約50％を有しており，巨大株式会社（経営者）への「経済権力の集中」が生じていると指摘した（A. A Berle & G. C. Means, 1932, 邦訳, 3章）。その中でも，1000億ドルを超える資産を有する企業は，14社みられ，スタンダード石油・ニュージャージー，GM，USスチール，AT&T，ペンシルベニア鉄道，等がみられる。とりわけAT&Tは，資産約4,200億ドル，株主約57万，従業員約32.4万を超える超巨大企業であった（山口一臣, 1994, 183頁）。
　これら超巨大企業を典型例として，20世紀は大規模組織を伴った株式会社の時代であった。このような巨大株式会社にみられた大量の資産・従業員・大規模組織を伴った（内部化した）経済活動を市場理論（ミクロ理論）と関連付け体系的に説明する試みは，1970年代，経済学者ウィリアムソン，等によってなされた。そして，このウィリアムソンの「取引コスト・アプローチ」は，市場と組織の経済活動を意思決定という概念で捉え分析していた。意思決定という概念を用い，組織の人間行動を分析したのは，サイモンであった。

1 意思決定の組織論 —情報処理体系としての組織—

　サイモン（H. A. Simon, 1916-2001）は，1930年代にシカゴ大学・同大

学院で政治学や行政管理論の研究を開始した学者であった。サイモンは、大学・大学院を通し物理学・数学・心理学・経済学、等の広範な分野に関する研究を行い、1975年にコンピューター分野のデューリング賞、1978年にはノーベル経済学賞、等を受賞している。サイモンは、社会科学の多様な分野で大きな業績を残した学者であった。サイモンの最初の著作『経営行動』(*Administrative Behavior*, 1945) は、1934-36年にかけ、彼がミルオーキー市の行政組織の実態調査に携わったことを契機として生み出された (H. A. Simon, 1991, p. 85, 1945, 邦訳, 272頁)。彼は、この研究を手がかりに「組織とは何か」を探究した。

彼の『経営行動』は、当時の行政管理論や経営管理論の研究状況、つまり管理論的組織分析の体系化がやっと緒に就いた当時の研究状況からみて（6章6参照）、バーナードの『経営者の役割』(1938) と共に、まさに革新的な内容を含んでいた。それは、この書の副題「管理組織における意思決定過程の研究」というタイトルによく表されている。サイモンは、当時の管理論者のように組織を目的達成のための手段や過程と考えるのではなく、組織は分業化された「意思決定の体系」と捉えた。すなわち、バーナードが述べたように組織は人間行動の体系ではあるが、行動の前に意思決定があり、意思決定→行動であるから、サイモンは組織を分析する基礎的概念として「意思決定」を選んだのである。

(1) 環境学習的人間行動と意思決定の合理性

サイモンは意思決定過程の研究の中で心理学、とりわけ新行動主義心理学（認知心理学）に大きな影響を受けている (H. A. Simon, 1945, 邦訳, 3章・5章)。新行動主義心理学は、当時支配的であった論理実証主義という学問的方法論に基づいていた。サイモンも、論理実証主義に従い、判断内容（命題）が正しいかどうかは、直接的な事実あるいは経験と比較されるべきであると考えていた。サイモンは、認知的行動主義者と呼ばれた心理学者トールマン (E. C. Tolman) の見解に基づき、意思決定とは迷路にいるねずみが出口を発見する探索の過程に例えられると述べている (H. A. Simon, 1945, 邦

訳，p. 116, J. G. March & H. A. Simon, 邦訳，1章)。すなわち，新行動主義心理学の観点からは，人間行動（意思決定）とは，行動を取り巻く環境からの刺激（S）に対し学習という連合（O）に媒介された反応（R）であった。それ故，人間行動は，環境からの刺激（S）→ 環境の学習（O）→ 反応（R），という行動であり，意思決定としての人間行動は，一定の環境（迷路）の下で，目的達成（出口）への手段を探索（学習）し評価選択（迷路の選択）する過程であった。サイモンにとり意思決定とは，目的達成のための手段を見出し，手段を評価し選択する過程であった。多くの人間行動は慣習化・パターン化しているが，原理的には以上のようである，とサイモンは考えた。

　サイモンは，この意思決定問題を論ずるに際し，本質的な問題提起をしている。意思決定過程で人間が発揮しうる「合理性とは何か」という問題である。より一般的化して述べれば，人間の意思決定は，彼の接している環境に関する不完全な情報のもとで，人間の持つ認知能力の限界の中でなされる。人間は意思決定（問題解決）に際し，不完全な情報と認知能力の限界の中で意思決定しているのであり，「合理性の限界」(limits of rationality) の中で意思決定をしている（その後，サイモンは，「合理性の限界」でなく「制約された合理性」(bounded rationality) という表現を用いている）。情報不完全性と認知能力の限界を持つ人間の意思決定に関する研究が，彼の組織論研究の出発点であった。

　以上のような学問的方法論および「合理性の限界」のもとでサイモンが分析対象としたのは，経験的に観察可能な事実に関わる手段の探索・評価・選択，つまり事実前提に基づく意思決定であった（H. A. Simon, 1945, 邦訳，3章）。多様な未来や価値観を想定したうえで行う意思決定は，価値前提に基づく意思決定である。しかし，サイモンは論理実証主義の立場から，事実前提に基づく意思決定研究に焦点を絞ったのである。サイモンは，組織における価値前提に基づく人間行動（意思決定）を無視したのではないが，論理実証主義の立場から，すでに目的が設定されており，目的にたいする手段の探索・評価・選択が検証可能と思われる事実前提に基づく意思決定に焦点をあ

てた。この点が，前章で述べたバーナードの組織論と大いに異なる点であった。

(2) 意思決定の計画化 ―意思決定の合理性を高める―

　意思決定とは，目的に対する手段（代替案）の探索・評価・選択であった。サイモンにとり，組織の役割は，人間が持つ「合理性の限界」に対し，組織という仕組みを通して，意思決定の合理性を高めることにあった（H. A. Simon, 1945, 邦訳, 5章・8章）。サイモンは，組織の意思決定を説明するため，経済学が扱う完全競争市場での「客観的合理性」の例と比較している。完全情報のもとにある完全競争モデルでは，企業と消費者（家計）は，① 意思決定に先立ち，パノラマのようにすべての代替案（手段）が観察できる，② 代替案の選択によって生ずる諸結果を考察することが出来る，③ 全代替案の中から最もふさわしい1つの代替案を選択する。このような意思決定が可能になるのは，情報が完全で人間の認知的能力に限界がない場合である。しかし，現実にはこのような場合がむしろ例外で，多くの意思決定は「合理性の限界」の下で行われる。

「合理性の限界」への対応

　「合理性の限界」に対処するため，人間は次のような様々な工夫を行う。すなわち，① 重要と思われる少数の代替案に絞りこみ分析する，② 記憶・情報・経験の蓄積を利用する。③ 学習・実験を利用する。一般に，人間は，すべての代替案（手段）を分析するのでなく，当面必要と思われる代替案の探索に限定し，蓄積した情報・知識・経験を利用し，さらには新たに学習し，「合理性の限界」に対処している。これら人間の持つ「合理性の限界」への対処・適応を，組織的に行うのが「意思決定の計画化」である。すなわち，「意思決定の計画化」とは，「合理性の限界」を緩和し，意思決定の合理性を高める組織的な工夫である。

　サイモンは，組織の意思決定過程の計画化を，① 実体的計画化，② 手続き的計画化に分けている。① 実体的計画化とは，まず必要となる知識・情

報を収集し技法（熟練）を獲得せよということである。②手続き的計画化とは，この実体的計画化に基づき，組織成員の認知能力を高め，あらかじめ注目の焦点を定めておき，知識と情報チャネルを組織内に作り上げておくことである。したがって，意思決定の計画化とは，意思決定に対処するため組織内に標準的な情報収集と処理のメカニズムを作り上げ，標準的な問題解決ルールを作り上げよ，ということである。通常，○○部，○○課といった組織の分業化は，あらかじめ注目すべき意思決定対象の焦点を定めておき，必要となる知識・情報を収集し熟練（キャリア）を形成し，知識（マニュアル）と情報チャネルを組織内に作り上げておく，意思決定の階層的分業化であった。サイモンは次のような例をあげている（H. A. Simon, 1945, 邦訳, 8章）。組織が用いる情報伝達や処理の手段としては，口答の伝達やメモの回覧，ファイル，記録，契約書，報告書等の文書の保存と流れである。そして，組織は，次のような情報の収集と処理を扱う部門を持つ。意思決定を補佐する秘書，広報，会計・監査・経営分析・特許・市場調査・予算・原価分析やゼネラル・スタッフ等の部門もそうである。これらは，意思決定に際し「合理性の限界」に対処・適応する組織的工夫であり，「意思決定の計画化」であるが，同時に，組織を情報収集・処理の体系とみるサイモンの視点でもあった。

合成された意思決定と埋没原価

　組織の複雑な意思決定問題は，まず部分的あるいは特殊的な問題に分解し，適切な代替案（手段）を選択するという意思決定ルールに従いう。そして，これら組織の意思決定は，階層的意思決定の中で行われる。すなわち，組織の意思決定は，組織階層のなかの各意思決定センターに配置された管理者により行われるので，組織の意思決定は，一人の決定であるよりは，階層的組織の中で多数の成員による意思決定の積上げ，つまり「合成された意思決定」なのである。したがって，多くの組織の意思決定は，目的－手段の階層的連鎖の中でなされる「合成された意思決定」である（H. A. Simon, 1945, 邦訳, 4章・11章）。それ故，サイモンは，組織を意思決定の分業化さ

れた体系であると考えたのである。それは、バーナードの「伝達体系と意思決定」および「単位組織と複合組織」に対する（7章2参照）、サイモンの意思決定論からする展開であった。

　以上のように、サイモンは「合理性の限界」に対する組織的対応として「意思決定の計画化」を述べ、組織の多くの意思決定が、目的－手段の連鎖をなす「合成された意思決定」であると述べた。これは他の側面から見れば、組織の意思決定は、すでになされた過去の意思決定の重荷、「埋没原価」を背負っているということでもある。サイモンは組織の意思決定が、過去の意思決定の積み重ねという一種の投資費用を含むが故に、これを「埋没原価」（sunk cost）と呼んだ（H. A. Simon, 1945, 邦訳, 4章・5章）。すなわち、過去の意思決定が新しい意思決定の前提となり、組織の意思決定は下位組織の意思決定あるいは過去の意思決定に制約され、適応性を欠き保守的になる傾向を持つ。組織の意思決定は、個人の意思決定に比べ適応性を欠き、「合成された意思決定」は、かえって意思決定の合理性を低めるかもしれない。個人の意思決定にも言えるが、組織の意思決定は過去の意思決定（埋没原価）に固執し、意思決定を誤らせるかもしれない。

(3) 組織影響力

　以上みたように、組織は、「合理性の限界」に対処・適応するため「意思決定の計画化」を促進し、情報収集と処理に関わる伝達体系を発達させている。同時に、組織は、組織目的あるいは組織の下位目的を達成するため、組織独自の観点から、成員の意思決定（行動）に影響を与える組織影響力という公式・非公式な体系を発達させている。サイモンは、以下のような組織影響力を指摘している（H. A. Simon, 1945, 邦訳, 7章・10章）。

権限（オソリティー）

　意思決定の計画化により「合理性の限界」は拡大できる。しかし、計画化の実行は人間行動に深く関わる組識影響力の存在によって保証、確保されている。実際、意思決定が組織の人間行動となり組織行動を形成する。すなわ

ち，（組織影響力）→（意思決定）→（人間行動）→（組織行動）と考えられる。組織影響力の果たす役割は大きいのである。

　サイモンが権限（オソリティー）と表現した組織影響力は，とりわけ重要である。なぜなら，権限こそが，組織外の成員と組織内の成員を区別し，組織内成員に対し大きな影響力を与え，意思決定（行動）を大きく左右するからである。意思決定の観点からみた権限とは，伝達された上役の意思決定（命令）を部下が躊躇なく受け入れることであり，部下は自らの意思決定に関する思考を停止し上役の命令（意思決定）を受け入れることである。すなわち，上役と部下の間には，躊躇なく上役の意思決定を命令として受け入れる受容圏（area of acceptance）と名づけられた社会関係が形成されている，とサイモンは指摘している。これは，バーナードの無関心圏（図7-6参照）と同じものである。

　権限という組織影響力は，成員間の社会関係の中で形成される受容圏によって支えられているため，しばしば権限は，上役の説得や示唆を伴うことになる。また受容圏の広がり（大きさ）は，インフォーマルなコミュニケーション体系や組織への忠誠心にも左右される。また，典型的な場合は，カリスマ的な上役のリーダーシップによっても左右される。しかし，権限が他の組織影響力と区別されるのは，権限の行使が服従というかたちで部下の意思決定を停止させ，命令を受容させる「最後の言葉」となっている点にあり，端的に述べれば，権限に対する不服従は，ときとして制裁の可能性を伴っており部下の行動を制約している。したがって，権限の行使には責任が伴っているのであり，逆に述べれば，組織は責任ある人々を管理者とし登用しなければならないのである。

能率の基準・コミュニケーション・忠誠心

　組織の管理者が意思決定に際し，最も影響を受けるものの一つとして能率の基準がある。能率の基準に基づく意思決定とは，一定の資源を使用し最大の成果を生む代替案（手段）を選択することである。能率の基準は，投入された資源（A）と成果（B）の比，A／Bとして表され，営利組織（企業）

のように投入資源と成果が貨幣的数値で比較し易い場合は，意思決定に際しての選択基準となりやすい。実際は営利組織のような場合でも，このような基準を明確にするためには多様な要因の中から出来るだけ共通する要因を見出し比較・選択しなければならず，明確な選択基準が見出せない場合も多い。しかし，一般的には，管理者は希少な資源を用い最大限の成果を上げようとするので，組織影響力としての能率の基準は，成員の行動（意思決定）に影響を与える。

　組織が設計した公式的コミュニケーション体系（命令や報告）に加え，非公式的コミュニケーション体系（集団規範）も，組織影響力として成員の行動（意思決定）に影響を与えている。非公式的コミュニケーション体系は，組織の社会的関係の中で自然発生的に生み出されるため，人間行動には，組織目的を達成するなかで，個人の動機や欲求を紛れこませる。サイモンの指摘した「受容圏」といった概念も，この非公式的コミュニケーションの存在を予想したものである。受容圏は，命令を受容する人々の心理状態，態度，動機付けにも影響される。

　組織への一体化（忠誠心）も，組織の人間行動に大きな影響を与えている。それは，組織への愛着でもある。一体化は，組織成員としての個人が意思決定する際に，その拠り所となる特定の価値・事実・代替案の選択基準に影響を与え，個人とは区別された「組織人としてのパーソナリティー」を生み出す。一体化（忠誠心）とは，個人が組織の目標を受け入れ組織の支配する価値基準に従い意思決定することであるが，サイモンは，組織への一体化に関し，一体化のもたらす「組織の価値」が「社会の価値」と一致する限りにおいて社会的に有益かつ正しい意思決定である，と述べている点に注目しておく必要がある（H. A. Simon, 1945, 邦訳, 280頁）。なぜなら，組織の意思決定が，社会や環境に重大な逆機能や負荷を与える場合，「組織の価値」は社会的正当性を欠くことになるからである。

2 市場から組織へ

　序章でみたように、経済学は、企業を市場の中の一要素と考え、企業を生産の主体（生産関数）とみた。他方、経営学は、企業を効率的な管理を目指す管理主体（管理メカニズム）とみた。そして、チャンドラーはGMのようなビッグ・ビジネスの登場は、市場に代わり組織という「見える手」による経済活動の調整であると考え、市場と組織の関係を史的に分析した（5章参照）。そして、バーナードやサイモンは組織均衡論を展開し、企業は消費者・原材料提供者・資本提供者といった人々との相互作用の中で意思決定していることを示した（7章2参照）。さらに、サイモンは、意思決定とは目的達成のための手段の選択であるが、手段に関する情報収集と評価・選択は、組織が情報収集と処理の体系としても分析できることを示した。組織を意思決定に関わる情報取集と処理の体系と捉える接近法は、ウィリアムソンの『市場と企業組織』（1975）に影響を与えた。サイモンは、組織を意思決定の分業化された体系であると捉え、組織および市場の理論に新しい地平を切り開いた。サイモンは、1978年にノーベル経済学賞を受賞している。

(1) 市場と組織 ─企業の本質─

　スミスが『国富論』（1776）で展開した価格という「見えざる手」による経済活動の調整という考え方は、1940年代、ハイエク（F. A. Hayek, 1889-1992）の論文「社会における知識の利用」において、次のように述べられた（F. A. Hayek, 1945）。市場の経済活動は、価格という情報伝達上のシグナルを媒介にして効率的に調整されている。つまり、価格という相対的に安価で効率的な情報伝達ネットワークである市場を利用することで、経済活動は効率的に調整される。ハイエクの問題意識に即して述べれば、国家による中央集権的な計画経済による経済活動の調整よりも、価格という情報伝達のシグナルを利用した市場的調整の効率性を、彼は主張したのである。ハイエクは、価格という情報伝達シグナルを使用した経済活動の調整メカニ

ズムの方が，中央集権的な計画経済よりも，効率的であると主張したのである。

市場が価格という情報伝達シグナルによる経済活動の調整メカニズムであるとする考え方と，サイモンの組織が意思決定に関わる情報収集と処理の体系であるとする考え方の共有性が注目された。この点に関し，アロー（K. J. Arrow）は，次のように述べている（K. J. Arrow, 1974, 邦訳, 2章）。組織とは価格システムがうまく働かないときに，集合的行動の利点を実現する手段であり，組織という非市場的な意思決定メカニズムをあえて作り出す利点は，組織という情報ネットワークの特性にある。このように，市場は価格という情報シグナルにより経済活動を調整し，他方，組織は意思決定に関わる情報伝達と処理のメカニズムとして経済活動を調整している。市場と組織は，共に経済活動を調整する情報伝達と処理の体系と考えることが出来る。

ウィリアムソンは，組織も市場も，ともに情報伝達と処理に関わる経済活動を調整するシステムであるという接近法から，『市場と企業組織』（*Market and Hierarchies*, 1975）を著した。ウィリアムソンは，サイモンの意思決定という概念を市場および組織の経済活動の分析に適用し，意思決定に要するコストという視点を導入している。同時に彼は，コモンズ（J. R. Commns, 1862-1945）が用いた「取引」という用語を借用し，市場と組織の経済活動を「取引」という経済活動の単位から分析した。そのコモンズは，大規模組織を伴った株式会社の利点は，市場取引を組織内にとり込み管理的に調整するゴーイング・コンサーン（継続企業体）の特質にあると主張していた（J. R. Commns, 1951）。そして，ウィリアムソンは，まずコースの分析に注目した。

コース（R. H. Coase）は，市場という経済活動を調整するメカニズムが存在するにも関わらず，何故に大規模組織を伴った企業が生ずるのか，この疑問が，コースの1937年の論文「企業の本質」の出発点であった（R. H. Coase, 1988, 邦訳, 2章）。コースは，雇用関係を例にあげ，A氏がX部門からY部門に移動するのは市場の価格メカニズムによるのでなく，命令という権限に従う組織的調整のメカニズムによるものであると主張した。市場で

なく組織的調整のメカニズムが用いられるのは，人が特定の組織で一定程度継続的に働く雇用のような経済活動の場合，市場でそのつど労働に関する適切な価格付けを見出し契約する（スポット取引）には，多大の情報および契約コスト（取引コスト）を要する。そのため市場に代わり，組織の中の雇用契約が用いられる。つまり，雇用のような特定の組織内で継続的に遂行される経済活動は，組織の中の長期的雇用契約のほうが，経済活動を調整するコストが少なくてすむ。一般化して述べれば，市場を使用することにより取引コストが上昇する場合，市場に代わり経済活動を組織内に取り込み，長期継続的な雇用契約を用いるほうが効率的となる。それ故，組織による経済活動の調整の誘因が生じ，企業組織が生成するのである。

　実際，不確実性が存在する市場取引においては，不確実性を避けようと思えば，種々の市場取引を長期契約にまとめ組織内にとり込み不確実性を減ずることが出来る。企業内に取り込まれた経済活動は，組織内の種々の意思決定ルールを用い効率的に調整（管理）出来る。しかし，市場と同様に，組織は効率的に経済活動を調整するメカニズムではあるが，それは万能なものではない。ウィリアムソンが指摘するように，市場の失敗（market failure）が知られているように（序章参照），以下に見るように，組織も失敗するのである。

(2) 取引コスト・アプローチ —組織失敗の枠組—

　ウィリアムソンの取引コスト・アプローチは，「組織失敗の枠組」（organization failure framework）と呼ばれている（O. E. Willamson, 1975, 邦訳, 2章）すなわち，「組織失敗の枠組」とは，市場の経済活動が取引コストの上昇のため組織内に取り込まれる市場 → 組織への内部化の側面だけでなく，組織へ内部化された経済活動も，組織の大規模化・官僚制的弊害等のため組織的調整による取引コストが再び上昇し，組織 → 市場といった外部化の可能性も示している。後者の組織 → 市場といった可能性は，今日，企業間関係，企業集団，系列，社外分社化，フランチャイズ・チェーンやアウトソーシングと呼ばれている，多様な取引の様式を含んでいる。「組織失敗

の枠組」は，市場も組織も失敗する要因を持つ，と考える接近法であった。

　ウィリアムソンは市場と組織の取引コストを比較・分析するに際し，取引主体の属性から生ずる「人的要因」と取引に付随する「環境的要因」の二側面から分析している（図8-1参照）。取引に付随する「人的要因」は，「制約された合理性」および人間の自己利益の追求に関わる便宜主義的な行動，「機会主義」（opportunism）という概念から説明される。他方，取引に付随する「環境的要因」は，「不確実性（複雑性）」と「少数性」という二つの分析概念から説明される。

　ここでの「制約された合理性」は，サイモンの人間はすべての情報を収集・解読しえない認知的能力の限界を持つという考え方に加え，さらに，統計的な数値や言語では容易に伝達し得ない体得（熟練）のような情報伝達上の困難性も含む概念としても使用されている。それは，今日よく指摘される「暗黙知」と呼ばれる情報伝達上の限界も含まれている。さらに，「制約された合理性」は，その対概念として「不確実性（複雑性）」が想定されている。なぜなら，制約された合理性の下では人間の認知的能力の制約のため，取引は必然的に不確実性（複雑性）の影響を受け不安定になる。したがって，「制約された合理性 ⟷ 不確実性（複雑性）」のように，取引は対概念として分析される。

　次に，「機会主義」は，利益追求に際し取引主体のずるさや深慮遠謀を巡らす自己利益追求的行為を含んでいる，つまり「機会主義」は，便宜主義的行為ともいえる。この「機会主義」が「少数性」と結びつくとき，少数の取引主体同士が自己に有利な取引を確保しようとし「機会主義」的行為が増幅される。すなわち，多数の取引主体が存在する場合には生じにくいが，互いに認識しうる少数の取引者間のような状況では「談合」のような状況が生じ，取引コストは上昇する可能性を持つ。さらに，図8-1にみられるように，一方の取引当事者が多くの情報を持ち，他方の取引主体がそれほど情報を持たない情報の偏在性（information impactedness）がある場合，その情報のインバランスを利用し自己の利益を追求する「機会主義」的行為が生じ，取引は不安定になる。このような状況を防ぐため，様々な契約上の工夫

図8-1 組織失敗の枠組

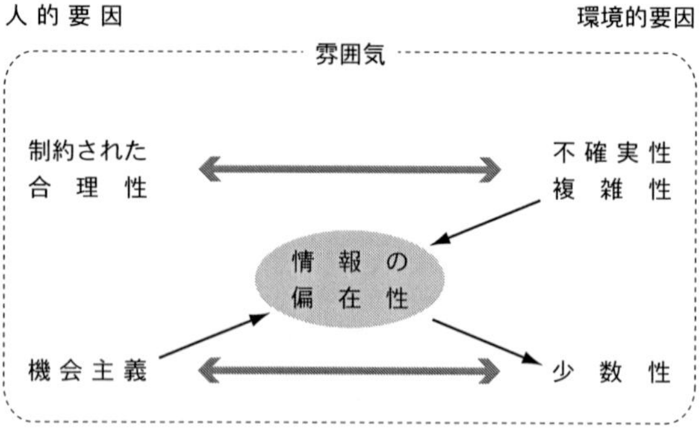

人的要因　　　　　　　　　　　　　　環境的要因

雰囲気

制約された合理性　⟷　　　　　不確実性・複雑性

情報の偏在性

機会主義　　　⟷　　　　　　少数性

出所）O. E. Williamson, 1975, 邦訳, 65頁より作成。

が考え出される。

　まず，契約上の工夫として，「機会主義」と「不確実性」を減ずるため条件付き請求契約が用いられる場合がある。この契約方式は，ディシジョン・ツリー（意思決定の木）として知られるように，将来の予想される多様な場合とその確率を想定し，ディシジョン・ツリーに沿って取引当事者は，予め契約条項を書き込んでおく。しかし，この条件付き請求契約（contingent claims contracts）は，多様な可能性を想定し大量で複雑な契約条項を書き込もうとするため，大量の契約書類を作成するため取引コストの上昇を招く。それ故，このような契約は，現実にはうまく機能しないであろう。そこで，次のような契約が考え出される。予め多様な契約条項を書き込むのでなく，ある新たな状況が生ずる毎にその都度，契約条項に関するバーゲニングを行う逐次現物契約（sequential spot contract）の使用が考えられる。しかし，この場合も取引当事者間に生ずる機会主義・不確実性・少数性が結びつき，この契約も多大の時間的ロスと交渉コストを要し取引コストは上昇する。

　これらは，今日よく指摘される「契約の不完備性」である。いずれにしても，これら取引コストの上昇を避けようとすれば，市場取引を組織内に取り込み（内部化し），管理という組織的調整の手段を用い「制約された合理性⟷不確実性」，「機会主義⟷少数性」，「情報の偏在性」を抑制する工

夫を作り出す内部化の誘因が働く。すなわち，市場に代え組織を用い取引コストを引き下げようとする誘因が生じ，市場 → 組織といった内部化の試みがみられる。このように，ウィリアムソンは，取引に関わる概念である「制約された合理性」と「不確実性」，「機会主義」と「少数性」，さらには「情報の偏在性」が生み出す市場の経済活動を分析し，市場の経済活動が組織へ内部化される誘因を持つことを説明した。

(3) 企業規模の拡大と組織革新

取引コスト・アプローチでみたように，組織失敗の枠組は，取引と呼ばれた経済活動が市場から組織へ（その逆も含め）移行する誘因が存在することを示している。企業組織内に内部化された経済活動は，経済活動の規模の拡大や複雑化の程度に応じて職能別ライン組織から職能別ライン・アンド・スタッフ組織といった組織形態を取る（2章・5章参照）。ウィリアムソンは，これら組織形態の問題も「組織失敗の枠組」から分析している（O. E. Willamson, 1975, 邦訳, 8章）。ウィリアムソンは，20世紀初頭，多くの大規模企業が採用していた職能別ライン・アンド・スタッフ組織を，U形態企業の組織と呼び，GM社のように，1920年代以降，事業部制を取り入れた組織をM形態企業の組織と呼んだ。すなわち，GM社のように大規模化・多角化し，販売活動も広範な地理的範囲に拡大して行ったとき，U形態企業の経営者（スローン）は，U形態企業における組織的調整のコスト増に悩まされ，事業部制という組織革新を創造したのである（5章3参照）。ウィリアムソンは，U形態企業およびM形態企業を，取引コスト・アプローチの観点から説明している。

上述のように，市場取引は，「制約された合理性」故に生ずる不確実性や「機会主義」的行為を含み，さらには「情報の偏在性」は「機会主義」的行為を助長し，市場での取引コストを上昇させる。それ故，市場取引は内部化され階層組織を利用した組織的調整の下に内部化される誘因を持つ。しかし，内部化された取引といえども，多くの問題と限界点を有している。とりわけ，企業規模が拡大すると共に統制上の損失（control loss）と呼ばれる

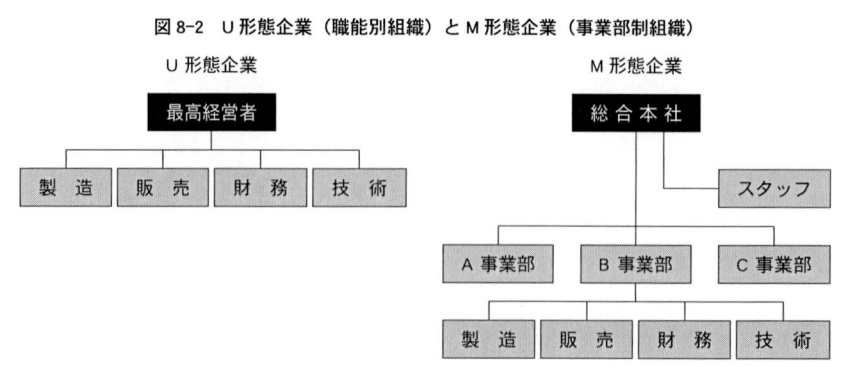

図 8-2　U 形態企業（職能別組織）と M 形態企業（事業部制組織）

出所）O. E. Willamson, 1975, 邦訳，224 頁，230 頁より作成。

現象を生み出す。大企業にみられる多部門・多階層からなる階層的意思決定体系（意思決定の連鎖）は，情報伝達上の継続的かつ累積的ロスを生み出す。すなわち，意思決定の階層的分化と企業規模の拡大は，組織内においても各部門や自己の利益を追求する機会主義的行為が増幅され，加えて組織内の情報の偏在性は，それら行為を助長し，統制上の損失が累積する。セクショナリズム・規則および前例主義といった官僚制の弊害が助長されるだけでなく，多角化した U 形態企業の下での意思決定は，あまりにも複雑化し権限と責任の関係が不明確となる。最高経営者は，各職能部の業務的意思決定に関わりながら，職能部門間の調整に忙殺され企業全般に関わる戦略的決定を行うことが困難になる。

　チャンドラーのデュポン・GM・スタンダード石油・シェアーズローバック社の史的研究は，これら意思決定上の統制上の損失を明らかにしていた（5 章 4 参照）。ウィリアムソンはチャンドラーの史的研究に基づき，多角化した U 形態企業での統制上の損失が拡大・累積して行ったとき，事業部制という組織革新が創造され，U 形態企業の M 形態企業への移行が選択されたと指摘している。事業部制という組織革新は，多角化した大規模 U 形態企業で生ずる統制上の損失を回避し，新たな「組織的調整」の効率化を目指す組識革新の試みであった（図 8-2 参照）。

(4) 内部労働市場

ところで，ウィリアムソンの『市場と企業組織』が公刊される以前，労働経済学の分野では，企業内の内部労働市場が議論の対象となり分析されていた。また労働に関する史的研究の中でも，人事管理の生成との関連で「企業内労働市場の形成」が論じられていた（4章2参照）。労働経済学者ドーリンジャーとピオーリ（P. B. Doeringer & M. J. Piore）は，1971年，内部労働市場を分析する『内部労働市場とマンパワー分析』（*Internal Labor Markets and Manpower Analysis*, 1971.）を著している。彼らは，内部労働市場とは，典型的には工場にみられるような管理的な規則や手続による労働の配置と価格付けである，と述べている。それは，賃金の決定や採用・昇進・レイオフ等のルールが団体交渉を通した労使協定の中で詳細な雇用契約書が交わされている労使関係を分析したものであった。

ドーリンジャーとピオーリの内部労働市場論は，1960年代のベッカー（G. C. Becker）の人的資本理論に基づき展開された。ベッカー（G. C. Becker）は，1964年に『人的資本』（*Human Capital*, 1964）を著し，次のように述べた。人的資本理論は，生産設備などへの物的投資と同様に，人的資本への投資が生産性向上に大きな影響力を持つと考える。そして，どの企業にも共通する一般的訓練に加え，個々特定の企業が従業員に与える教育・訓練の人的投資は，企業特殊的人的資本投資（firm specific human capital investment）と呼ばれるもので，その企業の生産性を大いに向上させる（G. C. Becker, 1964, 邦訳）。

このベッカーの「一般的訓練」と「企業特殊的訓練」の区別に注目し，企業のマンパワー政策を分析したのが，ドーリンジャーとピオーリの内部労働市場論であった（P. B. Doeringer & M. J. Piore, 1971, Chap. 2）。彼らは，次のような「企業特殊的訓練」をあげている。① 企業の特定の職場で部下・上司から生ずる監督・管理的職務にみられる職務特殊性（job specificity）に精通している，② 企業のある課業遂行過程に含まれている技術特殊性（skill specificity）に精通する，③ 企業のある仕事を遂行する中で体験的に学習していく職場内訓練（OJT）による経験の蓄積，④ ある特定の企業で

みられる職場慣行を習得している，等である。このような「企業特殊的訓練」の存在およびその習得が，内部労働市場を形成し労働移動にコストを課している。それ故，「企業特殊的訓練」を受けた労働は，準固定的な生産要素（quasi-fixed factor）と考えることができ，内部労働市場での長期継続的な雇用契約関係を形成する誘因の存在を説明している。

ドーリンジャーとピオーリが指摘した内部労働市場は，権限関係に基づく雇用契約を大量に内部化し，人事政策・職務評価・賃金体系のみならず内部昇進制（先任権）・苦情処理制度等と団体交渉制度に基づく「組織的調整」の制度化であった。要するに，内部労働市場は，制度化された労働の配置と価格付けに関する組織的調整の試みであった。

内部労働市場の諸領域

ウィリアムソンは，その後，『資本主義という経済制度』（*The Economic Institutions of Capitalism*, 1985）を著し，契約関係の統治（governance of contractual relation）というより広い概念から内部労働市場を分析している（O. E. Williamson, 1985, Chap. 10）。すなわち，ウィリアムソンは，企業特殊的人的資本投資が生み出した内部労働市場を，経営者と労働者の間にみられる「契約関係の統治」の一形態として捉えている。一回限りのスポット取引のような典型的な市場取引であれば，労働はつねに一時的雇用契約となり内部労働市場を形成することはない。経営および労働の双方に企業特殊的な訓練や熟練が，企業と労働の双方に効率性とメリットをもたらす労働の契約関係として認識されるなら，企業特殊的人的資本投資が促進され内部労働市場が形成される。アメリカのブルーカラー労働市場における先任権に基づく内部昇進・苦情処理制度・レイオフ（一時解雇）ルール・団体交渉に基づく詳細な労使協定は，この契約関係の統治の一例である。

より一般化して述べれば，次のようである。OJT のような手法を通して企業特殊的な知識や技能が経験的に労働者の中に蓄積するとするなら，組織内の労働契約は経営者・労働者双方の機会主義・不確実性を減ずる契約関係の統治構造を企業内に根付かせるであろう。いま，ある労働という人的資産

（投資）が企業に対して持つ特殊性（特異性）を K_0 と K_1 の2つの領域とその次元で表し，仕事が個人により独立的かつ分割的になしうる労働分割性の次元（協業の程度が少ないか多いかのチーム性）を，S_0 と S_1 という2つの領域とその次元で表すなら（図8-3参照），人的資産の企業特殊性（特異性）という次元からみて，K_0 は労働という人的資産の企業特殊性が少ない領域で，K_1 は多い領域を表している。他方，労働の分割性（チーム性）という次元からみて，S_0 は仕事の協業性が少ない領域で，S_1 は仕事が協業に大きく依存する領域である。

　図8-3の（K_0, S_0）の領域は「内部スポット市場」(internal spot market) と呼べるもので，労働移動は，経営者・労働者双方にコスト（損失）をもたらさない一時的内部労働市場である。未熟練労働あるいは定型的労働を行う派遣労働，さらには高度の専門性を持つ労働の場合でも，企業特殊性を持たない設計事務所の技師のような場合にもこの種の市場はみられる。次に（K_1, S_0）の領域は，「契約的市場」(obligational market) と呼べるもので，かなりの程度の企業特殊的学習を必要とするが，仕事成果の測定が容易で専門性を有する労働契約の領域である。会計士・情報処理技術者のような場合にみられ，彼らの業績を測定し彼らを内部労働市場に引き止める報酬体系の工夫が必要である。（K_0, S_1）の領域は「初歩的チーム」(primitive team) と呼べるもので，企業特殊的訓練は必要ではないが，チームで仕事をする建設現場の監督労働のような場合にみられる。（K_1, S_1）の領域は，「関係的チーム」(relational team) と呼ばれ，人的資産は企業特殊的な性格を有し本格的なチーム労働の特質を有している。従業員は企業に忠誠心を持ち経営者は長期雇用を保証し，両者に強い協力関係がみられる。これらは，ウィリアム・オオウチの日本企業をモデルにした『セオリーZ』や「エクセレント・カンパニー」と呼ばれたアメリカの一部大企業にみられた労働契約の統治構造であった（W. G. Ouichi, 1981, 邦訳, T. J. Peters & R. H. Waterman, Jr, 1982, 邦訳）。

　内部労働市場を4つの領域で示したのが（図8-3）である。仕事の特異性およびチーム性が低く，アウトソーシング（外部化）しやすい「内部スポッ

図 8-3 内部労働市場の諸領域

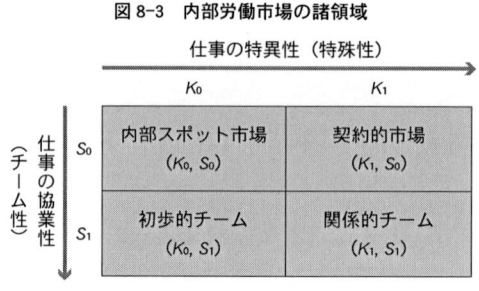

	K_0	K_1
S_0	内部スポット市場 (K_0, S_0)	契約的市場 (K_1, S_0)
S_1	初歩的チーム (K_0, S_1)	関係的チーム (K_1, S_1)

（縦軸：仕事の協業性（チーム性）、横軸：仕事の特異性（特殊性））

出所）O. E. Willamson, 1985, p. 247 より作成。

ト市場」から，仕事のチーム性および特異性が高く市場取引には馴染まない「関係的チーム」まで，内部労働市場も濃淡を持って外部の労働市場に接している。

(5) 組織化の選択理論

ウィリアムソンは，『資本主義という経済制度』において，標準化・規格化されず特殊性を色濃く持つ経済活動を特異性（idiosyncratic in nature）が高い，他方，標準化・規格化され特殊性が薄い経済活動を特異性が低い，そして，その中間にある経済活動を混合，と捉えていた（O. E. Williamson, 1985, Chap. 3）。つまり，経済活動を特異性が低い順から，非特異的（市場）⟶中間（準市場・準組織）⟶特異的（組織），の連続線上に捉え，この多様な取引様式を「契約関係の統治」という概念で説明した。したがって，ウィリアムソンは資本主義的経済活動を，市場から準市場（準組織），そして組織へと経済活動が内部化されて行ったと考えたのである。これを具体的に示せば，市場取引 → ブランド化 → フランチャイズ・系列（企業集団）→ 持株会社 → 会社，といった多様な「契約関係の統治」の連続線上に表せ

図 8-4 特異性次元からみた「契約関係の統治」

組織 ←――――― 中間組織（準市場） ―――――→ 市場

特異性大 ←――――――――――――――――――→ 特異性小

株式会社　持株会社　企業集団　フランチャイズ　提携　ブランド

出所）筆者作成。

る。これらウィリアムソンの接近法は，多様な経済活動を取引費用の最小化という視点から，費用・便益的な分析を行う「組織化の選択理論」と考えられるのであった。このように，ウィリアムソンは，「取引コスト・アプローチ」という接近法で，市場と組織を並列的に分析する「組織の経済学」という分野を切り開いたのである（O. E. Williamson, 1990, 邦訳, p. 5)。ウィリアムソンは，2009年度ノーベル経済学賞を受賞している。

3 組織から市場へ

ウィリアムソンは，取引コスト・アプローチから市場と組織の問題に接近し，『市場と企業組織』(Market and Hierarchies, 1975) を著した。他方，経営学の分野では1960年代に，組織（管理）の問題から市場（市場環境）の問題に接近する実証研究がみられた。後に，「コンティンジェンシー理論」と呼ばれる一連の組織論であるが，これら組織論は，市場環境が組織（管理）の問題に大きな影響を与えているのではないかと考え，組織の問題を市場環境に関連付け実証研究を行った。これら組織論は，以下でみる英国のバーンズとストーカーとウッドワードの研究に続き，ローレンスとローシュの研究がみられた。さらに，トンプソン（J. D. Thompson）の『オーガニゼーション・イン・アクション』(J. D.Thompson, 1967, 邦訳) やガルブレイス（J. R. Galbraith）の『横断組織の設計』(J. R. Galbraith, 1973, 邦訳)，らの研究がみられた。これら研究は，「環境適応の組織論」，「条件適応理論」とも呼ばれているが，ローレンスとローシュの研究は，その代表例であった。ローレンスとローシュの研究に先行する英国の2つの実証研究は，「組織と技術」の関係に注目し，実証分析を行っていた。

(1) 組織と技術

バーンズとストーカー（T. Burns & G. M. Stalker）は，組織が使用する技術（市場環境）から組織の問題を分析した（T. Burns & G. M. Stalker, *The Management of Innovation*, 1961)。彼らは，英国の産業企業20社を調

査し，技術革新の速さ（市場環境）が組織の管理システムに大きな影響を与えていると主張した。すなわち，技術革新があまりなく市場環境が安定的な場合，組織の管理システムは階層的権限関係・規則・手続が重視される「機械的管理システム」が，他方，技術変化が速い（市場環境が変動的な）場合は，階層的権限関係・規則・手続で管理されるのではなく，権限委譲が促進され意思決定は問題が発生している現場に任される「有機的管理システム」が採用されていた。技術革新が速いエレクトロニクス産業等の企業では，「有機的管理システム」が有効に機能していた。技術変化の速さ（市場環境）が組織の管理システムに影響を与えていた。つまり，「機械的管理システム」が有効な場合もあれば，「有機的管理システム」が有効な場合もある，とバーンズ・ストーカーは主張した。

ウッドワード（J. Woodward, 1916-1971）も，英国サウスエセックスの製造業100社の実証研究を行ない『新しい産業組織』（J. Woodward, *Industrial Organization*, 1965, 邦訳）を著した。彼女は，組織が採用している製造技術のタイプを，① 注文に合わせ物を作る単品・小規模バッチ生産，② 自動車産業のような予測生産に基づく大規模バッチ・大量生産，③ 化学プラントにみられるような装置生産，に分類した。彼女は，この技術のタイプの相違に従い組織の管理構造，例えば，命令系統の長さ（階層数），管理者の統制範囲（部下の数），全従業員に対する管理者比率，コミュニケーション手段（口頭か文書か），熟練労働者の割合，等が異なっていることを見出した。そして，彼女は，技術のタイプ（市場環境）と組織の管理構造の適合性が企業業績に関連していると指摘した。すなわち，彼女は，技術のタイプと組織の管理構造の適合性が企業に高い業績をもたらしていると主張した。

(2) 組織と市場環境

ローレンスとローシュ（P. R. Lawrence & W. Lorsch）は，組織と市場環境の関係を実証的に研究し『組織の条件適応理論』（*Organization and Environment*, 1967）を著した。ローレンスとローシュは，組織と

市場の関係を分析する概念として，伝統的管理論で用いられていた分化（differentiation）と統合（integration）を使用した。しかし，彼らは，伝統的管理論のように分化と統合を組織内の「分業と協業」あるいは「分権と集権」の問題と捉えるのではなく，市場環境との関連から，組織の分化と統合の問題を分析した。ローレンスとローシュは，まずプラスチック産業での実証研究を試みている（P. R. Lawrence & W. Lorsch, 1967, 邦訳, 2章）。彼らがプラスチック産業を選んだ理由は，技術革新が速いプラスチック産業の特性から，この産業の直面する市場環境は不確実性が高いと考え，市場環境の不確実性の高さが，組織構造や管理手法にどのような影響を与えているかを，彼らは明らかにしようとした。

分化と統合

ローレンスとローシュは，市場環境の不確実性を測定するため，① 科学，② 市場，③ 技術・経済，の各次元から指数を作成した。各指数は，最小 4 から最大 14 の連続線上に位置づけられた。プラスチック産業の各指数は，① 科学 13.9，② 市場 9.0，③ 技術・経済 8.4 と測定され，各指数は（4 ⟷ 14）の連続線上に位置づけられた。すなわち，プラスチック産業が直面している市場の不確実性の度合いが指数化され，位置づけられたのである。同様に，組織の分化と統合に関しても，プラスチック産業の各企業での

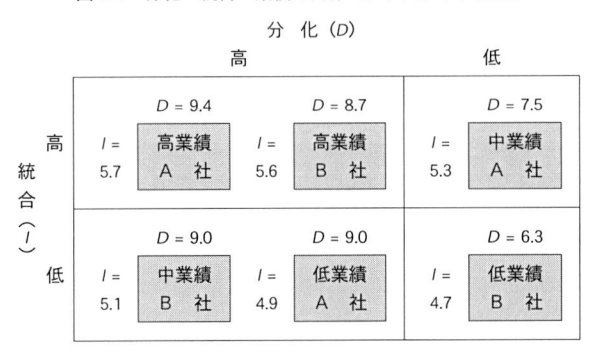

図 8-5　分化・統合・業績の関係（プラスチック産業）

分　化（D）

	高		低
統合（I）高	$D = 9.4$　$I = 5.7$　高業績 A 社	$D = 8.7$　$I = 5.6$　高業績 B 社	$D = 7.5$　$I = 5.3$　中業績 A 社
統合（I）低	$D = 9.0$　$I = 5.1$　中業績 B 社	$D = 9.0$　$I = 4.9$　低業績 A 社	$D = 6.3$　$I = 4.7$　低業績 B 社

出所）P. R. Lawrence & W. Rorsch, 1967, 邦訳, 57 頁より作成。

管理階層数・管理者比率・職務業績の測定頻度，仕事が短期指向的か長期指向的か，等の指標から測定され指数化された。このようにしてプラスチック産業に属する 6 社の分化と統合の指数が計測された。そして，各企業の分化と統合の度合いを示す指数が，各企業の業績とどのように関係しているが示された（図 8-5 参照）。

　プラスチック産業 6 社は，共通して販売・製造・応用研究・基礎研究といった職能部門に分化しており，各企業は，特に応用研究部門と製造・販売部門との緊密な意思疎通と協力関係が重要であることを認識していた。そして，各社は，このような分化を統合する専任の統合担当者ないし統合担当部門を設けていた。その中でも，高い業績を上げている 2 社は，周到な各部門間の協力関係・意思疎通の組織化の手法，つまり「横断的組織化」の手法を作り上げていた。この 2 社は，他の会社以上に統合を促進する管理および組織化の手法を発展させていたのである。

　以上の実証研究を基礎に，ローレンスとローシュは，市場環境の不確実性が中程度とみられる食品産業と市場環境の不確実性が低いとみられるコンテナ産業を対象に，プラスチック産業と同様の実証研究を試みた。その結果，3 つの産業とも市場環境の不確実性の高さに応じ，組織は分化の程度を高め環境に適応していた。つまり，企業は環境不確実性の高さに応じ組織を分化させ適応していたのである。そして，3 つの産業とも高い業績をあげている企業は，低業績の企業よりも高い統合度を示していた。また，コンテナ産業のように安定的で不確実性の低い市場環境に直面している高業績企業は，分化よりもむしろ高い統合度，すなわち階層関係を明確化し権限をトップに集中し市場環境に適応していた。

　ローレンスとローシュは，プラスチック産業・食品産業・コンテナ産業の高業績企業が用いていた統合に関する組織化の方法について示している（図 8-6）。高い不確実性を含む市場環境に直面している企業は，組織を一層分化させ適応しようとし，複雑な統合の組織化と管理手法を発展させている。プラスチック産業のように，変化が速い市場環境に直面している企業は，統合の職能を担当する専任の統合担当者を置くか，あるいは特別の統合担当部門

図8-6　3つの産業における統合手段の比較

産業	プラスチック	食品	コンテナ
過去10年の新製品数	20	10	0
分化の程度	10.7	8.0	5.7
統合の手段			
一般的な統合手段	規則 階層関係 計画 直接的接触	規則 階層関係 計画 直接的接触	規則 階層関係 計画 直接的接触
専門的な統合手段	常設チームの設置 統合担当管理部門	タスク・フォース 統合担当管理者	
統合担当管理者の比率 (統合のためのコスト)	22%	12%	0%

出所）J. W. Lorsh & P. R. Lawrence, *Designing Complex Organizations*, 1972, p. 71 より作成。

を設け，これら担当者が応用研究部門・販売部門・製造部門との間の調整に当たり，統合のための横断的組織化の問題を解決していた。

ローレンスとローシュの研究は，次のような点を明らかにしている。① 不確実性が高い市場環境に直面している企業は，主として組織を分化させ市場環境に適応している。② 安定的で不確実性が低い市場環境に直面している企業は，統合の度合いを高め市場環境に適応している。③ 3つのいずれの産業でも，高業績企業は，高い統合の度合いを示し市場環境に適応していた。すなわち，分化と統合の問題は，不確実性の高い市場環境に直面している企業ほど組織の分化を促進し，この分化した組織をいかに統合するかの統合の組織問題に直面していた。そして，彼らは，市場不確実性に対処しつつ企業が高い業績をあげるには，以下のような人的要因に関わる統合の組織化問題を解決することが重要であると指摘している。

分化と統合の人間的要因

外部環境が複雑であったり不確実であったりする場合，企業は外部環境の不確実性に対処するため組織内の分化の度合いを高め不確実性に対処する。市場環境が多様化・複雑化すると，企業は事業部制のような自律的組織を採用し市場の多様性に対処する。例えば，企業は，市場の不確実性に適応する

ため，製品ごとに製品別の事業部制を立ち上げ市場の多様性を減じる。つまり，製品別に分権化した事業部制組織の下で，販売・製造・開発といった問題に自律的に対応する。このように組織における分化の問題は，たんに分業が能率を増進するというクローズドな視点だけではなく，組織が市場と相互作用を営んでいるというオープンな視点から分析されたのである。

だが，事業部制のもとで分化した組織を統合する問題は，計画・規則・階層上の命令を通してスムーズに調整されるとは限らない（P. R. Lawrence & W. Lorsch, 1967, 邦訳，3章・4章）。組織内の統合問題は，組織内で分化した各部門を担っている管理者たちの相互活動の努力を通して行われ，そこで生ずるコンフリクトは，人間による「組織的調整」の努力を通して初めて解決される。統合問題を解決する調整あるいはコンフリクトの解決は，人間関係論あるいは行動科学的組織論者が強調した「協動および対人能力」の問題に大いに関係しており，計画・規則や階層関係の命令だけで，スムーズに解決されるとは限らない。すなわち，分化に対し統合を行う様々な組織化の試みは，人間による調整活動が伴われなければ，計画・規則・手続き・命令だけではスムーズには解決されない。

ローレンスとローシュが，統合問題を解決するため必要であるとした要因は，次のようなものであった（P. R. Lawrence & W. Lorsch, 1967, 邦訳，4章・5章）。①統合担当者の目標指向性・時間指向性・対人関係指向性への配慮とバランスが取れている。②統合担当者は，統合に関する公式的権限だけでなく統合を解決するための高度のノウハウを持っている。③統合問題に関連する管理者たちが，徹底して情報を公開・交換しあい対人的に問題を解決している。④統合担当者の報酬体系が，統合に関係する部門の業績と結び付け設定されている。このように，統合問題は，統合のための横断的な組織構造を創造するだけでなく，統合問題の解決に当たる管理者の対人能力やノウハウの蓄積といった企業特殊的熟練やキャリア形成の人材育成の問題とも関係していたのである。

市場環境と権限関係

　企業が市場環境に適応するため組織の分化と統合を促進し問題を解決しているため，異なった市場環境に直面している企業は，異なった権限関係の分布を生み出している。3つ産業では，次のような相違がみられた（図8-7参照）。① プラスチック産業では市場環境の不確実性が高かったので組織は分化と統合を発展させており，意思決定に際しては市場や科学技術の知識を有するミドルとロワーの管理者がかなりの影響力を有していた。② 食品産業では特別の統合担当部門を持たず市場環境に適応していたため，統合問題を処理するには市場や科学技術に関する知識が必要であり，研究部門や販売部門のミドルとロワーの管理者もかなりの影響力を持っていた。③ コンテナ産業は，製品が標準化され市場環境も安定的であったため，組織の分化は発展せず，ミドルとロワーの管理者の業務は定型的な販売問題に対処することが中心になり，権限と影響力はトップに集中していた。

　以上のローレンスとローシュの研究は，次のような示唆を与えている。統合のための組織化は横断的組織構造の創造に加え，統合問題を解決する管理者を育成する人的資源問題や組織の権限関係にも関係していた。具体的に述べるなら，統合のためのプロジェクト・チーム，統合のための専任管理者，

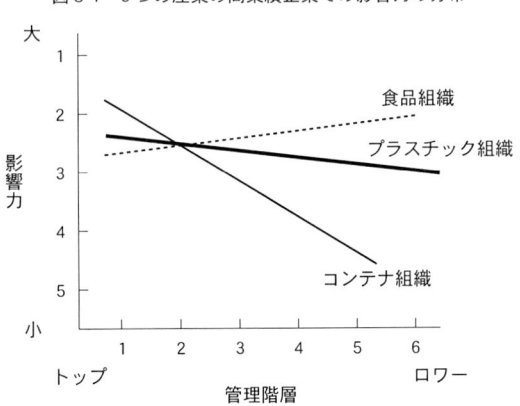

図8-7　3つの産業の高業績企業での影響力の分布

出所）P. R. Lawrence & W. Rorsch, 邦訳, 167頁より作成。

統合のための組織に加え，統合に関わる管理者が，各部門の目標を的確に認識する目標指向性，統合に必要な時間を的確に認識する時間指向性，そして関連部門とのコンフリクトを解決する対人能力を有していることが重要であり，管理者のキャリア形成や報酬体系の工夫といった問題にも関係していた。つまり，不確実性に対処し環境適応する問題は，組織の分化と統合に関わる横断的組織構造の創造に加え，大いに人間の問題解決能力に支えられていたのである。

(3) コンティンジェンシー理論 ―ワン・ベスト・ウェイはない―

以上，バーンズとストーカーおよびウッドワードは，使用されている技術のタイプが違えば，組織や管理構造のパターンは異なると主張した。加えて，ウッドワードは，技術のタイプと組織の管理構造の適合性が高い企業が高業績を示していると指摘した。そしてローレンスとローシュは，次のように述べている。不確実性が高い市場環境に直面している企業は，組織を分化させ市場環境に適応し，不確実性が低い市場に直面している企業は，高い統合度で市場環境に適応している。そして，いずれの場合も，高業績企業は，統合度を高める組織構造と人的能力の仕組みを作り上げていた。すなわち，組織は多様な市場環境と相互作用しながら適合的な組織構造や管理のスタイルを生み出そうとしている。それ故，すべての組織に共通する唯一最善（ワン・ベスト・ウェイ）の組織および管理のパターンはない，とローレンスとローシュは主張した。彼らは自らを含め，このような考え方を「コンティンジェンシー理論」と名付けた。

ローレンスとローシュの主張は，テイラー，ファヨール，ムーニーとライリーらの主張以来，経営学が追究してきた最善の管理技法や管理原則といった伝統的管理論の考え方に疑問を呈した。そして，メイヨーらの人間関係論的な実証研究に始まる行動科学的組織論は，組織における人間行動の理解に大いに貢献したが，現場レベルでの参加的意思決定，集団機能と相互信頼性，等に一般化される傾向にあった。ローレンスとローシュは，これら伝統的管理論，行動科学的組織論は，いずれも，ある特殊の場合の一般化である

と考えている（P. R. Lawrence & W. Lorsch, 1967, 邦訳, 7章）。ローレンスとローシュは，それぞれの組織が持つ経営資源（技術・人材・資金等）と直面している市場環境は同じでないのだから，あらゆる組織に適応しうるワン・ベスト・ウェイの組織や管理の原則はないと主張した。異なった状況の下で行動している企業は，異なった環境に適応する組織や管理の仕組みを発展さすことが重要となる。トンプソンも，各組織が用いているテクノロジー（組織行動のパターン）と課業環境（解決すべき課題）が異なるのであるから，それぞれの組織は固有の状況要因に対処している，と主張し，組織や管理のワン・ベスト・ウェイはないと主張した（J. D. Thompson, 1967, 邦訳, 100頁）。

ローレンスとローシュは，環境適応には組織設計とリーダーシップの働きが重要であると指摘している（P. R. Lawrence & W. Lorsch, 1967, 邦訳, 7章）。①組織や管理手段を選択するに当たって，問題が生じている状況を把握しそれに適合する組織や管理手段が選択されているか。②環境適応にはメンバーの行動の変化が必要であるが，変化のための学習と理解がなされているか。③環境適応には企業に方向性を与える創造性を持つリーダーシップが必要で，同時に，それを理解し支える多数のリーダーの存在も重要である。ローレンスとローシュは，最終的に「人と組織の問題」に目を向けている。

4 環境適応と組織学習 —環境認識の曖昧性—

サイヤートとマーチ（R. M. Cyert & J. G. March）は，カーネギー・メロン大学で，サイモンと共同研究を行い，サイモンが主張した「制約された合理性」や「環境学習的人間行動」を，企業行動に適用し『企業の行動理論』（*A Behavioral Theory of Farm*, 1963, 邦訳）を著していた。この著作で，サイヤートとマーチは，企業行動を2つの新しい観点から説明した。1つは企業行動を形成する経営者・管理者等の意思決定行動を，自己あるいは部門の利害を追求する「政治的連合体」と捉えていた。2つ目は，サイモンのよう

に所与の目的に対し合理的に手段を選択するのでなく，手段を選択する際の人々の選好（選択基準）は必ずしも一定でなく状況や時間の経過とともに変化する，であった。

　すなわち，①企業目的や企業行動は，組織に関係している様々な利害関係者間で生ずるコンフリクト（葛藤）を処理するバーゲニング過程から生み出される。②経営者・管理者は，一種の「政治家」的連合体とし意思決定を行っており，意思決定は，成員間のコンフリクトを含みつつ企業の資源配分をめぐるバーゲニング過程から生み出されている。③そこでの意思決定は，時間の経過に伴う組織目的の移り変わり，組織目的間の独立性と対立性，目的と決定の弱い結びつき・非一貫性，がみられる。つまり，彼らは，組織の意思決定は複雑で合理性がかなり低い場合もあると考えたのである。

(1) 意思決定の曖昧さ —ごみ箱モデル—

　以上のように，マーチらは『企業の行動理論』において，組織を1つの「政治的連合体」と捉え，意思決定の複雑性と非合理性を指摘していた。マーチは，その後，コーエン（M. Cohen），オルセン（J. Olsen）とともに組織の意思決定を「ごみ箱」に例える意思決定モデルを提唱した（J. G. March, 1988, Chap. 14）。彼らの「ごみ箱」モデルは，組織の意思決定の曖昧さを強調するモデルであった。組織の中で生み出される意思決定は，かなりの程度，複雑かつ曖昧さ（ambiguity）を含んでおり，マーチ・コーエン・オルセンは，この意思決定の曖昧さに注目し，サイモンとは違った意味で，再び意思決定および意思決定過程の合理性とは何かを問い直したのである。

　マーチらは，サイモン以降の意思決定研究の中に新しい流れが生じているとし，次のように述べている（J. G. March, 1988, Chap. 13）。サイモンは，人間の持つ「制約された合理性」を指摘し，人間の情報処理能力の限界・情報コストの存在を明らかにした。しかし，その後の意思決定研究は，サイモンの考え方を拡張すると同時に異なった方向へも発展し，意思決定の非一貫性・不安定性・非因果性といった動的で流動的な組織状況を説明する組織の選択理論へと発展してきた。サイモンらの意思決定論は，目的に対する手段

の選択に際し，選択の基準となる人々の選好（preferences）が一定あるいは安定していると仮定しているが，我々が注目しているのは，個人は様々な価値と利害を有し組織に参加しており，彼らの選好は一貫性を持たず，時の経過とともに変化していく。

例えば，人は自己の期待に基づき行動する場合があり（期待 → 行動），それ故，自己の行動を説明するため，事後的に選好（選択基準）を形成する場合もある。まず行動ありきであり，事後的に行動を正当化する選好が形成される。サイモン的な，目的達成に合う手段の探索・評価・選択ではなく，選択してから選好（評価基準）を形成するのである。「ごみ箱」モデルは，時間の経過にともなう組織目的のシフト，組織目的間の独立性と対立性，時間の経過にともなう選好の変化，組織外の要因による選好の変化，事後的な選好の形成，選好自体の非一貫性を仮定し，意思決定における曖昧性を強調している。

「ごみ箱」としての意思決定

マーチらは，組織化された無秩序といった組織現象を理解するため，意思決定過程の曖昧さに注目している（J. G. March, 1988, Chap. 14）。サイモンは意思決定を，所与の目的に対して手段を探索し評価・選択する過程と考えたが，この探索・評価・選択の意思決定過程での曖昧さにマーチらは注目した。目的達成のための手段が明確に定まっていない（経済のソフト化・サービス化では多く見られるようになる），仕事の仕組・プロセス・方法が明確でなく不確実性を多く含む意思決定は，タイミングや偶然の結果に左右されていることが多い。「ごみ箱」モデルでは，意思決定過程を左右する比較的独立した4つの流れを想定している。

1 問題

問題は組織に関わる人々の関心事で，目的が明確である場合，問題は容易に認識されるが，そうでない場合，問題は組織の中に隠れ潜在化している。

2 解

解は必要に応じ参加者が生み出すが，問題が認識され，解が見出される通常の場合以外に，問題は認識されず，解が先に見出される場合もある。

3　参加者
　解の選択には参加者が関わっており，参加者の出入りが流動的である場合，参加者の顔ぶれが選択に影響を与える。

4　選択機会
　雇用契約を結ぶ，支払をする，等の意思決定機会が選択機会である。

　これら意思決定過程を左右する4つ流れが，あるとき合流し一定のパターンを形成し解が生み出される。「ごみ箱」モデルでは，「ごみ箱」に問題が投げ込まれ，問題が見出されたとき，解の選択に関わる参加者が選択機会を得て，解が見出される，と考える。「ごみ箱」は，参加者により問題が見出される選択機会の場であり，解が投げ出される思考の流れと行動の場である。

　また，「ごみ箱」では，次のような代表的な3つの意思決定パターンがみられる。

1　解決（resolution）
　問題の数により解決に至る時間の長さは異なるが，問題に対しある解が選択される。通常，最も一般的な意思決定のパターンである。

2　見過ごし（oversight）
　それまで問題が見過ごされており，たまたま他の選択機会に問題が認識され，解が選択される。そもそも問題解決に支障はなかったのである。

3　飛ばし（flight）
　問題に対する魅力的な選択肢が見つからず，魅力的な選択肢がみつかるまで問題は積み残されている。なんら問題は解決されていない。

　一般に，1の「解決」による意思決定が，これまで意思決定論の対象になってきた。しかし，マーチらが注目したのは，何らかのきっかけで急速に問題解決が促進される2の「見過ごし」や，なんら問題は解決されずに先送りされている3の「飛ばし」の意思決定のような場合である。「ごみ箱」モデルは，これまでの合理的意思決定モデルでは捉えきれない組織現象，つまり「組織化された無秩序」「流動的組織現象」等を説明しようとしてい

る。「ごみ箱」モデル的意思決定は，一見，非合理的で病的にみえるかもしれないが，マーチらの観点からすれば，矛盾する目的，選好の変化，参加者の入れ替わりによる解の変化，変化する環境，問題の見過ごしや先送り，といった流動的な組織状況は，多くの組織でしばしばみられるのである。バーナードが組織における人間行動の非論理的過程を強調したように（7章1・2参照），マーチらも，環境認識に関わる組織学習の問題は，バーナードの「非論理的あるいは非合理的な知性」への理解に通ずる問題であると述べている（O. E. Williamson, 1990, 邦訳, 1章）。

(2) 組織学習のモデル

意思決定および意思決定過程の曖昧性・流動性といった組織現象を前提に，マーチらは，組織の環境適応の過程，つまり「環境認識」を説明する組織学習のモデルを提示している（J. G. March, 1988, Chap. 14）。彼らは，これまでの組織学習のモデルは，単純な「合理的適応のモデル」と呼べるもので，なぜそのような組織状況が生じたかを説明するには不十分であると述べている。

「組織学習の完全サイクル・モデル」

これまでの「合理的適応のモデル」は，経験による学習に基づき，分析し予測し計画し決定する意思決定論であった。しかし，経験や学習には人々の解釈が含まれているだけでなく，上でみた通り，矛盾する目的，選好の変化，意思決定のタイミング等を考慮すると，「合理的適応のモデル」に基づく組織学習の考え方には限界がある。マーチらは組織学習のモデルを理解するため，まず，「組織学習の完全サイクル・モデル」を説明いている。

「組織学習の完全サイクル・モデル」では，次のように考える。① 個人の認識と選好が彼の行動に影響を与える。② 個人の行動が組織行動に影響を与える。③ 組織行動が環境の行動に影響を与える（すなわち環境に反応する）。④ 環境の行動が個人の認識と選好に影響を与える。そして，「組織学習の完全サイクル・モデル」では，これら①-④の関係が

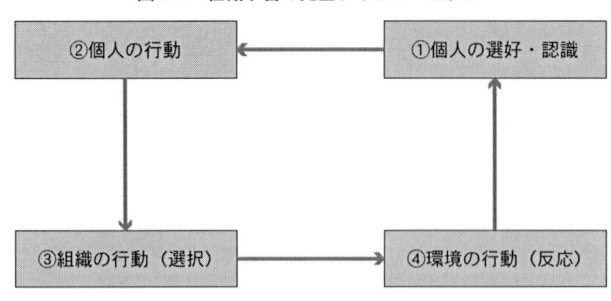

8章 組織と市場 —意思決定・環境適応・環境認識—

図 8-8 組織学習の完全サイクル・モデル

```
②個人の行動  ←――――  ①個人の選好・認識
     │                        ↑
     ↓                        │
③組織の行動(選択) ―――→  ④環境の行動(反応)
```

出所) J. G. March, 1989, p. 338 より作成。
　　　角野信夫『経営組織』新世社，2001 年，243 頁。

①→②→③→④のように，閉じた因果関係にあると仮定している（図 8-9 参照）。

しかし，（図 8-8）の閉じた因果関係にほころびがみられる場合もある。①→②で考えれば，個人の認識・選好から導かれた組織内の個人行動が，組織の個人に期待されている役割行動を生み出さない場合も考えられる。つまり，①→②の関係が明確にならない場合である。そのような場合，①→②の関係は，不安定になり閉じた関係が保障されない。マーチらは，個人の認識や選好は変化しうるし，個人は組織状況を様々に解釈し，その役割を果たさない場合も考えるのである。

「組織学習の不完全サイクル・モデル」

マーチらは，複雑な結び付きと多様な解釈を考慮にいれ，曖昧で弱い因果関係を前提とした組織学習のモデル，「組織学習の不完全サイクル・モデル」を提唱している（図 8-9 参照）。「ごみ箱」モデルと同じく，「組織学習の不完全サイクル・モデル」では，流動的で曖昧な組織状況のもと，サイクル間の弱い結び付きと弱い因果関係を考慮している。例えば，③組織行動→④環境の行動（反応）の場合を考えてみよう。組織行動と環境の関係では，組織行動が一義的に環境の行動をもたらすのではない。同じ組織行動が，違った環境の行動（反応）を導くかもしれない。寡占経済での企業行動

にみられるように，企業行動が市場環境に影響を与え，同時に競争企業の行動が市場環境に影響を与え，相互反応的に環境は形成される。組織は環境に対し適応的に行動する過程で，組織目的を追加したり，定義し直すこともある。

「組織学習の不完全サイクル・モデル」では，組織と環境は互いに影響しあいながら組織学習を行う。「ごみ箱」モデルでみられたように，組織学習もタイミング・組織文脈に大いに依存し，組織は複雑な環境の中で解釈し行動することで，組織と環境は互いに影響を与え合っている。マーチらの「組織学習の不完全サイクル・モデル」は，① 組織は，つねに明確な生産の方法と仕組み（技術・意思決定過程）を持つとは限らない場合を想定し，そのような場合とくに，② 組織の目的は一義的なものでなく，矛盾や対立を含みながら組織成員間で解釈されていく。したがって，③ 意思決定の選択基準となる選好が変化したり，手段（行動）が先にあり，選考が後で形成される場合もある（あと講釈）。④ 意思決定の参加者が流動的であると，参加者の関心が移り替わり意思決定は違った個人行動と組織行動を導く。

創出された環境

組織学習のモデルは，個人，組織，環境，の間の弱い結びつき，あるいは流動性を考慮する接近法であった。他方，人間の環境認識能力そのものに焦点を合わせ論じたのはワイク（K. Weick）である（K. Weick, 1979, 邦訳, 1章・2章）。彼は，環境とは人間の認識能力に依存し，従って認識能力に制約されていると述べている。すなわち，環境を学習し環境に適応することは，まず環境をどのように認識し解釈するかということから始まる。人間の知覚や認識能力が問題となるのである。ワイクによれば，人間の知覚や認識能力は，人間の持っている過去の経験や知識をもとに解釈されることが多く，一種の回顧のプロセスとなる。つまり，人間が環境を認識するということは過去の経験から学習し環境を創出しているのである。組織の場合で考えれば，人間は，すでに組織に備わっている情報収集と処理のメカニズムを利用しパターン化した方法で環境を解釈し認識するという意味で，組織自らが

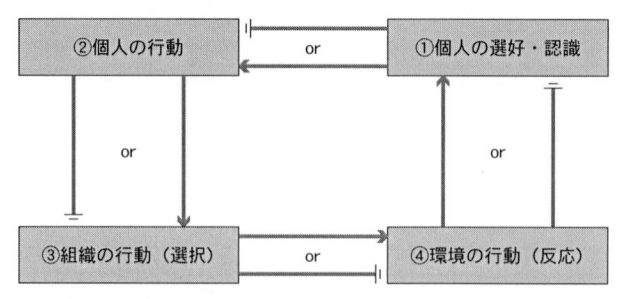

図 8-9 組織学習の不完全サイクル・モデル

```
②個人の行動  ← or ─  ①個人の選好・認識
    │                      ↑
    or                     or
    ↓                      │
③組織の行動（選択） ─ or →  ④環境の行動（反応）
```

出所) J. G. March, 1989, chap. 15 より作成。
角野信夫『経営組織』新世社，2001 年，243 頁。

環境を創出しているのである。組織の環境認識は，組織に備わっている既存の情報収集と処理のシステムに依存している。環境は創出された（enacted）もので，個人および組織の環境認識は，過去の経験や学習に制約されている。

マーチらの組織学習のモデルは，曖昧さと流動的な組織状況の下で，組織の環境認識は不確実な環境（市場）をどのように認識し，環境（ライバル企業等）はどのように反応するのか，といった不確実で流動的な組織状況と関連させ説明している。そして，組織の環境適応の問題は，環境の不確実性に加え，環境認識に対する個人や組織の学習能力に大いに関わっていた。それ故，ワイクは，人や組織の認識能力は，過去の経験（情報収集と処理のシステム）や成功および失敗の体験から生み出されることが多いと述べている。つまり，環境は，人や組織自らが創出したもので，人間と組織の認識能力に大いに制約されているのである。

5 環境適応の政治モデル

マーチらの組織学習のモデルが示しているように，組織の環境適応は，組織および人間が環境をどのように認識し，環境不確実性にどのように対処しうるのか，といった新しい接近法を提供した。他方，ワイクは，環境は創

出された（enacted）もので，環境を学習し環境に適応することは，人間の知覚や認識能力の問題が，その根底にあると述べた。そして，組織と環境の問題に関し，組織が環境に積極的に働きかけ組織自身が環境を統制しようとする側面を分析したのが，フェフアーとサランシック（J. Pfeffer & G. R. Salancik）の『組織の外部統制』（*The External Control of Organizations*, 1978）であった。フェフアーとサランシックは環境適応ではなく，組織が積極的に環境に働きかけ環境を統制しようとする側面を分析し「資源依存モデル」を展開した。この「資源依存モデル」を展開する中で，フェフアーとサランシックは，環境適応の政治モデルを扱っている。環境適応が組織の権力関係とどのように関わっているのか，具体的には「環境効果の経営者選抜モデル」および「環境効果の政治モデル」である（J. Pfeffer & G. R. Salancik, 1978, Chap. 9）。これらは，かつてマーチが企業行動を経営者・管理者の「政治的連合体」の観点から分析したのと同様の接近法であり，一種の企業統治（corporate governance）問題への分析であった。

(1) 環境効果の経営者選抜モデル

コンティンジェンシー理論以来，組織は直面している環境に適応しようとしていると考えるが，環境適応には組織の再構造化を伴うことが多い。すなわち，組織は，認識された環境に対し，どのように反応し組織自身を再構造化するのか，の問題に直面する。しかし，上述のように，環境と組織行動の間は必ずしも強い因果関係や結び付きがあるとは限らない。したがって，環境認識や組織の再構造化を巡り，組織参加者の利害を反映した多様な組織行動が生み出される。

一般に，ある環境に直面している組織は，環境の不確実性，環境との相互依存性，環境と組織の間にみられる制約要因（条件性），といった環境文脈のもとで適応的に行動しようとする。この環境文脈の中で，経営者の選抜を通した環境適応の再構造化プロセスがみられる。フェフアーとサランシックは，環境適応に当たり最も重要な役割を果たす経営者の選抜と組織の統制問題を次のように考える。経営者の権力の源泉は，組織の最も重要な課題に対

図 8-10 環境効果の経営者選抜モデル

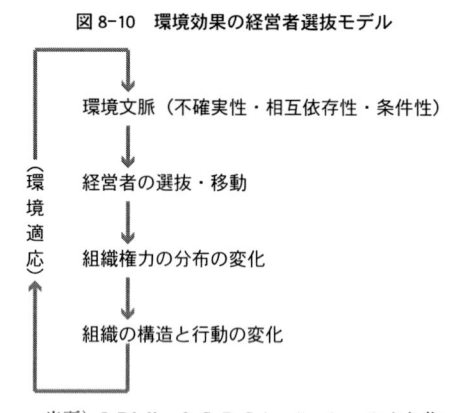

環境文脈（不確実性・相互依存性・条件性）
↓
経営者の選抜・移動
↓
組織権力の分布の変化
↓
組織の構造と行動の変化

（環境適応）

出所）J. Pfeffer & G. R. Salancik, chap. 9 より作成。角野信夫『経営組織』新世社，2001 年，252 頁。

する解決能力，つまり不確実性対処能力にある。「資源依存モデル」の観点から述べれば，経営者の持つ重要課題や臨界的な不確実性への対処能力という経営者能力（経営者資源）が，彼らに組織権力を与えている。そして，この経営者資源に基づき，組織は環境文脈に適応すべく経営者を選抜し，組織の構造を発展させ，主要管理者の選抜と任期を決定しミドルからロワーへと順次権限を委譲していく。こうして，組織の成員は，組織内の資源配分能力を持つ経営者に依存するようになる。経営者の組織資源を配分（移動）させうる権力を認識し，組織成員は経営者との権限関係の中で行動する。このようにして組織構造と組織統制という組織文脈が形成され組織行動が導き出される。

　組織の環境適応の観点から，経営者の選抜問題は，次のように言える。① 環境の不確実性・相互依存性・制約要因（条件性）といった環境文脈が，その対処に当たるにふさわしい経営者を選抜させる。② 経営者と主要管理者の選抜と任期が，組織内の権力統制の分布に影響を与える。③ 組織の政策や構造は，権力分布に従う意思決定体系の結果である。④ 組織の政策や権力構造から生み出された意思決定が，組織行動を導く。これら環境文脈に基づく経営者選抜の環境適応モデルを簡略化して示せば，（図 8-11）のよう

になる。

(2) 環境効果の政治モデル

　上の「環境効果の経営者選抜モデル」は，基本的に，組織の環境適応を促進する組織の再構造化モデルである。つまり，（図8-11）のように，環境適応を促進する経営者選抜モデルである。例えば，企業の業績が低下すれば，経営者は交代する。経営者の在職年数は，資本負債比率が上昇すれば短くなる。4年以上にわたり利益が減少すると経営者の交代が見られる，といった実証研究が示すモデルである。しかし，経営者の選抜・任期・継承に関わる組織内の権力関係や組織成員の利害関係に目を向けるなら，必ずしも経営者の交代がスムースに行われ，環境適応のための組織権力の再構造化が促進される場合ばかりとはかぎらない。フェフアーとサランシックは，環境適応の組織の再構造化が見られない場合も指摘している（J. Pfeffer & G. R. Salancik, 1978, p. 240, J. Pfeffer, 1978, p. 256）。すなわち，組織内権力が制度化（固定化）されるほど，環境変化に直面しても経営者は交代せず任期を継続する。ときとして，経営者の地位継承は，組織の環境適応とは関係のない組織内政治の帰結で，権力関係が固定化されているかもしれない。

　これら指摘は，フェフアーが組織を一つの政治過程とみる，次のような認識による（Pfeffer, 1978, Chap. 7-9）。組織は，利害関係者の連合体でもあり，組織の中では権力のエネルギーを伴うバーゲニング（政治取引）がなされている。ときとして，組織は環境に適応するのでなく，組織は組織を支配している人のために行動する。組織変革に関わる組織の再構造化は，組織目的・組織の情報収集と処理システム・課業の構造・組織の権力構造を巡り，決定的な資源所有者（経営者・管理者）の政治過程から生まれる。環境適応のための組織変革（組織の再構造化）の要請は，現在の権力構造を脅かされている人々から影響力を維持・回復しようとする組織内政治が生み出される場合もある。このように，権力と影響力を求める利害関係者が連合を形成する政治行動は，組織にとっての本質的な問題である。

　組織は，環境適応のみならず組織内の環境認識を巡る認識の多様性，と

図 8-11 環境効果の政治モデル

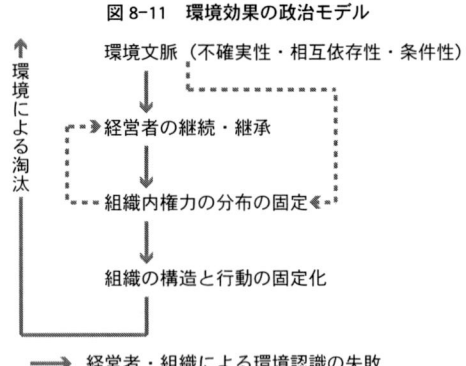

```
              環境文脈（不確実性・相互依存性・条件性）
↑                    ↓
環           ┌──▶ 経営者の継続・継承
境           │          ↓
に           │     組織内権力の分布の固定 ◀──┐
よ           │          ↓                   │
る           └──── 組織の構造と行動の固定化 ──┘
淘
汰
```

──▶ 経営者・組織による環境認識の失敗
┄┄▶ 権力を巡る組織の政治（統治）過程

出所）J. Pfeffer & R. Salancik, chap. 9 より作成。
　　　角野信夫『経営組織』新世社, 2001 年, 255 頁。

いった組織内の因果関係の弱い結び付きと曖昧性といった組織状況の中では，利害関係を巡る政治的バーゲニング過程が生じ易く，経営者の交代や組織変革（組織権力の再構造化）過程も流動的となる。このような状況の下では，組織の政治過程が現在の権力構造を維持するため，組織の流動的状況を利用し環境適応の組織変革を拒み経営者は交代しない，あるいは交代しても現経営者の継承者である場合も生ずる。このような環境効果に関する組織の政治と統治のメカニズムは，図 8-11「環境効果の政治モデル」（組織の政治モデル）として表すことができる。

とりわけ，「経営者支配」といった企業統治の状況下では（6 章 4 参照），環境適応あるいは環境認識の問題から，組織の政治過程が増幅されるかもしれないのである。組織は，とりわけ大規模組織は，組織の政治過程から逃れることが出来ないのである。

6　小括

サイモンは『経営行動』(1945)，1 章「意思決定と管理組織」で次のように述べている。通常，管理は，物事をなさしめる技法あるいは過程であると

考えられているが，このような考え方は，それに先立つ「意思決定過程」に目を向けていない。管理論が，効果的な管理行動を保障する原則を必要としているように，管理論は，正しい意思決定を導く組織の原則を含まねばならない。これまでのところ，バーナードの『経営者の役割』(1938) を例外として，この「意思決定過程」に注目し分析した研究はほとんどない。サイモンは，当時の管理論的組織分析ではなく，意思決定を組織分析の基本的概念に選び，意思決定の組織論を展開した。

　人間の意思決定は，彼の接している環境に関する不完全な情報のもと人間の持つ認知能力の限界，つまり「合理性の限界」の中でなされる。そして，サイモンは，人間の「合理性の限界」を緩和し意思決定の合理性を高める仕組みが組織で，組織は，そのため必要とする知識・情報を収集し情報チャネルを組織内に作り上げる，と考えた。つまり，組織は，意思決定の合理性を高めるための情報収集・処理の体系なのであった。組織の経済活動（意思決定）が情報収集・処理の体系により効率的に調整されているという接近法は，市場の経済活動が価格という情報シグナルにより効率的に調整されていると考える市場理論（ミクロ経済学）と結びつくことになる。

　ウィリアムソンは，組織も市場も，ともに情報伝達と処理に関わる経済活動を調整するシステムであると考え，『市場と企業組織』を著した。ウィリアムソンの「取引コスト・アプローチ」は，市場の経済活動において「制約された合理性」しか持たず，自己利益を追求する機会主義的な人間行動が存在するため，市場という価格メカニズムを使用すると取引が不安定になり，それを避けようとすれば，市場を使用するコスト（取引コスト）が大きくなる。そのような取引コストの上昇する取引は，取引コストの上昇を避けるため，大量の経済活動を組織内へ内部化する。つまり，市場における経済活動の取引コスト（意思決定コスト）が上昇すると，それら取引を組織内に内部化し取引コスト（意思決定コスト）を低下させることが出来る。内部化された企業内の経済活動は，組織の権限関係のもと効率的に調整される。これがコースの基本的認識で，ウィリアムソンが「組織の経済学」として発展させたものである。ここに，市場と組織の経済活動が同一次元で分析され，経済

学と経営学が接点を持ったのである。

　ウィリアムソンの「組織の経済学」が，基本的には市場から組織への経済活動を分析したのに対し，ローレンス・ローシュのコンティンジェンシー理論は，組織内の経済活動の調整（組織や管理の仕組み）は，企業が直面している市場の性質（技術・不確実性等）に大きく依存していると考えた。彼らは，組織から市場環境の問題へ接近し，市場環境に適応する組織や管理の仕組みを発展させることが，企業に高業績をもたすと主張した。それ故，彼らは組織の環境適応の組織化の重要性を主張し，各企業が個々に直面している市場環境に適応しているという考え方から，組織化や管理のワンベストウェイはないと主張した。つまり，コンティンジェンシー理論は，組織化や管理のワン・ベスト・ウェイはないという主張から組織の環境適応の重要性を主張したのである。

　コンティンジェンシー理論が主張した環境適応と組織行動の結びつき，つまり環境適応 → 組織化に関し，その弱い結びつきを主張したのが，マーチらの「ごみ箱」モデルであり組織学習のサイクル・モデルであった。マーチらは，環境認識の多様性故に，環境に適応する組織学習の複雑性・困難性を明らかにした。環境適応の根底にある環境認識そのものの問題から，「環境適応（効果）の政治モデル」を展開したのは，フェフアーとサランシックであった。彼らは，環境認識が個人の環境認識能力に制約されていることに加え，環境認識が適正になされ環境適応の組織化に向かったとしても，組織内の権力構造の再組織化に失敗する可能性を示す「環境適応（効果）の政治モデル」を提示した。これら，マーチらの「組織学習の不完全サイクル・モデル」やフェフアーとサランシックの「環境適応（効果）の政治モデル」は，いずれも，サイモンの意思決定モデルとは違った方向性を持って発展した組織の意思決定論であった。

　以上，サイモンの「意思決定の組織論」からウィリアムソンの「組織の経済学」を経て「環境適応と環境認識の組織論」に至る流れを，アメリカ経済社会の変遷，その端的な表れである「就業構造の推移」からみておこう。（表8-1）は，20世紀アメリカ経済社会の変遷を「就業構造の推移」か

表 8-1　20世紀アメリカ社会の就業構造の推移（％）

	1900 年	1930 年	1960 年	1999 年
ホワイト・カラー	17.6	29.4	43.4	59.5
専門技術者	4.2	5.4	11.4	18.9
経営者・管理者	5.8	6.6	10.7	14.7
販売	4.5	4.8	6.4	12.1
事務	3.0	8.9	14.8	13.8
ブルー・カラー	35.8	39.6	36.6	24.6
サービス労働者（家事含む）	9.0	9.8	12.2	13.4
農業労働者（経営者含む）	37.5	21.2	7.9	2.6

出所）*The Statistical Abstract of the United States*（米国商務省）
　　　1999 年は，*Yearbook of Labor Statistics*（米国労働省）

ら見たものである。20世紀初頭から1960年までは製造業に関連した就業構造が主流であったが，1960年頃を境に，急速に，経済のソフト化・サービス化・情報化が進行し，製造業に関連する就業構造は減少し始める。(1999年) / (1960年) 比の就業構造でみると，とりわけ情報（2.0倍），金融（3.0倍），専門対企業サービス（4.3倍），教育・保健・健康（5.0倍）の伸びがみられた（2008年米国経済白書，2008年5月26日『週刊エコノミスト』参照）。経済のソフト化・サービス化により労働市場は流動化し，製造業主体であった民間企業組合組織率は9％を割り込み，内部労働市場の外部化が進みニューディール型労使関係は大いに変化した。日米共に，かつてのウェルフェア・キャピタリズムは輝きを失いつつあるのかも知れない（S. M. Jacoby, 1997, 邦訳，日本語版序文，7章）。20世紀後半のアメリカ経済社会の変遷，つまり経済のソフト化・サービス化・情報化が経済活動の流動化（意思決定の流動化）をもたらし，コンティンジェンシー理論・「ごみ箱」モデル・組織学習の不完全サイクル・モデル，さらには環境適応に遅れをもたらす「環境適応の政治モデル」を生み出した。良い意味でも悪い意味でも，人間が主役になる個性的な意思決定行動が重要になりつつあると言ってもよいであろう。

参考文献

・S. Douma & H. Schreuder, *Economic Aproaches to Oragnizations*, 1991.（岡田・渡部・丹沢・菊沢訳『組織の経済学入門』文眞堂，1994年。）

- P. R. Lawrence & W. Lorsch, *Organization and Environment: Managing Differentiation and Integration*, 1967.（吉田博訳『組織の条件適応理論』産業能率短大出版部，1977年。）
- J. G. March & J. P. Olsen, *Anbiguity and Choice in Organizations*, 1979.（遠田雄志・アリソン・ユング訳『組織における曖昧さと決定』有斐閣，1986年。）
- H. A. Simon, *Administrative Behavior: A Study of Decision Making Processes in Administrative Organization*, 1945.（松田武彦・高柳暁・二村敏子訳『経営行動』ダイヤモンド社，1989年。）
- O. E. Willamson, *Market and Hiarachies: Analysis and Antitrust Implications*, 1975.（浅沼萬里・岩崎晃訳『市場と企業組織』日本評論社，1980年。）
- 岸田民樹・田中政光『経営学説史』有斐閣，2009年。
- 角野信夫『経営組織』新世社，2001年。

終章
「管理の科学」から「組織の科学」へ

(1) 経営実践の革新

　ジェファソンの独立宣言（1776）は，自由な経済活動と個人の努力・責任を強調するアメリカ個人主義への賞賛でもあった。アメリカは「ビジネスの国」として誕生したのである。ところで，経営学の原点が，経営実践の改善あるいは工夫にあると考えるなら，産業革命期の「工場制工業」の管理実践が経営学の源流と見なされるかも知れない。たしかに，19世紀前半のアメリカ棉工業に管理会計の萌芽と言える管理実践が見られたし，チャンドラーが述べたように，19世紀半ば，500マイルを越える広範な路線網と4,000人以上の従業員を擁する大鉄道が誕生し，鉄道では広範な経営および管理実践の革新がみられた。この意味で，アメリカの鉄道は近代的経営と管理実践のパイオニアであった。しかし，鉄道あるいは19世紀後半に大規模化していく産業企業においても，それら経営および管理実践の革新が原則化・体系化され広く伝播されることなく，企業内あるいは業界内の経営および管理実践の革新に止まっていた。この点に関して言えば，英国産業革命期の管理問題を研究したポラード（S. Pollard）も同様の指摘を行なっている『現代企業管理の起源』（*The Genesis of Modern Management*, 1965, 邦訳）。それ故，経営学のパイオニアは，19世紀末から20世紀初頭に，経営および管理実践の革新を原則化・体系化し「管理の科学」を公刊したのである。

(2) 「管理の科学」の創造

　「管理の科学」の創造という点から見るなら，経営学は，約1世紀前の19

世紀末から20世紀初頭にかけ，アメリカおよびフランスにおいて誕生した。初期の経営学のパイオニアであるテイラーは，機械工場の現場から，時間研究により合理的作業方法・手順・作業量といった「作業の科学」に基づき「異率出来高制」（賃金支払法）を提案した。それらは，その後，「計画室」を拠点に「計画による統制」を目指す科学的管理の提唱へと発展していった。他方，テイラーと同じく技術者であり，原価計算のパイオニアであったチャーチは，テイラーらの科学的管理は技法に偏った考え方で，重要なのは分業・専門化による能率向上だけではなく，工場における統制職能（全般的管理職能）の重要性にあると指摘し，「管理の科学」が今後目指すべき方向性を示唆した。

テイラーとほぼ同時代に，フランスのコマントリー炭鉱に鉱山技師として入社したファヨールは，経営危機に瀕した石炭・製鉄会社コマンボール社の社長を引き受け，同社の再建に成功した。ファヨールは自らの経営実践から「管理の科学」の重要性とその普及を目指し『産業ならびに一般の管理』(1916) を著した。ファヨールは，技術・商業・財務等の職能の重要性と同じく，それらとは独立した管理職能の存在を明確に指摘し，管理職能を「予測（計画）・組織・命令・調整・統制」であるとした。彼はまた，管理の指針とも言うべき14の管理原則を示し，管理原則は，必要とする者にとり灯台のごとく進路を示す指針として，相対性と柔軟性を持って対処しうるものであると述べた。実際，コマンボール社の短期経営計画（予算）と長期経営計画が示しているように，ファヨールは，市場環境に適応する経営革新を行なっていた。ファヨールの管理論は，管理過程学派の始祖として，戦後のアメリカ経営学に大きな影響を及ぼした。

(3) 科学的管理から人事管理へ

アメリカ社会も20世紀に入ると革新主義（進歩主義）の時代に入り，科学的管理は労働に及ぼす影響を批判され，テイラーは議会証言を求められた。テイラーは，科学あるいは法則としての「科学的管理」を受け入れる「精神革命」が，労使に能率向上による利益をもたらす。それ故，「精神革

命」，つまり労使の協調が，科学的管理の本質であると主張した。他方，組合の進出と労働問題に対処するため，福利厚生事業と従業員代表制のもとで労使の協調を築こうとする大企業も見られた。いわゆる，ウェルフェア・キャピタリズムの主張である。また，科学的管理だけでは，人的要因を含む労働問題には対処しえないと考える産業心理学者は，人的要因および労働問題に専門的知識を有するスタッフからなる人事部（雇用部）とその理論的裏付けである「人事管理論」の必要性を主張し『人事管理論』を公刊した。

(4) ビッグ・ビジネスの経営と管理の革新

19世紀の後半には，食品・自転車・タイプライター・農業機械・石油精製・鉄鋼といった産業でも大量生産が可能となった。そして1910年代半ば，総合機械産業である自動車産業でも大量生産体制，フォード・システムが完成した。H. フォードは，モデルTの量産に成功し大幅な価格低下により，大衆の爆発的需要を喚起した。彼は，生産における革新者となり大きな成功と富を得た。H. フォードと同じく，大衆の自動車需要を見抜いていたW. デュラントは，持株会社方式により既存の自動車会社を傘下に収めGMを拡大していった。拡張主義者のデュラントは，幾度かの経営危機に遭遇しGMを去ることになる。GMはP. デュポン社長のもと再建に当たるが，実質的にGMの再建に当たったのはA. スローンらの専門経営者であった。P. デュポンを継ぎ社長になったA. スローンは，買収した企業連合のようなGMを，事業部制組織で統合する組織革新を行なった。この事業部制を支えたのがGMの予算および財務統制システムであった。加えて，A. スローンは，GMはつねに市場とともにあるべきであるとの信念からマーケティングの革新を行なった。つまり，A. スローンは，市場環境に適応する組織と経営の革新を行なったのである。

(5) 「管理の科学」の発展と会社革命

1920年代には科学的管理は適用領域を広げ，その原則を調査・標準化・統制，共同で示した。また経営実践においては，予算制度が大規模化した企

業の経営活動を効果的に統合する手段として普及して行った。そして，大規模複合化した経営活動を効果的に統合する組織原則を明らかにしたのが，GM での経営実践の革新を経験したムーニーとライリーであった。ムーニーとライリーは，大規模複合化した企業活動を統合する基本原則は「調整の原則」で，この基本原則を実行するための派生原則が「階層組織の原則」，「職能主義の原則」，そして，「スタッフ主義」の原則であると述べた。

　他方，バーリとミーンズは，巨大株式会社では株式所有の分散化が進行し，その結果「所有と支配」が分離し会社機関（株主総会・取締役会）のあり方も変化し，「経営者支配」の状況が生じていると指摘した。ゴードンは，巨大株式会社では，ビジネス・リーダーシップ（重要意思決定）を担っているのは，会社で経営実践を積んだ専門経営者であると主張した。つまり，専門経営者の役割と機能を分析し「所有と経営」が分離し，巨大株式会社では「経営者支配」の状態にあると指摘した。いずれにしても 1920-1930 年代にかけ，巨大株式会社の心臓部では「会社革命」という大きな変化が進行し，これらを背景とし，経営および管理実践の革新が行われていた。

(6) 現代組織論の成立と展開

　組織は職務・職能の体系であるから，管理職能あるいは職務の分析を通して組織は理解すべきである，とする管理論的組織論に疑問を呈したのはオーストラリア生まれの異色の心理学者メイヨーであった。メイヨーは，フロイトらの臨床心理学から「無意識の世界」を含め人間行動を分析していた。偶然の機会でホーソン実験に関わることになったメイヨーらは，組織は職務・職能では捉えきれない「非公式組織」と職務・職能の体系である「公式組織」からなると考えるようになった。他方，AT&T での管理および経営実践とパレート・コフカ・コモンズ等に通じた博識の経営者バーナードは，ハーバードのローエル研究所の講義をもとに『経営者の役割』(1938) を著した。バーナードは，組織は人間行動の意識的に調整された体系であり，組織参加者の動機を満たし（内的均衡），環境に適応し組織目的を達成するとき（外的均衡），組織は維持・存続すると考えた。バーナードは，管理論的

組織分析を乗り越え，組織を意識的に調整された人間行動の体系として分析し，現代組織論の確立者となった。

ホーソン実験以降，管理論的組織分析とは違った立場から，組織を心理学あるいは社会心理学的に実証研究する多くの行動科学的組織論が展開され，組織の人間および集団的側面が強調された。マグレガーは，従来の管理実践・管理論をX理論とし，他方，人間は組織に積極的に関わり動機を満たし組織に貢献すると考えるY理論を提唱した。マグレガーに限らず，行動科学的組織論は，組織の人間および集団的側面を強調し，当時の管理実践に強力なアンチ・テーゼを示した。

(7) 組織と市場 —意思決定・環境適応・環境認識

バーナードと同じく，組織を人間の意思決定能力（人間行動の特性）から分析したのはサイモンであった。サイモンは『経営行動』(1945) を著し，組織は分業化された階層的意思決定の体系で，目的に対する合理的手段を選択する情報収集と処理の体系であると述べた。つまり，組織は，より合理的な意思決定を求め，組織に備わった情報収集と処理のメカニズムを利用し，組織成員の意思決定行動を調整する。他方，市場は価格という情報シンボルによる経済活動の調整メカニズムであり，組織も情報収集と処理のメカニズムを利用し経済活動を調整していると考え，ウィリアムソンは『市場と企業組織』(1975) を著した。市場における経済活動を調整する意思決定コスト（取引コスト）が上昇すると，意思決定コストを下げるため経済活動を組織に内部化する誘因が働く。市場の経済活動と組織の経済活動を意思決定という共通した概念で分析し，組織論（経営学）と市場の理論（経済学）を結びつけ，ウィリアムソンは「組織の経済学」を展開した。

経営学の分野でも1960年代になると，市場環境と組織の問題を結びつけ分析する実証研究がみられる。その代表がローレンスとローシュの研究で，彼らは，市場の不確実性が高い場合，組織は環境適応するため組織を分化させ適応し，同時に組織はその分化を統合する組織構造を発展させる，と述べた。経営者は，市場環境に適応する分化と統合の問題を解決しようとする

が，それぞれの組織が直面している環境（外的・内的環境）は個々に相違しているため，すべての課題に対応出来る「ワン・ベスト・ウェイ」はない，と彼らは主張した（コンティンジェンシー理論）。

マーチ・コーエン・オルセンは，意思決定の「ごみ箱」モデルに基づき，組織と環境適応の問題を分析した。彼らは，環境と組織行動の弱い結びつき，つまり，個人の環境認識 → 組織行動（環境適応）→ 市場環境，の間にみられる弱い結びつきを指摘した（組織学習の不完全サイクルモデル）。そして，フェファーとサランシックは，個人の環境認識能力そのものの制約性に加え，環境認識が適正になされても，組織成員の利害関係や組織の権力構造の再構造化がスムースにいかず，環境適応の組織行動は妨げられるかもしれないと指摘した（組織の政治モデル）。

サイモンに始まる意思決定の組織論は，ウィリアムソンの「組織の経済学」により市場の理論と結びつけられ，他方，経営学の分野では，市場環境に対する組織の環境適応問題からコンティンジェンシー理論が提唱された。さらに，環境と組織行動の弱い結びつきや環境適応のための組織の権力構造の問題が指摘されたのである。約1世紀にわたるアメリカ経営学の動向は，「管理の科学」から「組織の科学」への動きと捉えることが出来るが，このようなアカデミックな研究動向の推移は，今世紀の株式会社時代の到来以来，経営および管理実践を担っている経営者（企業家）が，市場と組織の問題にどのように対応してきたかの問題がその背景にあった。

(8) 市場・組織・経営者（企業家）

19世紀後半「鉄鋼王カーネギー」は，鉄鋼生産の技術革新と工場管理の革新を遂行しただけでなく，市場の変化に適応した鋼のマーケティング革新を遂行していた。「自動車王フォード」は大量生産だけでなく，自動車の大衆市場の出現を見抜き大量生産体制を確立したのであった。GMのスローンは，1920年代の市場の変化に対応し事業部制組織と財務統制制度の革新を成し遂げたが，その原点にはマーケティングの革新があった。GMはいつも市場とともにあるべきというのがスローンの信念であった。管理論の父と呼

ばれるファヨールのコマンボール社の経営は，まさに，市場環境に適応するスクラップ・アンド・ビルドおよび経営多角化戦略であった。これら，経営者が関わる市場と組織の問題は，1960年代にコンティンジェンシー理論として展開されると同時に，アンゾフによって『企業戦略論』(H. I. Ansoff, 1965, 邦訳) として論じられた。スローンによる，GMの経営および予測システムは，ポーターの『競争優位の戦略』(M. E. Porter, 1985, 邦訳) の先駆けともいえる内容を含んでいた。

とは言え，1980年代と2000年代の米自動車産業の経営危機は，巨大組織の機能不全あるいは，フェファーらの「組織の政治モデル」を伺わせるものがある。大規模複合化した企業組織の中で，経営者（企業家）の企業家精神が管理と組織の論理に埋没しているのかもしれない。スローンは，権限と責任の問題に対し組織は決定を行わない，決定を行ない責任を負うのは個人で，経営者は責任を負うが故に権限を与えられていると述べている (A. P. Sloan, 1963, 邦訳, 3章・24章)。『マネジメントの歴史』は，管理と組織の論理を乗り越える経営者・管理者の組織化能力を分析しているが，同時に，大規模企業経営の原点にある問題は，ファヨール，バーリー，ミーンズ，そしてバーナードも指摘したように，経営者・管理者の責任能力の問題，つまり，権限でなく責任能力の認識がその要諦であることを示唆している。今日，会社権力の行使に対する責任問題と言える，コーポレート・ガバナンス（企業統治）や企業の社会的責任（CSR）・企業倫理が問われ，論じられている所以である。

引用文献

欧文

Ansoff, H. I., *Corporate Strategy*, 1965.（広田寿亮訳『企業戦略論』中央経済社, 1979年。）
Argyris, C., *Personality and Organization*, 1957.（伊吹山太郎・中村実訳『組織とパーソナリティー』日本能率協会, 1970年。）
Arrow, K. J., *The Limits of Organization*, 1974.（村上泰亮訳『組織の限界』岩波書店, 1999年。）
American Engineering Council, *Waste in Industry*, 1921.
Baber, B., (ed), L. J. Henderson on the Social System, 1970.
Barnard, C. I., *The Functions of the Executive*, 1938.（山本安次郎・田杉競・飯野春樹訳『経営者の役割』, 1992年。）
Barnard, C. I., *Organization and Management*, 1948.（飯野春樹監訳『組織と管理』文眞堂, 1990年。）
Becker, G. C., *Human Capital: A Theoretical and Empirical Analysis with Special Reference to Education*, 1964.（佐野洋子訳『人的資本』東洋経済新報社, 1980年。）
Brandes, S. D., *American Welfare Capitalism*, 1970.（伊藤健市訳『アメリン・ウェルフェア・キャピタリズム』関西大学出版部, 2004年。）
Berle, A. A. & Means, G. C., *The Modern Corporation and Private Property*, 1932.（北島忠男訳『近代株式会社と私有財産』文雅堂銀行研究社, 1959年。）
Brody, D., *Steel Workers in America*, 1969.
Brown, A., *Organization*, 1945.
Brown, A., *Organization of Industry*, 1947.（安部隆一訳『経営組織』日本生産性本部, 1963年。）
Bulletin No. 1000,『アメリカ労働運動小史』*UNITED STATES DEPARTMENT OF LABOR*, 1957.
Burns, T. & Stalker, G. M., *The Management of Innovation*, 1961.
Chandler, Jr, A., *Strategy and Structure: Chapters in the History of the American Industrial Enterprise*, 1962.（三菱経済研究所訳『経営戦略と組織』実業之日本社, 1967年。）
Chandler, Jr, A., *Strategy and Structure :Chapters in the History of the American Industrial Enterprise*, 1962.（有賀裕行訳『組織は戦略に従う』ダイヤモンド社, 2004年。）
Chandler, Jr, A., *Giant Enterprise: Ford.General Morters and the Automobile Industry*, 1964.（内田忠男・風間貞三郎訳『競争の戦略』ダイヤモンド社, 1966年。）
Chandler, Jr, A., *The Visible Hand: The Managerial Revolution in American Business*, 1977.（鳥羽欽一郎・小林訳袈裟冶訳『経営者の時代』東洋経済新報社, 1979年。）
Church, A., *The Science and Practice of Management*, 1914.
Coase, R. H., *The Firm, the Market and the Law*, 1990.（宮沢健一・後藤晃・藤垣芳文訳『企業・市場・法』東洋経済新報社, 1992年。）
Cochran, T. C., *200 years of American Business*, 1977.（正木久司監訳『アメリカ企業200年』文眞堂, 1989年。）

Cochran, T. C. & Miller, W., *The Age of American Business*, 1961.
The Committee on Recent Economic Changes, *Recent Economic Changes*, 1929.
Commns, J. R., *Institutional Economics*, 1934.
Commns, J. R., *The Economics of Collective Action*, 1951.（春日井薫・春日井敬訳『集合行動の経済学』文雅堂銀行研究社，1958年。）
Cyert, R. M. & March, J. G., *A Behavioral Theory of Firm*, 1963.（松田武彦・井上恒夫訳『企業の行動理論』ダイヤモンド社，1967年。）
Derber, M., *The American Idea of Industrial Democracy*, 1865-1965, 1970.
Doeringer, P. B. & Piore, M. J., *Internal Labor Markets and Manpower Analysis*, 1971.
Fayol, H., *Administration Industrielle et Générale*, 1916.（佐々木恒男訳『産業ならびに一般の管理』未来社，1972年。）
Fayol, H., *Administration Industrielle et Générale*, 1916.（山本安次郎訳『産業ならびに一般の管理』ダイヤモンド社，1985年。）
Fine, S., *Laissez Faire and General-Welfare State: A Study of Conflict in American Thought*, 1865-1901, 1956.
Fitch, J., *The Steel Workers*, 1910.
Galbraith, J. R., *Designing Complex Organization*, 1973.（梅津祐良訳『横断組織の設計』ダイヤモンド社，1980年。）
Hayek, F. A., "The Use of Knowledge in Society", *American Economic Review*, 1945, Vol. 35, pp. 526-527.
Herzberg, F., *Work and the Nature of Man*, 1966.（北野利信訳『仕事と人間性』東洋経済新報社，1968年。）
Gordon, R. A., *Business Leadership in the Large Corporation*, 1945.（平井泰太郎・森昭夫訳『ビズネス・リーダーシップ』東洋経済新報社，1957年。）
Greenwood, R. G. & Greenwood, R. A., "Hawthorne a Half Century Later", *The Journal Management*, 1983, Vol. 9.
Haber, S., *Efficiency and Uplift: Scientific Management in the Progressive Era, 1890-1920*, 1964.（小林康助・今川仁視訳『科学的管理の生成と発展』広文社，1983年。）
Henderson, L. J., *Pareto's General Sociology*, 1935.（組織行動研究会訳『組織行動論の基礎』東洋書店，1975年。）
Herman, E. S., *Corporate Control, Corporate Power*, 1981.
Homans, G. C. & Curtis, C. P., *An Introduction to Pareto*, 1934.
Hounshell, D. A., *From American System to Mass Production, 1800-1932*, 1984.（和田一夫・金井光太郎・藤原道夫訳『アメリカン・システムから大量生産へ』名古屋大学出版会，1988年。）
Hoxie, R. A., *Scientific Management and Labor*, 1915.
Jacoby, S. M., *Employing Bureaucracy: Managers, Unions and the Transformation of Work in American Industry, 1900-1945*, 1985.（荒又重雄・木下順・平尾武久・森杲訳『雇用官僚制』北海道大学図書刊行会，1989年。）
Jacoby, S. M., *Modern Manors: Welfare Capitalism since the New Deal*, 1997.（内田和秀・中本和秀・鈴木良始・平尾武久・森杲訳『会社荘園制』北海道大学図書刊行会，1999年。）
Katz, H. C., *Shifting Gears: Changing Labor Relations in the US Automobile Industry*, 1985.
Koontz, H. & O'Donnel, C., *Principles of Management*, 1955.
Koontz, H., ed., *Toward Unified Theory of Management*, 1964.（鈴木英寿訳『経営の統一理論』ダイヤモンド社，1968年。）

Kroose, H. E. & Gilbert, C., *American Business History*, 1972.（鳥羽欣一郎・山口一臣・厚東偉介・川辺信夫訳『アメリカ経営史』東洋経済新報社，1977 年。）
Ling, C. C., *The Management of Personnel Relations*, 1965.
Liversay, H., *Andrew Carnegie and the Rise of Big Business*, 1975.
Liversay, H. & Porter, P., "Vertical Integration in American Manufacturing 1899-1948", *Journal of Economic History*, 1969, Vol. 29.
Likert, R., *The Human Organization*, 1967.（三隅二不二訳『組織の行動科学』ダイヤモンド社，1968 年。）
March, J. G., *Decisions and Organizations*, 1988.
March, J. G. & Simon, H. A., *Organizations*, 1958.（土屋守章訳『オーガニゼーションズ』ダイヤモンド社，1977 年。）
Maslow, A. H., *Motivation and Personality*, 1970.（小口忠彦訳『人間性の心理学』産業能率大学出版部，1987 年。）
Mayo, E., "The Basis of Industrial Psychology", *Bulletin of the Taylor Society*, 1925.
Mayo, E., Orientation and Atintion, (in) *The Psychological Foundations of Management*, (ed.) H. C. Metcalf, 1927.
Mayo, E., *The Human Problems of an Industrial Civilization*, 1933.（村本栄一訳『産業文明における人間問題』日本能率協会，1967 年。）
McGregor, D. & Nickerbocker, I., "Union-Management Corporation", *Personnel*, 1942, Vol. 19.
McGregor, D., *The Human Side of Enerprise*, 1960.（高橋達夫訳『企業の人間的側面』産業能率短大出版部，1970 年。）
Mckinsey, J. A., *Managerial Accounting*, 1924.
Meyer, S. III, *The Five Dollar Day: Labor Management and Social Control in the Ford Motor Company, 1908-1921*, 1981.
Milton, C. R., *Ethics & Expediency in Personnel Manegement*, 1970.
Minzberg, H., *The Nature of Managerial Work*, 1973.（奥村哲史・須貝栄訳『マネジャーの仕事』白桃書房，1993 年。）
Mooney, J. D. & Reiley, A. C., *Onward Industry! : The Principles of Organization and Their Significance to Modern Industry*, 1931.
Mooney, J. D. & Reiley, A. C., *The Principles of Organization*, 1939.
Nadoworny, M. J., *Scientific Management and the Unions, 1900-1930*, 1955.（小林康助訳『科学的管理と労働組合』広文社，1976 年。）
Navin, T. R., "The Largest American Industrials in 1917", *Business History Review*, Vol. 44, No. 3, 1970.
Nelson, D., *Managers and Workers: Origins of the New Factory System in the United States, 1880-1920*, 1975.（小林康助・塩見治人監訳『20 世紀新工場制度の成立』広文社，1978 年。）
Nelson, D., *Frederik W. Taylor and the Rise of Scientific Management*, 1980.（小林康助・今井斉・今川仁視訳『科学的管理の生成』同文舘，1991 年。）
Nelson, D., (ed.) *A Mental Revolution: Scientific Management since Taylor*, 1992.（アメリカ労務管理史研究会訳『科学的管理の展開』税務経理協会，1994 年。）
Nissen, B., *U. S. Labor Relations, 1945-1989*, 1990.
Ouichi. W. G., *Theory Z: How American Business Can Meet the Japanese Challenge*, 1981.（徳山二郎監訳『セオリー Z』CBS ソニー出版，1982 年。）
Poter, M. E., *Competitive Advantage*, 1985.（土岐坤・中辻萬治・小野寺武夫訳『競争優位の戦

略』ダイヤモンド社, 1985年。)
Pfeffer, J., *Organizational Design*, 1978.
Pfeffer, J. & Salancik, G. R., *The External Control of Organizations*, 1978.
Person, H. S., *Scientific Management in American Industry*, 1929.
Person, H. S., "A Tabular Presentation of the Principles, Technique and Chronological Development of Scientific Management", *Bulletin of the Taylor Society*, 1931.
Peters, T. J. & Waterman, R. H, Jr, *In the Search of EXCERLLENCE: Lessons from American Best-Ran Companies*, 1982.（大前研一訳『エクセレン・トカンパニー』講談社, 1983年。）
Pigors, P. & Myers, C. A., *Personnel Adominstration*, 1947.（武沢信一訳編『人事管理』日本生産性本部, 1960年。）
Porter, C. & Liversay, H., *Merchants and Manufactures*, 1971.（山中豊国・中野安・光澤滋朗訳『経営革新と流通支配』ミネルヴァ書房, 1983年。）
Pollard, S., *The Genesis of Modern Management*, 1965.（山下幸夫・桂芳男・水原正亮訳『現代企業管理の起源』千倉書房, 1977年。）
Roethlisberger, F. J., *Management and Morare*, 1941.（野田一夫・川村欣也訳『経営と勤労意欲』ダイヤモンド社, 1948年。）
Roethlisberger, F. J., *The Elusive Phenomena*, 1977.
Roethlisberger, F. J. & Dickson, W. J., *Management and the Worker*, 1939.
Rumelt, R. P., *Strategy, Structure and Economic Performance*, 1974.（鳥羽欽一郎・山田正喜子・熊沢孝訳『多角化戦略と経済成果』東洋経済新報社, 1977年。）
Schumpeter, J. A., *Unternehmer*, 1928.（清成忠雄編訳『企業家とは何か』東洋経済新報社, 1998年。）
Scott, W. G., *Chester I Barnard and the Guardians of the Managerial State*, 1992.
Simon, H. A., *Administrative Behavior: A Study of Decision-Marking Processes in Administrative Organization*, 1945.（松田武彦・高柳暁・二村敏子訳『経営行動』ダイヤモンド社, 1989年。）
Simon, H. A., *Models of Man*, 1970.（宮沢光一監訳『人間行動のモデル』同文舘, 1970年。）
Simon, H. A., *Models of My Life*, 1991.
Sloan, Jr. A. P., *My Year with General Motors*, 1963.（田中融二・狩野貞子・石川博友訳『GMとともに』ダイヤモンド社, 1967年。）
Sloan, Jr. A. P., *My Year with General Motors*, 1963.（有賀祐子訳『GMとともに』ダイヤモンド社, 2003年。）
Spender, J. C. & Kijne, H., *Scientific Management: Frederick Taylor's Gift to the World ?*, 1997.（三戸公・小林康助監訳『科学的管理』文眞堂, 2000年。）
Taylor, F. W.（上野陽一訳編『科学的管理法』産業能率短期大学出版, 1969年。）
Taylor, F. W.（有賀裕子訳『新訳科学的管理法』ダイヤモンド社, 2009年。）
Tead, O. & Metcalf, H. C., *Personnel Administration*, 1920.
Tedlow, R. S., *New and Improved: The Story of Mass Marketing in America*, 1990.（近藤文男監訳『マスマーケティング史』ミネルヴァ書房, 1993年。）
Thompson, J. D., *Organization in Action: Social Science Bases of Administrative Theory*, 1967.（高宮晋監訳『オーガニゼーション イン アクション』同文舘, 1987年。）
Towne, H. R.（三戸公・鈴木辰治・上田鷲訳『賃金論集』未来社, 1967年。）
Trahair, R., *The Humanist Temper: The Life and Work of Elton Mayo*, 1984.
Warshow, H. T., "The Distribution of Corporate Ownership in the United States", *Quarterly Journal of Economics*, 1924, Vol. 39.

Weick, K. E., *The Social Psychology of Organizing*, 1979.（遠田雄志『組織化の社会心理学』文眞堂，1997年。）

Williamson, O. E., *Market and Hierarchies: Analysis and Antitrust Implications*, 1975.（浅沼萬里・岩崎晃訳『市場と企業組織』日本評論社，1980年。）

Williamson, O. E., *The Economic Institutions of Capitalism*, 1985.

Williamson, O. E., *Organization Theory*, 1990.（飯野春樹監訳『現代組織論とバーナード』文眞堂，1997年。）

Wolf, W. B., *The Basic Barnard: An Introduction to Chester I.Barnard and His Theory of Organization and Management*, 1974.（日本バーナード協会訳『バーナード経営学入門』ダイヤモンド社，1975年。）

Wolf, W. B., *Conversation with Chester I. Barnard*, 1972.（飯野春樹訳『経営者のこころ』文眞堂，1978年。）

Woodward, *Industrial Organization*, 1965.（矢島鈞次・中村壽雄訳『新しい企業組織』日本能率協会，1970年。）

Wren, D. A., *The Evolution of Management Thought*, 1994. 佐々木恒男監訳『マネジメント思想の進化』文眞堂，2003年。

邦文

荒井光吉『ニューディールの福祉国家』白桃書房，1993年。
磯村哲『社会法学の展開と構造』日本評論社，2008年。
泉卓二『アメリカ労務管理史論』ミネルヴァ書房，1978年。
伊藤健市『アメリカ企業福祉論』ミネルヴァ書房，1990年。
伊藤健市・関口定一編著『ニューディール労働政策と従業員代表制』ミネルヴァ書房，2009年。
井上昭一『GMの研究』ミネルヴァ書房，1982年。
井上昭一『GM―輸出会社と経営戦略―』関西大学出版部，1993年。
今井斉『アメリカ経営管理論生成史』文眞堂，2004年。
上総康之『アメリカ管理会計史，上巻』同文舘，1989年。
上総康之『管理会計論』新世社，1993年。
大橋昭一・竹林浩志『ホーソン実験の研究』同文舘，2008年。
大森弘喜『フランス鉄鋼業史』ミネルヴァ書房，1996年。
奥林康司『人事管理論』千倉書房，1973年。
加藤勝康『バーナードとヘンダーソン』文眞堂，1996年。
川田秀雄『日本的経営の諸問題：経営学会論集第48集』千倉書房，1978年，122-126頁。
栗木安信延『アメリカ自動車産業の労使関係』社会評論社，1999年。
黒川博『USスチール経営史』ミネルヴァ書房，1993年。
高梠真一『アメリカ管理会計生成史』創成社，2004年。
小林健吾『予算管理発達史』創成社，1987年。
斉藤毅憲『経営管理論の基礎』同文舘，1983年。
佐々木恒男『アンリ・ファヨール』文眞堂，1984年。
佐合紘一『企業財務と証券市場』同文舘，1986年。
塩見治人『大量生産体制論』森山書店，1978年。
下川浩一『米国自動車産業経営史研究』東洋経済新報社，1977年。
鈴木弘毅『組織と管理の批判的研究』中央経済社，1975年。
高浦忠彦『資本利益率のアメリカ経営史』中央経済社，1992年。

辻厚生『管理会計発達史論』有斐閣, 1971 年。
角野信夫『アメリカ企業・経営学説史』文眞堂, 1993 年。
角野信夫『アメリカ経営組織論』文眞堂, 1998 年。
中川誠士『テイラー主義生成史論』森山書店, 1992 年。
中野秀一郎『タルコット・パーソンズ』東信堂, 1999 年。
中村瑞穂『管理組織論の生成』東京教学社, 1976 年。
西川淳子・松井和夫『アメリカ金融史』有斐閣, 1989 年。
馬場敬治『経営学と人間組織の問題』有斐閣, 1957 年。
平尾武久・伊藤健市・関口定一・森川章編著『アメリカ大企業と労働者』北海道大学図書刊行会, 1998 年。
平尾武久『増補アメリカ労務管理の史的構造』千倉書房, 1995 年。
廣瀬幹好『技師とマネジメントの思想』文眞堂, 2005 年。
松田浩之『ATT 労務管理史論』ミネルヴァ書房, 1991 年。
山口一臣『アメリカ電気通信産業発達史』同文舘, 1994 年。
山本純一『科学的管理の体系と本質』森山書店, 1964 年。
吉原正彦『経営学の新世紀を拓いた思想家たち』文眞堂, 2008 年。

人名索引

【A】

アンゾフ（H. I. Ansoff） 213
アージリース（C. Argyris） 163
アロー（K. J. Arrow） 173

【B】

バベイジ（C. Babbage） 1
バーナード（C. I. Barnard） 9, 57, 140-142, 144, 147-152, 154, 165, 167, 170, 172, 195, 203, 210, 211
バース（C. G. Barth） 33, 41
ベッカー（G. C. Becker） 179
ベンツ（K. Bentz） 76
バーリ（A. A. Berle） 119-125, 127, 128, 130, 164, 210
ブラットレー（A. Bradley） 93, 95
ブランダイス（L. D. Brandeis） 60, 61
ブラウン（A. Brown） 129
ブラウン（D. Brown） 90, 93, 95
バーンズ（T. Burns） 183

【C】

カーネギー（A. Carnegie） 21-23, 26, 27, 29, 30, 212
チャンドラー（A. Chandler） 16, 76, 101, 172, 178, 207
チャーチ（A. H. Church） 33, 42-44, 208
クロジャー（R. C. Clothier） 70
コース（R. H. Coase） 173
コクラン（T. C. Cochran） 12
コーエン（M. Cohen） 192, 212
コモンズ（J. R. Commns） 141, 144, 173, 210
カーチス（C. P. Curtis） 137
サイヤート（R. M. Cyert） 191
ダイムラー（G. Daimler） 76
デービス（R. C. Davis） 57, 163

【D】

ディクソン（W. J. Dickson） 139-141, 160
ドーリンジャー（P. B. Doeringer） 179, 180
ドラッカー（P. F. Drucker） 10
デュポン（P. S. Du Pont） 89, 90, 93, 102, 209
デュラント（W. C. Durant） 88, 89, 102, 209
デュルケーム（E. Durkeim） 141

【E】

エールリッヒ（E. Ehrlch） 141, 148
エマーソン（H. D. Emerson） 33

【F】

ファヨール（H. Fayol） 1, 7-9, 46, 47, 54-56, 190, 208, 213
ファイン（S. Fine） 13
フィンク（A. Fink） 20
フォード（H. Ford） 77, 84, 85, 87, 101, 209, 212
フロイト（S. Freud） 132, 210

【G】

ガルブレイス（J. R. Galbraith） 183
ガント（H. L. Gantt） 33, 41
ギフォード（W. S. Gifford） 140, 153
ギルブレイス（F. Gilbreth） 33, 70
ゴードン（R. A. Gordon） 123-127, 128, 210

【H】

ホール（E. Hall） 154
ハイエク（F. A. Hayek） 172
ヘンダーソン（L. J. Henderson） 133, 138, 139, 141, 152
ハーマン（E. S. Herman） 123
ハーズバーグ（F. Herzberg） 157
ホリー（A. L. Hollely） 23

人名索引　*221*

フーヴァー（H. C. Hoover）　106
ホキシー（R. F. Hoxie）　61, 62

【J】
ジャクソン（D. C. Jackson）　133
ジェファソン（T. Jefferson）　13, 207

【K】
カッツ（D. Katz）　156
コフカ（K. Koffka）　141, 210
クーンツ（H. Koontz）　9, 56, 163

【L】
ローレンス（P. R. Lawrence）　184, 186, 188, 190, 191, 204, 211
リー（J. R. Lee）　81
ルイス（S. Leiws）　42
リッカート（R. Likert）　157
ロープ（K. Loob）　118
ローシュ（W. Lorsch）　184, 186, 188, 190, 191, 204, 211

【M】
マーチ（J. G. March）　191, 192, 194-196, 198, 204, 212
マルクス（K. Marx）　1
マズロー（A. H. Maslow）　157
メイヨー（E. Mayo）　131, 139, 141, 152, 156, 210
マッカラム（D. McCallum）　17-20, 29
マグレガー（D. McGregor）　157-160, 211
マッケンジー（J. O. Mckinsey）　109, 129
ミーンズ（G. C. Means）　119-125, 127, 128, 130, 164, 210
メトカーフ（H. C. Metcalf）　42, 70-72, 74
ミンツバーグ（H. Mintzberg）　57
ムーニー（J. D. Mooney）　111-114, 117, 129, 190, 210
モルガン（J. P. Morgan）　118
モット（C. S. Mott）　91
ミュンスターバーグ（H. Munsterberg）　69, 73
マイヤーズ（C. A. Myers）　160

【N】
ネルソン（D. Nelson）　41, 63
ニューマン（W. H. Newman）　57, 163

【O】
オドンネル（C. O'Donnel）　56, 163
オルセン（J. Olsen）　192, 212

【P】
パレート（V. Pareto）　137, 141, 210
パーソンズ（T. Parsons）　137, 141, 151, 152
パーソン（H. S. Person）　106-108, 117, 129, 131
プジョー（A. Peugeot）　76
フェファー（J. Pfeffer）　199, 201, 204, 212, 213
ピゴーズ（P. Pigors）　160
ピオーリ（M. J. Piore）　179, 180
ポラード（S. Pollard）　207
ポーター（M. E. Porter）　213

【R】
ライリー（A. C. Reiley）　111-114, 117, 129, 190, 210
レスリスバーガー（F. J. Roethlisberger）　137, 139-141, 152, 160
ローズベルト（T. Roosevelt）　60, 154
ルメルト（R. P. Rumelt）　101

【S】
サランシック（G. R. Salancik）　199, 201, 204, 212
シュンペーター（J. A. Schunperter）　1, 8, 9
スコット（T. A. Scott）　22, 70, 73, 74
シン（W. P. Shinn）　23
サイモン（H. A. Simon）　57, 144, 164-169, 173, 175, 192, 193, 202, 205, 211, 212
スローン（A. P. Sloan）　86, 89, 93, 98, 102, 112, 117, 177, 209, 212, 213
スミス（A. Smith）　1, 3, 13, 172
スペンサー（H. Spencer）　21
ストーカー（G. M. Stalker）　183

【T】

テイラー（F. W. Taylor）　1, 6-8, 13, 32, 34-36, 38-41, 43-46, 57, 59-61, 63, 65, 73, 84, 106, 190, 208
ティード（O. Tead）　70-72, 74
トンプソン（J. D. Thompson）　183, 191
トールマン（E. C. Tolman）　165
テンニース（F. Tönnies）　141
タウン（H. R. Towne）　33, 35

【U】

アーウィック（L. F. Urwick）　56

【V】

ヴェイル（T. N. Vail）　152, 153

【W】

ウォーナー（W. L. Warner）　135
ウォショー（H. T. Warshow）　119
ワイク（K. Weick）　197
フィーラー（W. M. Wheeler）　137
ウィリアムソン（O. E. Williamson）　144, 164, 172-174, 177, 178, 180, 182, 183, 203, 205, 211, 212
ウッドワード（J. Woodward）　184

【Y】

ユング（C. G. Yung）　132

事項索引

【ア行】

アメリカ機械技師協会（ASME） 33-34, 59
アメリカ個人主義 13, 21, 40, 207
アメリカ的精神 12-13
アメリカン・ドリーム 13, 20-22, 30, 59
意思決定 57, 146-147, 164-168, 170-173, 178, 192-193, 197, 200-203, 211-212
　　──の曖昧さ 192
　　──の計画化 167-169
　　──の合理性 165
　　──の組織論 164, 203-204
ウェスタン・エレクトリック社 133, 152
ウェルフェア・キャピタリズム→福祉資本主義 63, 68, 78, 153, 205, 209
ASME→アメリカ機械技師協会 33-34, 59
AFL（アメリカ労働総同盟） 59-60, 65, 155
X理論 158, 211
AT&T（アメリカ電話電信会社） 140, 152-154, 162, 164, 210
M形態企業 177-178

【カ行】

会社革命 105, 117-118, 122-123, 164, 209-210
会社学校 64
会社組合→従業員代表制 64-68, 72-74, 153, 155, 209
会社権力 120-123
会社支配 119-123
階層の原則 114, 116
科学的管理（Scientific Management） 1, 6-7, 13, 32-33, 37, 40-45, 59-65, 69-74, 84-85, 106-107, 131, 208
課業管理 35-38, 40, 61
革新主義（進歩主義）の時代（進歩主義→革新主義） 45, 60, 70, 106
割賦販売 28, 97-98

カーネギー・スチール 20, 22, 25
株式所有の機関化 130
環境学習的人間行動 165, 191
環境効果の経営者選抜モデル 199-200
環境効果の政治モデル 201-202
環境適応 183, 191, 198-202, 204, 211-212
　　──（効果）の政治モデル 204
　　──の政治モデル 198-199, 205
環境認識 191, 197-199, 201-202, 204, 211-212
管理会計 14, 16, 20, 29, 207
　　──システム 96
管理過程学派 9, 57, 208
管理責任 148-150, 152
管理の一般的原則 49
管理の科学から組織の科学へ 207, 212
管理のメカニズム 6
管理メカニズム 6, 8, 12, 172
機械的管理システム 184
企業家 8-9, 212-213
　　──精神 1, 21-22, 30, 213
企業特殊的訓練（熟練） 179-181, 188
企業特殊的人的資本投資 179-180
企業内労働市場 66-68, 72, 84
企業の社会的責任 123, 213
協働体系 141-142
金融資本主義の時代 118
組識影響力 169
経営者支配 121-122, 124-125, 130, 202, 210
計画部（室） 35, 37, 39-41, 208
経済権力の集中 119
継電器組立作業室の実験 134
契約関係の統治 180, 182
原価会計 20, 29
原価計算 40-43, 60, 106, 208
権限受容（説・論） 141, 146-149
公式組織 136, 139-141, 210
工場会計 14, 29

合成された意思決定　168-169
行動科学的組織論　156-157, 160-162, 188, 190, 211
合理性の限界　166-167, 169, 203
コーポレート・ガバナンス（企業統治）　1, 123, 130, 199, 213
コマンボール社　46-47, 55, 208, 213
ごみ箱モデル　11, 192-196, 205, 212
雇用官僚制　44, 154, 156
雇用の官僚制化　160
コンティンジェンシー理論　183, 190, 199, 204-205, 212-213

【サ行】

産業別労働者組合会議（CIO）　155
GM（社）　56, 75, 86-91, 96-103, 105-112, 117, 129, 155, 164, 172, 177-178, 209-213
GM社の財務統制システム　93
GM社の予測システム　95
事業部制　90-103, 108-112, 117, 129, 177-178, 187-188, 209, 212
資源依存モデル　199-200
仕事の組織　131, 135-136
市場と組織　144, 172, 175, 183, 212
市場の失敗　2, 174
資本利益率→投資利益率　15, 20, 95-96, 102
社会的責任　128
従業員代表制　64-68, 72-74, 153, 155, 209
就業構造の推移　204-205
受容圏　170-171
証券市場　117
照明実験　134
職能化の原則　115-116
職能化のスタッフ的側面　115, 117
職能主義の原則　210
職能職長制　38-41, 62
職務分析　71, 82, 133, 162
ジョブ・コントロール・ユニオニズム　155, 159-160
所有と経営　153
所有と支配　153
所有の分散化　105, 117, 119-120, 122, 130, 153
人事管理論　69-70, 72, 74, 160, 209
人的資本理論　179

進歩主義→革新主義　45, 60, 70, 106
垂直的統合　27, 30, 75-76, 89, 113
スタッフ主義の原則　210
スタンダード・オイル（石油）・ニュージャージー　75, 100-101, 103, 164, 178
スローンの組織研究　90
生産関数　6, 8, 11, 172
精神革命　61, 73, 208
制約された合理性　166, 175-177, 191-192, 203
ゼネラル・スタッフ　55
全国会社学校協会　70
全米自動車労働組合（UAW）　155-156
専門経営者　127-128, 153, 209
組織影響力　170-171
組織学習　191, 195-198, 204
　　　──の完全サイクル・モデル　195-196
　　　──の不完全サイクル・モデル　196-198, 204-205, 212
組織化の選択理論　182-183
組織均衡　145-146
　　　──論　143, 172
組織経済　144
組織失敗の枠組　174, 176
組織と技術　183
組織と市場　211
　　　──環境　184
組織能率　145
組織の経済学　11, 183, 203-204, 211-212
組織の3要素　143
組織の政治モデル　202, 212-213
組織有効性　143, 145
ソーシャル（社会）・ダーウィニズム　21-22, 59

【タ行】

タウン分益制　34
チャーチの管理職能論　41-44
中間商人　26-28
調整の原則　114, 116, 210
ディーラー　94, 98-99, 103
テイラー協会　106, 133
鉄道会計　19, 23, 29
デュポン（社）　75, 99-101, 103, 178
投資銀行家　118-119

投資利益率（ROI）→資本利益率　15, 20, 95-96, 102
取引コスト　174-176, 203, 211
────・アプローチ　164, 174, 177, 183, 203

【ナ行】

内部労働市場　25, 66, 72, 84, 179-182
────論　179
成り行き管理　40
日給5ドル制　82-83, 86
ニューディール型の労働政策　66
ニューディール型労使関係　155-156, 160, 205
人間関係論　9, 137, 139-140, 156, 160-162, 188, 190
人間の組織　131, 136, 140-141, 160

【ハ行】

ハーバード・ビジネススクール　133, 137, 140
パレート・サークル　137, 140, 152
バンク巻き線観察室　139
────の実験　135
非公式組織　135-136, 139-141, 145, 210
ビジネス・スクール　44
ビジネス・リーダーシップ　123-128, 210
非論理的行動　138-139, 162
非論理的人間行動　132
ファヨールの管理職能　57
────論　47
フォード（社）　75-77, 81, 83, 85-86, 88
フォード生産システム　77-78, 80, 82-86, 101
福祉資本主義→ウェルフェア・キャピタリズム　63, 68, 73, 153, 205, 209
福利厚生事業　63-69, 74, 83-85, 209
分化と統合　185, 187, 189-190
ベスレヘム・スチール（社）　67-68, 75

ホキシー報告書　61-63, 70
ホーソン実験　133, 139-140, 152-153, 157, 160, 210

【マ行】

埋没原価　168-169
マーケティングの革新　25-27, 97, 209, 212
マーケティングミックス　97
マッカラムのシステム　17, 19-20
マネジメント・セオリー・ジャングル　9-10
無関心圏　148-149, 170
面接実験　134
持株会社　88, 102, 118
モデルT　77-78, 80, 86-87, 97, 101, 209
モルガン商会　89

【ヤ・ユ・ヨ】

有機的管理システム　184
USスチール　63, 66-67, 75, 118, 155, 164
UAW→全米自動車労働組合　155-156
U形態企業　177-178
予算統制（管理）　54, 107-110, 117, 129

【ラ行】

ライン・アンド・スタッフ組織　18, 29, 99, 177
ライン組織　14, 38-39, 177
ラインとスタッフの分離　18, 29, 37-38
リーダーシップ（バーナード）　148-150, 152, 191

【ワ】

Y理論　158-160, 211
ワン・ベスト・ウェイ　190-191, 204

著者略歴

角野　信夫（つの　のぶお）

　1945年生まれ
　現在　神戸学院大学教授
　　　　大阪府立大学博士（経済学）

主要著訳書
『アメリカ企業・経営学説史』文眞堂, 1987年, 増補改訂, 1993年。
『アメリカ経営組織論』文眞堂, 1995年, 増補, 1998年。
『経営組織』新世社, 2001年。
『バーリ ―人と学説―』同文舘（共著）, 1989年。
『現代株式会社と経営財務』文眞堂（共編著）, 1995年。
『企業倫理の経営学』ミネルヴァ書房（共編著）, 1999年。
『やさしく学ぶマネジメントの学説と思想』ミネルヴァ書房（共編著）, 2003年。

訳書
　E. ギンツバーグ・G. ヴォイーダ『規模の限界への挑戦』HBJ出版局（共訳）, 1988年。
　E. エプスタイン『企業倫理と経営社会政策過程』文眞堂（共訳）, 1996年。

マネジメントの歴史
―時代と社会に学ぶ―

| 2011年10月15日　第1版第1刷発行 | 検印省略 |
| 2019年 9月30日　第1版第3刷発行 | |

　　　　著　者　　角　野　信　夫
　　　　発行者　　前　野　　　隆
　　　　発行所　　株式会社　文　眞　堂
　　　　　　　　東京都新宿区早稲田鶴巻町533
　　　　　　　　電　話　03（3202）8480
　　　　　　　　FAX　03（3203）2638
　　　　　　　　http://www.bunshin-do.co.jp/
　　　　　　　　〒162-0041　振替00120-2-96437

製作・真興社
© 2011
定価はカバー裏に表示してあります
ISBN978-4-8309-4722-3 C3034